wahine

Susanne Reuter 2003 am Yaholi

Die Autorin Susanne Reuter wurde 1969 geboren und verbrachte acht Jahre ihrer Kindheit in West Papua, wo ihre Eltern für die einheimische, evangelische Kirche arbeiteten. Sie ist die Älteste von vier Geschwistern. Im Alter von zehn Jahren kehrte Susanne Reuter mit ihrer Familie nach Deutschland zurück. Sie studierte Amerikanistik und machte eine kaufmännische Ausbildung zum European Merchant. Heute ist sie selbständige Kauffrau.

Susanne Reuter

Als das Schwein vom Himmel fiel

Wahine Verlag

Oktober 2008
2. Auflage Dezember 2009
Wahine Verlag Susanne Reuter,
Düsseldorf

Umschlaggestaltung: Ursula Craemer
Umschlagfoto vorne: Susanne Reuter mit Freundin Enny (oben);
Yali-Männer beim Tanz in Angguruk (unten).
Umschlagfoto hinten: Gottesdienst im Dorf.

Druck: Druckerei C.H. Beck, Nördlingen
Printed in Germany
ISBN: 978-3-941387-00-3

www.wahine-verlag.de

Meinen Eltern
Klaus und Erika Reuter
deren Geschichte hier ebenfalls erzählt wird
und denen ich
meine außergewöhnliche Kindheit
verdanke

Den Yali
die mir eine wunderbare Heimat gaben
Sie bleiben
immer in meinem Herzen

„wah“

ist die allgemeine Begrüßungsformel bei den Yali im Bergland von West Papua. Dabei kraulen sie sich gegenseitig unterm Kinn. Je mehr sich ein Yali über das Zusammentreffen freut, desto öfter wiederholt er das „wah“, um seine große Freude zum Ausdruck zu bringen.

Ich möchte Sie, liebe Leser, ganz herzlich in meiner Welt begrüßen, mit einem freundlichen wah, wah, wah, wah ...

INHALT

Ein Yali-Mädchen hütet ihr Ferkel.

Anmerkung der Autorin

„West Papua“ oder „Irian Jaya“? Ich habe mich entschieden, in diesem Buch von „Irian Jaya“ zu schreiben, da „West Papua“ damals noch so hieß, möchte den Leser aber darauf aufmerksam machen, dass die Papua diesen Namen, der ihnen von der indonesischen Regierung gegeben wurde, ablehnen.

Informationen zur Geschichte West Papuas findet der Leser im Anhang im Kapitel „Geschichtlicher Hintergrund“.

Ich habe mir erlaubt, manche Namen zu verändern, abzukürzen oder ganz zu entfernen. Auch habe ich die zeitliche Reihenfolge mancher Ereignisse nicht ganz eingehalten. Die schriftlichen Berichte und Briefe habe ich teilweise gekürzt, teilweise durch mündliche Erzählungen ergänzt. Sie sind damit, wissenschaftlich gesehen, keine Zitate.

Die geschilderten Ereignisse basieren auf den Erinnerungen der Familie Reuter, oder derjenigen Personen, die mir ihre Geschichte erzählt haben. Erinnerungen sind subjektiv und manch anderer der Beteiligten mag die Ereignisse anders in Erinnerung haben.

Der interessierte Leser findet im Anhang weitere Kapitel über das Leben, die Tradition und die Religion der Yali, die im Textfluss zu lang geworden wären.

Personenliste

Baute, Hans Dieter	Verwaltungangestellter der VEM, 1965-1976, Abepura
Bentz, Helmut u. Margret	Missionare der VEM, 1963-1975, Apahapsili
Diehl, Martha	Krankenschwester der VEM 1963-1976, Wamena, Polimo
Heeschen, Volker und Helga	Linguist, 1979-1981 für die VEM in Kosarek
Huistra, Trijntje	Krankenschwester d. ZNHK 1969-1983, Angguruk, 1985-2002 für die VEM in Polimo
Keßler, Hanna	Gemeindeschwester der VEM 1963-1979, Wamena, Polimo
Ohnesorge, Burkhard u. Christa	Missionare der VEM, 1976-1980, Apahapsili
Reuter, Klaus und Erika	Missionare der VEM 1972-1980, Angguruk
Roth, Adam und Hannelore	Missionare der VEM 1967-1975, Panggema
Scheepstra, Gert und Marga	Arzt der ZNHK, 1975-1981, Angguruk
Thimme, Hans-Martin und Pat	Dozent d. VEM, theol. Hochschule, Abepura, 1973-1977
Vriend, Wim und Enny	Arzt der ZNHK, 1961-1976, Angguruk
Zöllner, Siegfried und Ilse	Missionare der VEM, 1961-1973, Angguruk

Abkürzungen

CAMA	Christian & Missionary Alliance, amerik. Missionsgesellschaft
GKI	Gereja Kristen Injili, protestantische Kirche Irian Jayas
MAF	Mission Aviation Fellowship, amerikanische Missionsfluggesellschaft
PNG	Papua Neuguinea (Osthälfte Neuguineas)
OPM	Operasi Papua Merdeka = Operation Freies Papua, Unabhängigkeitsbewegung
RBMU	Regonds Beyond Missionary Union, amerik. Missionsgesellschaft
UFM	Unevangelized Fields Mission, amerik. Missionsgesellschaft
VEM	Vereinte Evangelische Mission, Wuppertal
ZNHK	Zending Nederlandse Hervormde Kerk, Missionsgesellschaft, Oegstgeest, Nederl.

Fremdwörter

Allah wene (yal.)	Botschaft Gottes
Bapak (ind.)	Vater, Herr (Anrede)
Bupati (ind.)	höchster ziviler Regierungsbeamte eines Bezirks
Kepala (ind.)	Häuptling (wörtl.: Kopf)
Penatua (ind.)	Gemeindeältester, Presbyter
Pendeta (ind.)	Pastor / Pfarrer
seni (yal.)	in einer Kochgrube bereitetes Essen

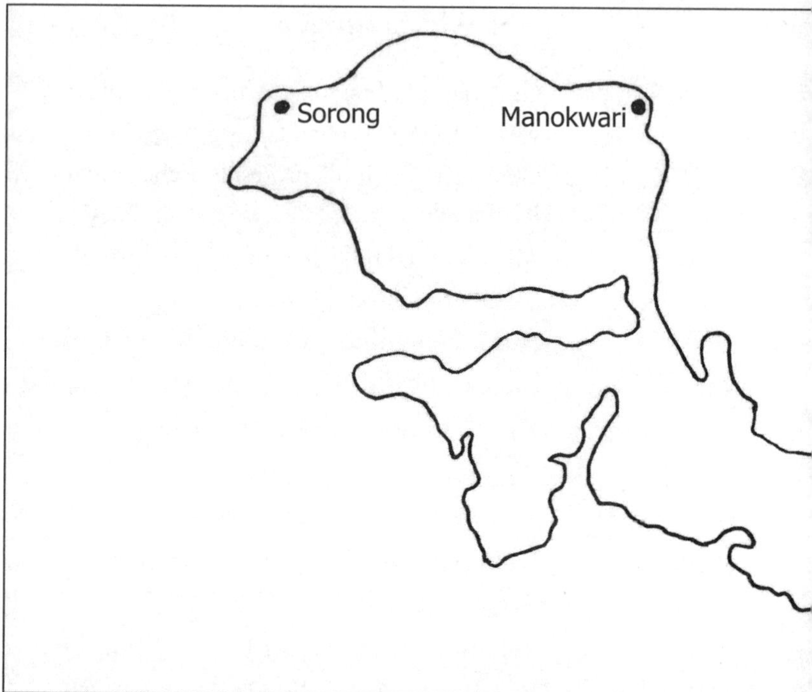
Sorong
Manokwari

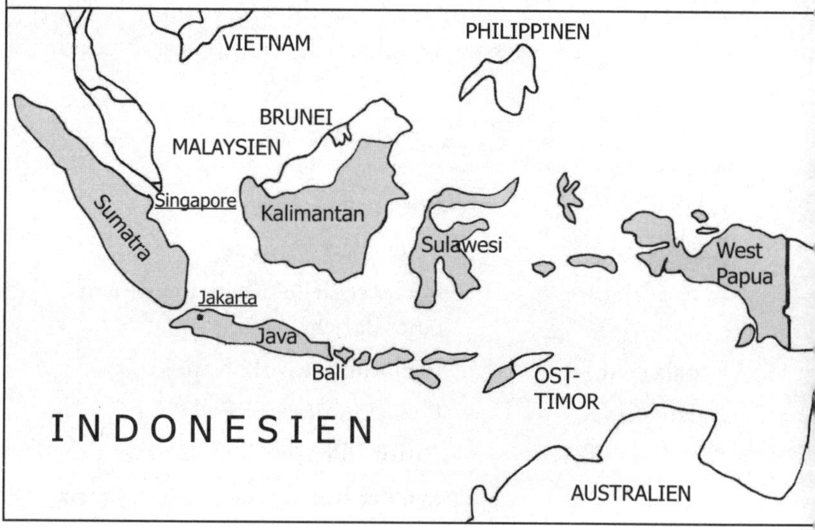
VIETNAM
PHILIPPINEN
BRUNEI
MALAYSIEN
Singapore
Sumatra
Kalimantan
Sulawesi
West Papua
Jakarta
Java
Bali
OST-TIMOR
INDONESIEN
AUSTRALIEN

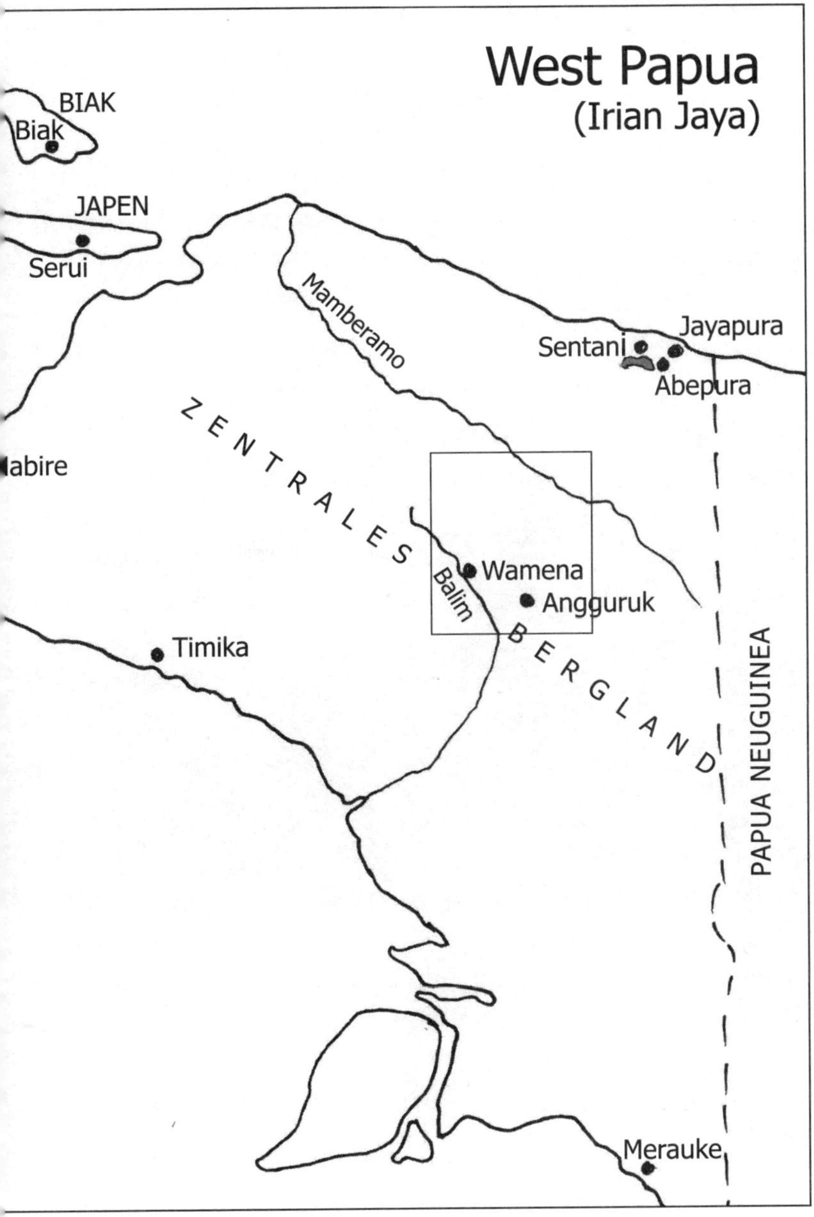
West Papua
(Irian Jaya)
BIAK
Biak
JAPEN
Serui
Mamberamo
Jayapura
Sentani
Abepura
ZENTRALES BERGLAND
abire
Wamena
Angguruk
Balim
Timika
PAPUA NEUGUINEA
Merauke

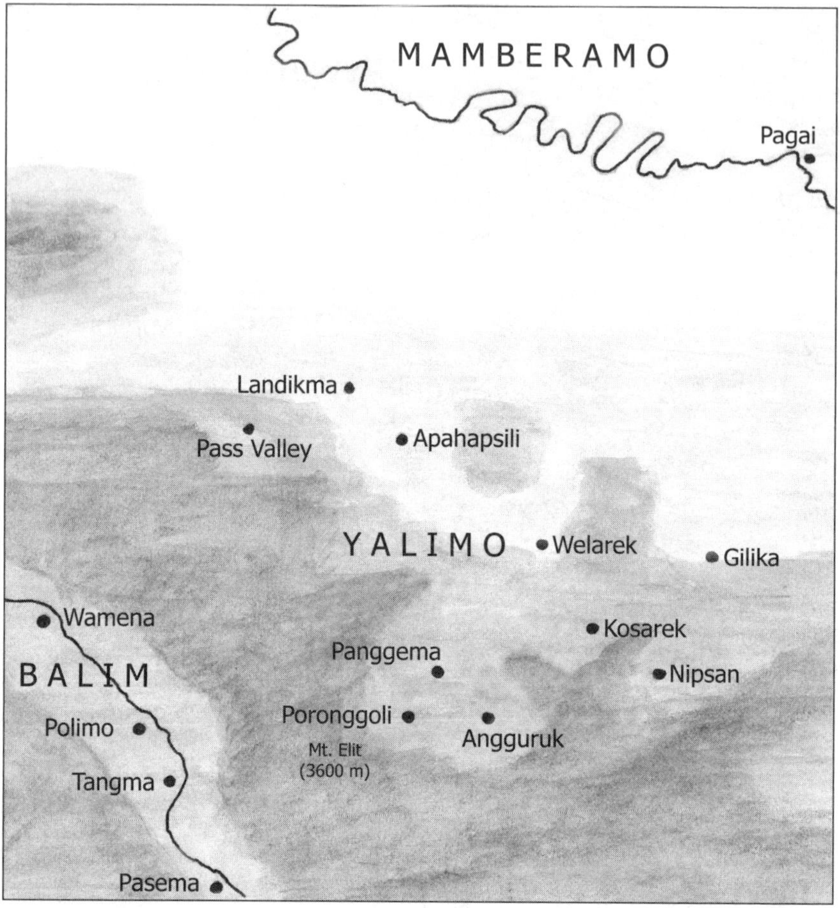

oben: Missionsstationen im Balim-Yalimo Gebiet, Zentrales Bergland.

rechts: Dörfer (Punkte) und Missionsstationen (Balken) der GKI um Angguruk.

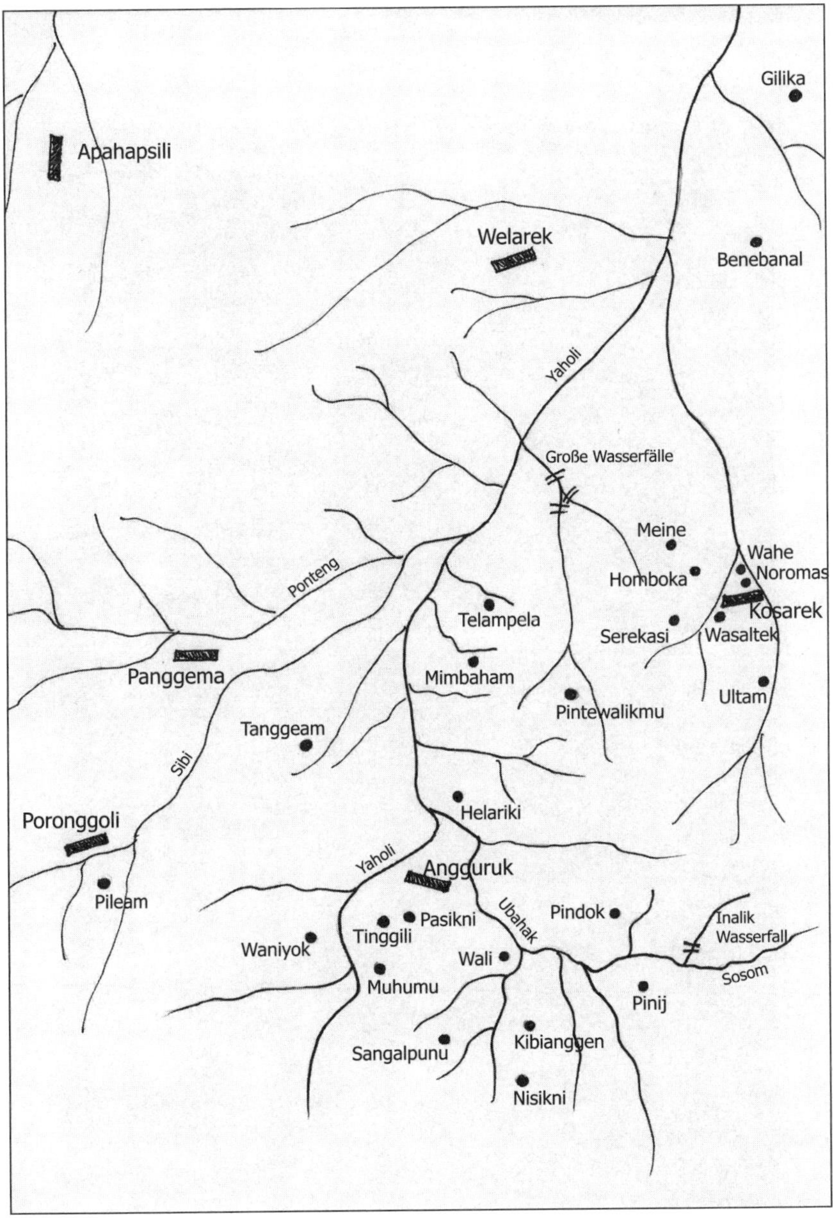
Gilika
Apahapsili
Welarek
Benebanal
Yaholi
Große Wasserfälle
Meine
Wahe
Noromas
Homboka
Kosarek
Ponteng
Telampela
Serekasi
Wasaltek
Panggema
Mimbaham
Ultam
Pintewalikmu
Tanggeam
Sibi
Helariki
Poronggoli
Yaholi
Angguruk
Pileam
Ubahak
Pindok
Inalik
Wasserfall
Pasikni
Tinggili
Waniyok
Wali
Sosom
Muhumu
Pinij
Sangalpunu
Kibianggen
Nisikni

Vorwort

Am Anfang war die Frage

Im Jahr 2001 ging ich zurück nach Angguruk. Ich gestehe, ich hatte Angst davor. Deswegen hatte ich es auch so lange vor mir hergeschoben. Vor elf Jahren war ich das letzte Mal dort. Meine ganze Welt brach damals zusammen. Wo gehörte ich hin? Papua schien nur noch ein Traum zu sein, meine Vergangenheit, nicht aber meine Zukunft. Und ich hatte mein ganzes Leben auf diese Zukunft ausgerichtet, die plötzlich nicht mehr zu existieren schien. Ich schwamm ziellos im dunklen Ozean und fand das Ufer nicht.

Ich versuchte in Deutschland zurechtzukommen und habe das Thema Papua lange gemieden, lange verdrängt. Aber irgend etwas in mir wollte nicht ruhen, musste es verarbeiten, drängte zurück. Mir wurde klar, dass ich erst in die Zukunft schauen kann, wenn ich die Vergangenheit verarbeitet habe. Ich musste mich ihr stellen und den Konflikt verstehen lernen. Also fuhr ich wieder hin. Und es war gut. Es war befreiend. Ich konnte mich plötzlich damit befassen. Und es passierte noch etwas: ich wurde neugierig auf die Vergangenheit, an die ich mich nur bruchstückhaft und selektiv, eher emotional erinnern konnte und die mich doch so sehr geprägt hat. Was haben sie dort getan, meine Eltern? Wer waren sie, die Yali? Sie waren immer da, mir immer nah und vertraut, und doch wusste ich so wenig über sie.

Als Kind hatte ich meine Umgebung als selbstverständlich hingenommen, als Erwachsene hatte ich nun Fragen über Fragen. Ich ließ mich darauf ein, las die Briefe und Berichte meiner Eltern und anderer Missionare, las Bücher über die Yali und über West Papua und stellte Fragen. Ich wollte

wissen, wer sie sind, wollte wissen, wer ich bin, wollte wissen, wie ich zu dem Thema stehe, das mich mein Leben lang begleitet, gar verfolgt hat: Mission.
Ich schrieb alles auf. Für mich. Und dann auch für andere, denn ich finde, es ist eine Geschichte, die erzählt werden will. Für alle, die es interessiert.

Aufbruch in eine neue Welt

„Angguruk Angguruk Sentani", sprach der Pilot in sein Funkgerät.
„Sentani Angguruk", antwortete Missionar Siegfried Zöllner.
„How is the weather in Angguruk?"
Das Wetter sei gut, antwortete Zöllner, es gebe nur vereinzelte Wolken, und bis jetzt sei es windstill in Angguruk.

Es war sechs Uhr morgens. Die Sonne war gerade aufgegangen, und schon lief uns der Schweiß aus allen Poren. Hier an der Küste von Irian Jaya brachten die Nächte keine Abkühlung. Wir freuten uns auf das milde Klima des Hochlands und vor allem darauf, endlich anzukommen, endlich „zu Hause" zu sein. So standen wir also am 19. Mai 1972 in der Wartehalle der amerikanischen Missionsfluggesellschaft MAF in Sentani und warteten auf den Flug nach Angguruk. Unser Gepäck war gewogen und auf einem kleinen Karren weggefahren worden, und uns blieb nichts anderes übrig als zu warten, was als nächstes geschehen würde.

Es waren vier Wochen vergangen, seit wir uns in Frankfurt von Familie und Freunden verabschiedet hatten und in die Boeing 747 nach Sri Lanka eingestiegen waren. Von dort ging es in einer DC 8 weiter nach Jakarta. Wir verbrachten hier ein paar Tage im Gästehaus der Kirche und schauten uns die Hauptstadt des Landes an, in dem wir die nächsten Jahre verbringen sollten. Weiter ging es mit einer viermotorigen Propellermaschine nach Biak, einer Irian Jaya vorgelagerten Insel. Der Flug dauerte zwölf Stunden, da die Maschine auf jeder größeren Insel dieses großen Inselreichs landete. Wir flogen nicht sehr hoch und konnten so die herrliche Natur Indonesiens mit den großen

Reisfeldern, Wäldern, Flüssen, Bergen und Vulkanen sehen. Am anderen Morgen flogen wir mit einer kleinen zweimotorigen Propellermaschine weiter nach Sentani. Wir waren nun auf dem Festland Irian Jayas angekommen. In Sentani erwartete uns niemand. Die Post, die unsere Ankunft melden sollte, war noch nicht angekommen. So gingen wir zur Missionsfluggesellschaft MAF. Als wir uns vorgestellt und unser Problem erklärt hatten, funkten die Piloten sofort nach Angguruk und machten dort unsere Ankunft bekannt. Auch Hans-Dieter Baute, Verwaltungsangestellter unserer Mission an der Küste, wurde informiert und war eine Stunde später zur Begrüßung bei uns im Gästehaus der MAF, das diese uns zur Verfügung gestellt hatte. Erika hatte hohes Fieber, so blieben wir zwei Tage dort, bevor uns Baute nach Abepura in das Gästehaus unserer Mission holte, wo auch er wohnte.
Wir blieben noch eine Woche an der Küste. Zum einen weil wir vorher keinen Flug bekommen konnten, zum anderen blieben wir, weil wir noch einige Dinge in Jayapura (Hauptstadt Irian Jayas) erledigen mussten wie: polizeiliche Anmeldung, Pässe beantragen, alles einkaufen, was wir für Haushalt und Leben in den nächsten Monaten brauchten. Auch sollten wir uns der Leitung der Kirche (GKI), für die wir nun arbeiten sollten, vorstellen. Wir wurden herzlich willkommen geheißen, und es gab uns zu Ehren einen Empfang.

Und nun standen wir wieder in Sentani am Flughafen und traten das letzte Stück unserer langen Reise an. Endlich war der Tag gekommen! Wir waren aufgeregt und natürlich auch ein wenig nervös. Wie würde es wohl in Angguruk werden? Ob es uns gefallen würde? Ob die Menschen uns wohl mögen würden? Ob wir den Aufgaben, die vor uns lagen, gerecht werden würden?
Während wir noch unseren Gedanken nachhingen, kam ein amerikanischer Pilot auf uns zu, begrüßte uns mit einem freundlichen „Good Morning“, sagte uns, das Wetter in Angguruk sei gut und wir könnten jetzt starten. Wir folgten ihm zu

einem kleinen einmotorigen Flugzeug vom Typ Cessna, in das maximal fünf Passagiere passen, und stiegen ein. Nachdem der Pilot uns erklärt hatte, wie die Gurte funktionieren und wie im Notfall die Türen zu öffnen seien,ging es endlich los. Die Landebahn in Sentani war lang und geteert, da dies die Landebahn der Hauptstadt Jayapura war, auf der größere Flugzeuge landen konnten, heute sogar bis zur Größe der Boeing 737. Im Hochland werde man es – mit Ausnahme von Wamena – mit kleinen, Gras bewachsenen Pisten zu tun haben, auf denen nur kleinere Flugzeuge landeten.
Das laute Motorengeräusch der Cessna machte es uns schwer, miteinander zu reden, und so schaute jeder zum Fenster raus und bewunderte die Landschaft, über die wir in niedriger Höhe hinwegflogen. Zuerst überflogen wir den großen Sentani-See mit den vielen kleinen Inseln. Überall am Ufer standen Häuser auf Pfählen, und kleine Einbäume fuhren kreuz und quer über den See. Umringt war der See von kleinen, Gras bewachsenen Hügeln. Wir bogen nach Süden ab und flogen nun auf das zentrale Bergland zu.
In der Ferne konnten wir schon die hohen Berge erahnen. Irgendwo dort, eingerahmt von Bergmassiven, würde Angguruk liegen. Aber zunächst flogen wir lange über Flachland hinweg. Wir sahen nur noch Bäume. Eine durchgehende Decke von Urwald verbarg jede Sicht auf das, was unter den Baumkronen war - der Sumpf. Kein Anzeichen menschlichen Lebens war unter uns zu sehen. Die einzige Abwechslung war hin und wieder ein kleiner Fluss, und dann nach vierzig Minuten Flug sahen wir unter uns den großen, schlammig aussehenden Mamberamo, der sich träge durch den Urwald schlängelte, um dann nach vielen Kurven und vielen, endlosen Kilometern in den Ozean zu münden.
Langsam wurde es hügeliger und die ersten kleinen Berge tauchten auf. Sie waren nicht wirklich klein, doch im Vergleich zu den Bergen, die noch vor uns lagen, wirkten sie so. Der Pilot ließ die Maschine höher steigen. Irgendwo ein paar Kilometer westlich von uns auf einem Plateau müsste

jetzt Apahapsili liegen. Der Pilot sprach wieder in sein Funkgerät und nahm Kontakt zu Angguruk auf. Das Wetter war immer noch gut, und der Landung in Angguruk stand nichts mehr im Wege.
Die Berge wurden immer höher, und wir flogen nicht mehr über sie hinweg, sondern zwischen ihnen hindurch. Immer wieder durchbrachen wir kleinere Wolken oder wurden von Windstößen erfasst. Das kleine Flugzeug, machtlos diesen Naturgewalten ausgesetzt, tanzte auf und ab, wackelte hin und her und kam dann schließlich wieder zur Ruhe. In diesen aufregenden Sekunden war es der schnelle Blick zum gelassen aus dem Fenster blickenden Piloten, der auch uns ängstliche Passagiere wieder zur Ruhe brachte und unsere Aufmerksamkeit erneut auf die herrliche Landschaft lenkte. Rechts auf einem Plateau, an einen Bergrücken gelehnt, konnte man – wenn man genau hinsah - eine Station erkennen. Das war – wie wir später erfuhren – Panggema.
Dann, nach einer Stunde Flugzeit, bog der Pilot in ein enges Tal ein, das Yaholi Tal, benannt nach dem reißenden Gebirgsfluss unter uns. Während wir links ganz knapp über einen Bergrücken hinweg flogen, auf dem sich ein Dorf befand, dessen Häuser von oben wie kleine Pilze aussahen, streiften wir rechts fast eine Felswand, und man hatte den Eindruck, man brauche nur die Hand auszustrecken, um sie zu berühren. Dann öffnete sich das Tal links von uns und gab ein Plateau frei, das von drei Seiten von Bergen umgeben war. Die vierte Seite fiel steil zum Fluss ab. Auf der anderen Seite vom Fluss ragte wieder der gewaltige Berg auf, an dem wir entlang flogen. Und da lag plötzlich mitten auf dem Plateau Angguruk. Wir sahen viele Häuser, meist mit Dächern aus Wellblech, die in der Sonne glänzten. Mitten durch das Plateau führte die grasbedeckte Landebahn, die die Station in zwei Hälften teilte. Die Landebahn begann direkt am Abgrund zum Fluss und lief auf den hinteren Berg zu.
Wir folgten immer noch dem Fluss und ließen Angguruk links liegen. Gerade als wir uns schon fragten, ob dies vielleicht

doch noch nicht Angguruk sei, flog der Pilot eine steile Linkskurve auf die Landebahn zu. In diesen herzklopfenden Sekunden, in denen wir ohne Vorwarnung fast senkrecht in der Kurve lagen, sahen wir direkt auf den Fluss herunter. Nach einer – wie uns schien – halben Ewigkeit kam das Flugzeug aus der Kurve heraus und war im direkten Landeanflug auf Angguruk. Jetzt: die entscheidenden Sekunden! Als das Flugzeug in die Kurve ging, hatte es den sogenannten „point of no return" überschritten. Das heißt, gleichgültig was jetzt noch passierte, das Flugzeug musste landen, ganz egal wie. Es gab keine Möglichkeit bei aufkommendem Wind oder anderen Problemen noch abzudrehen. Das Flugzeug war im Nu über der Landebahn, gab einen grellen Ton von sich, der unmittelbaren Bodenkontakt ankündigte, landete auf der Graspiste, hüpfte noch einmal kurz hoch und kam dann nach etwa 200 Metern zum Stehen.

Unwillkürlich mussten wir erst einmal tief durchatmen. Als wir uns dann wieder der Umgebung zuwenden konnten, sahen wir, dass die Landebahn links und rechts von vielen Menschen gesäumt war, die alle gekommen waren, um uns zu begrüßen. Die Leute tanzten und sangen, um uns zu zeigen, dass wir willkommen waren. Zwischen all den „schwarzen" Köpfen sahen wir auch einige „weiße", die zur Begrüßung auf uns zukamen. Da waren der Missionar Siegfried Zöllner und seine Frau Ilse, die wir zuvor schon kennengelernt hatten und deren Nachfolge wir antreten sollten. Auch die holländische Arztfamilie Dr. Wim und Enny Vriend begrüßte uns herzlich. Die fünfte „Weiße" in Angguruk, die holländische Krankenschwester Trijntje Huistra, war gerade auf Heimaturlaub. Wir sollten sie erst später kennenlernen.

Wir schauten uns noch ganz benommen um. Das sollte nun unsere Heimat, unsere Arbeitsstelle für viele Jahre werden. Diesen Menschen, die da, nur mit Grasrock, Penisköchern und Rattanringen bekleidet, in großer Zahl um uns herumstanden, sollten wir helfen, sollten mit ihnen leben und ihre Freuden und Nöte teilen. Langsam kamen sie auf uns zu, streckten uns

ihre Hände entgegen und sagten freundlich *Nare*, das soviel heißt wie „Mein Freund, sei gegrüßt"! Auch wenn dies der allgemeine Gruß ist, so zeigten doch ihre erwartungsvollen Gesichter ganz deutlich, dass sie viel von uns erhofften. Ja, wir müssen ihre Freunde werden, und wir wollen es auch!
Schnell wurde das Flugzeug entladen, und viele helfende Hände trugen das Gepäck zu Zöllners Haus, denn das Gästehaus war noch nicht ganz bezugsfertig. Dort sollten wir wiederum auch nur bis zur Fertigstellung unseres eigenen Hauses wohnen. Wir verabschiedeten uns vom Piloten und sahen noch zu, wie das Flugzeug abflog, ehe wir uns von Zöllners zum zweiten Frühstück in ihr Haus bringen ließen. Es wurde viel geredet und gefragt, und so war es zunächst schwer, die ersten Eindrücke richtig zu verarbeiten. Alles überstürzte sich von dem Moment an, als wir aus dem Flugzeug stiegen. Aber es würde noch genug Zeit bleiben, uns alles in Ruhe genau anzuschauen.

Wir waren angekommen. Angguruk würde für die nächsten acht Jahre unser zu Hause sein.

Ich heiße Susanne und bin zu diesem Zeitpunkt zweieinhalb Jahre alt und meine Schwester Katja ist in Sentani gerade ein Jahr alt geworden. Von all dem, was ich bislang geschrieben habe, weiß ich selber nichts mehr. Ich beziehe mich hier auf die Erzählungen und Briefe meiner Eltern, Klaus und Erika Reuter, die von 1972 bis 1980 in Irian Jaya als Missionare der Vereinten Evangelischen Mission (VEM) im Auftrag der Evangelischen Kirche von Irian Jaya (GKI) tätig waren. Ihre Geschichte ist auch meine Geschichte, und so will ich beides verbinden und ein wenig vom Leben und Arbeiten unter den Bergland-Papua berichten.
Ich möchte meine Eltern selber erzählen lassen, was sie erlebt haben und werde sie daher viel zitieren. Auch werde ich einige Mythen einfügen, die Siegfried Zöllner gesammelt hat. Sie vermitteln Einblicke in die Tradition, Religion und

Familie Reuter
1972

Denkweise der Yali. Aber auch von dem alltäglichen Leben der „Weißen“ soll erzählt werden, von den Gefahren, den Konflikten, den Abenteuern, den Problemen, den Freuden und den Rückschlägen.

Ich möchte Sie mitnehmen in eine andere Welt, eine Welt, in der die Geister herrschen, eine Welt, in der Schweine heilig sind, eine Welt, in der man durch das Berühren der heiligen Netze Erdbeben auslösen kann, eine Welt, in der Konflikte noch mit Pfeil und Bogen ausgetragen werden.

Kirchengeschichte

Die ersten Missionare Carl W. Ottow und Johann Gottlob Geißler landeten am 5. Februar 1855 auf der Irian Jaya (damals Niederländisch Neuguinea) vorgelagerten Insel Mansinam. Dieses Datum wird noch heute als die Geburtsstunde der evangelischen Kirche in Irian Jaya gefeiert und ist seit kurzem sogar ein offizieller Feiertag. Seitdem verbreitete sich das Christentum an der Küste Neuguineas, doch das Inland wurde davon nicht berührt, da zwischen der Küste und dem Hochland riesige, unüberwindbare Sümpfe liegen. Es bestand so gut wie kein Kontakt zwischen der Küsten- und der Hochlandbevölkerung, und auch heute noch erfolgt jeder Kontakt aus der Luft. Im Jahr 1956 entließ die holländische Mission ZNHK ihre Gemeinden an der Küste in die Selbständigkeit. Das war die Geburtsstunde der GKI (Gereja Kristen Injili), die lange Zeit die einzige - und bis heute die größte - einheimische Kirche in West Papua ist.

Im Jahr 1938 stieß Richard Archbold mit seiner Expedition, die der Erforschung der Pflanzenwelt Neuguineas diente, zufällig auf das Balim-Tal, das inmitten der höchsten Berge Irian Jayas liegt, ein Tal von etwa 60 km Länge und 15 km Breite. Sein Artikel im *National Geographic* mit der Beschreibung des Tales und der dort ansässigen Menschen, erregte große Aufmerksamkeit. „The Grand Valley“, auch „Shangri-La“ genannt, ging vielen Missionaren, die davon hörten, nicht mehr aus den Sinn, doch es sollte noch bis 1954 dauern, bis die ersten Pionier-Missionare das Balim-Tal betraten. Und was sie dort zu sehen bekamen, war alles andere als paradiesisch! So friedlich und idyllisch es auch aus der Luft aussah, die Wirklichkeit war anders. Krieg beherrschte das Leben der Dani. Missionare der amerikanische Missionsgesellschaft

Christian and Missionary Alliance (CAMA) waren die ersten, die das Balim-Tal betraten. Sie landeten mit einem Wasserflugzeug auf dem Balim-Fluss und gründeten dort am Ufer die erste Missionsstation: Hetigima. In und um das Balim-Tal entstanden in den darauffolgenden Jahren weitere Missionsstationen verschiedener Missionsgesellschaften. Nur in das östlich ans Balim-Tal angrenzende Gebiet war noch kein „Weißer" vorgestoßen.

In der Zeit, in der die Indonesier massives Interesse an Niederländisch Neuguinea zeigten und versuchten, die Holländer hinauszudrängen, bat die Evangelische Kirche von Irian Jaya (GKI) die ZNHK in Holland und die damalige Rheinische Mission (heute VEM) um Hilfe bei der Erschließung neuer Gebiete im Hochland von Irian Jaya. Sie wollten in eben dieses östlich vom Balim-Tal gelegene Gebiet vorstoßen.

So reisten 1960 die deutschen Missionare Siegfried Zöllner und Paul-Gerhard Aring sowie der holländische Arzt Dr. Wim Vriend nach Irian Jaya aus. Während Aring in Wamena, der zentralen Station im Balim-Tal, blieb, um für den Nachschub zu sorgen, brachen Zöllner und Vriend über die Berge ins benachbarte Tal auf. Sie wurden freundlich aufgenommen und gründeten etwa fünf Tagesmärsche von Wamena entfernt die Missionsstation Angguruk. Im Laufe der Jahre entstanden weitere Stationen der GKI um Angguruk herum.

Als Zöllner 1972 seinen Nachfolger, meinen Vater, in die Arbeit einwies, war Angguruk die zentrale Station im Yalimo-Gebiet geworden.

Angguruk

Der Name Angguruk geht auf ein schilfartiges Gras zurück, den *Angguruk ahun*. Diese Pflanze wuchs überall auf dem Plateau und ist auch heute noch an feuchten Stellen und an den kleinen Teichen, den *Angguruk sene*, zu finden. Weil dort, wo heute die Landebahn verläuft, dieses Gras wuchs, wurde Angguruk zum Namen der ganzen Station. Das Wasser nannte man *ik Angguruk sene*. Es entstand einst, so wird erzählt, als ein junger Mann seine Schwester tötete, die schwanger war. Da aber das Kind noch zu unfertig war, kam nur Blut aus der Frau, *mep sene* – rötliches Wasser. Daher war dieser Ort der rötlichen kleinen Seen ein heiliger Ort.

Aber es gab noch andere heilige Orte auf dem Plateau. Dort, wo neben der Kirche ein Piringin-Baum steht, war das *wam wambebag* – der Ort, wo zum ersten Mal ein Schwein entsprang. Auch dort, wo heute die Grundschule steht, war ein heiliger Ort, ein *usama*.

Warum durften die Weißen sich auf heiligem Boden niederlassen? Als Zöllner und Vriend über die Berge im Westen kamen, glaubten die Yali, sie seien Ahnengeister, ja vielleicht sogar der Gott Yeli selbst, der vor Urzeiten im Westen verschwand und entsprechend der Erzählungen eines Tages von dort wiederkommen würde. Als Zöllner und Vriend sich für eben dieses Plateau interessierten, war es in den Augen der Yali ganz selbstverständlich, dass sie sich auf heiligem Boden niederlassen wollten.

Angguruk liegt auf 1400 Meter Höhe und ist von über 2000 Meter hohen Bergen umringt. Nach Westen hat man freie Sicht auf die fast 4000 Meter hohen Berge, hinter denen das Balim-Tal liegt. Wenn die Sonne im Osten aufgeht, werden diese Berge angestrahlt und leuchten hell im warmen Morgenlicht. Je höher die Sonne steigt, desto tiefer kommt sie ins Tal

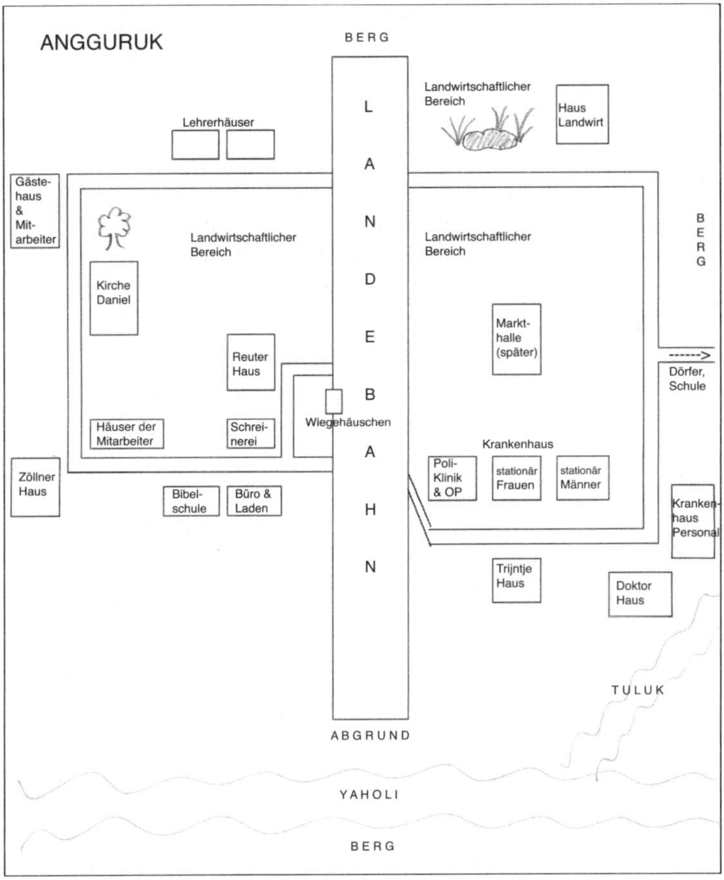

hinein. Es scheint als würde sie langsam und stetig den Berg hinabsteigen. Um 7:30 Uhr morgens liegt Angguruk komplett in der Sonne und die Kälte der Nacht ist vergessen.
Für mich gibt es keinen schöneren Start in den Tag, als mich morgens um 6:00 Uhr mit einer heißen Tasse Tee in eine Decke eingewickelt an das Wohnzimmerfenster zu setzen und diesem imposanten Naturschauspiel zuzusehen.
Obwohl es am Tag mit 24° bis 30° C angenehm warm wird, kühlt es in der Nacht auf dieser Höhe auf etwa 12 bis 15° C ab.

Es kann gelegentlich auch kälter werden. Die Yali, die nachts dicht gedrängt in ihren Hütten schlafen und sich an einem Feuer wärmen, kommen mit den ersten Sonnenstrahlen aus ihren Hütten heraus, um sich von der Sonne wärmen zu lassen.
Man kann davon ausgehen, dass in der Regel jeden Tag die Sonne scheint, aber auch, dass es jeden Tag regnet. Ab Mittags zieht es sich oft schon zu. Langsam kriechen die Wolken in das Tal hinab und irgendwann kann man den Berg direkt vor einem nicht mehr sehen. Wenn man auch ohnehin oft das Gefühl hat, am Ende der Welt zu sein, in solchen Momenten hat man es ganz sicher! Am Nachmittag, spätestens aber am Abend, wenn es dunkel wird, fängt es an zu regnen. Wie gesagt – in der Regel. Dann regnet es die ganze Nacht durch, doch am Morgen ist es vorbei, und die Sonne scheint wieder. Wenn es richtig stark regnet, kann man sich in den Häusern mit Wellblechdächern kaum noch verständigen, so laut trommelt der Regen auf das Dach.
Angguruk ist durch die Landebahn in zwei Hälften geteilt. Nach etwa einem Drittel der Landebahn, vom unteren Ende her gesehen, zweigt sowohl nach links als auch nach rechts ein Weg ab. Der linke Weg führt vorbei an dem Bürogebäude, der Bibelschule, der kleinen Schreinerei, den Häusern der Handwerker und kirchlichen Mitarbeiter hin zu Zöllners Haus. In dieses Haus würden wir nach Zöllners Abreise im kommenden Jahr nicht einziehen können, da der Abgrund hinterm Haus mit jedem Erdbeben näher rückt und man befürchtet, das Haus werde bald abrutschen. (Aber erst im April 2002 ist bei einem Erdrutsch das Grundstück, auf dem Zöllners Haus stand, endgültig in den Fluss abgerutscht.) Vor Zöllners Haus biegt der Weg nach rechts ab und verläuft dann parallel zur Landebahn. Auf diesem Stück befindet sich die Kirche „Daniel". Die Holzkirche mit Wellblechdach bietet Platz für etwa 1200 dicht gedrängt auf dem Boden sitzende Menschen.
Kurz hinter der Kirche befinden sich das Gästehaus, in

dem wir zunächst wohnen, sowie weitere Häuser von Mitarbeitern. Dann biegt der Weg nach rechts ab und endet am oberen Ende der Landebahn. Auf diesem Stück befinden sich die Häuser der Lehrer, die meist Indonesier und Küsten-Papua sind und an der Volksschule (1. bis 6. Klasse) unterrichten. Noch gibt es keine Yali-Lehrer. Die kleine Schule liegt auf halber Höhe des Berges, so dass die Kinder, die aus allen Dörfern rings um Angguruk kommen, nicht den ganzen Weg bis hinunter ins Tal machen müssen. Sie haben ohnehin schon einen sehr langen Schulweg.
Auch der rechte Weg macht einen Bogen und endet schließlich wieder am oberen Ende der Landebahn, so dass Angguruk von oben gesehen fast die Silhouette eines Schmetterlings hat: Die Landebahn - der Rumpf, die Wege - die Flügel. Der rechte Weg führt zunächst am Krankenhaus vorbei. Der Komplex besteht aus drei Gebäuden: der Poliklinik mit zwei Behandlungsräumen und dem OP und den zwei Häusern für stationäre Behandlung – eins für Frauen, eins für Männer. Etwa sechs bis acht Patienten können in jedem Gebäude aufgenommen werden. Vorbei geht es dann an den Häusern von Schwester Trijntje und Dr. Vriend und an den Gebäuden des Krankenhauspersonals bis hin zur landwirtschaftlichen „Ecke" mit den Versuchsfeldern.
Ungefähr auf halber Höhe der Landebahn befindet sich auf der linken Seite das Wiegehäuschen. Alle Personen und Gepäckstücke, die geflogen werden sollen, werden dort gewogen. Dies ist die Stelle der Be- und Entladung der Flugzeuge. Direkt neben dem Wiegehäuschen - ein wenig zurückgesetzt - sollte bald unser Haus stehen.
Die Landebahn in Angguruk zu bauen, war damals für Zöllner und Vriend nicht einfach, denn das Plateau ist zu kurz. Nach etwa 380 Meter steigt der Berg steil an. Da die Landebahn aber mindestens 500 Meter lang sein oder ein starkes Gefälle haben musste, wurde das letzte Stück Landebahn mit einem Anstieg von 24% den Berg hinauf gebaut, so dass der Strip eine Gesamtlänge von 450 Metern bekam.

Die Cessna beim Abflug auf dem steilen Stück Landebahn

Ich habe weniger Angst vorm Fliegen als Horror vor diesem letzten Stück Landebahn. Jedesmal wenn das Flugzeug mit mir als Passagier am oberen Ende der Landebahn steht, halte ich die Luft an. Sobald sich das Flugzeug in Gang setzt und mit Vollgas den Abhang herunter rast, zieht es mir den Magen zusammen und ich schließe die Augen und warte darauf, dass es endlich vorbei ist. Sobald wir auf der geraden Strecke sind, geht es mir wieder gut und ich kann die Augen öffnen und den Freunden winken, die zum Abschied am Wiegehäuschen stehen. Seltsam, dass man sich nie daran gewöhnt, so oft man auch von Angguruk wegfliegt!

Als ich 2008 mit meiner Freundin Dina einen Spaziergang machte, gestand sie mir, als wir gerade das steile Stück

Landebahn hinaufgingen, dass sie den gleichen Horror vor diesem Stück Landebahn habe. Welch Erleichterung, als wir feststellten, dass wir darin nicht alleine waren. „Was, Du auch?“, fragten wir gegenseitig und lachten über unsere Ängste. Sie hatte diesem Stück Landebahn sogar einen Namen gegeben: *tempat hati hilang*. Drei Worte, die alles sagen. Salopp übersetzt heißt es etwa: „Platz, an dem einem das Herz in die Hose rutscht“. Wie bezeichnend! Wir kriegten uns gar nicht mehr ein vor Lachen.

Geschichte: Der Häuptling und das Funkgerät

Als Siegfried Zöllner und Wim Vriend die Landebahn bauten, waren sie auf die Mithilfe der Yali angewiesen. Sie versuchten den Yali ihr Anliegen klarzumachen. Zunächst waren nur wenige Yali bereit, beim Bau der Landebahn mitzuarbeiten. Eines Tages bekam Häuptling Kolubak mit, wie sich Zöllner über Funk unterhielt, und hörte die verschiedenen Stimmen, die aus dem Funkgerät kamen. Er ging zu seinen Leuten und erzählte, dass er die Stimmen ihrer Ahnengeister gehört habe. Die Ahnen seien in dem Kasten, den der Missionar bei sich habe, und er könne mit ihnen reden. Wenn sie nun taten, was der Missionar wollte, dann würden die Ahnen aus dem Kasten herauskommen und zu ihnen zurückkehren. Fortan arbeiteten sie beim Bau der Landebahn mit.

Rund um den Posten Angguruk liegen an den Berghängen die Dörfer der Yali. Auch die Dörfer des angrenzenden Ubahak-Tals im Osten sowie die Dörfer des oberen Yaholi-Tals im Süden zählen zu Angguruk, so dass die gesamte Bevölkerung auf etwa 16.000 Yali geschätzt wird.

Die ersten Eindrücke

Klaus: „Das Einleben fiel uns nicht schwer. Alle halfen uns, wo sie nur konnten. Auch von den anderen Stationen, von den Schwestern Hanna Keßler und Martha Diehl aus Wamena, von den Roths aus Panggema und von Familie Bentz aus Apahapsili kam Hilfe. So hatten wir schnell allen nötigen Hausrat zusammen. Zunächst wohnten wir zwei Wochen bei Familie Zöllner, weil das Gästehaus, in dem wir vorerst wohnen sollten, noch nicht fertig war. Da konnte ich sogleich dem *Tukang* (Handwerker) helfen, der sich darüber freute, dass der *Pendeta* (Pastor) auch ein Genosse aus der Handwerkerzunft ist. Während er noch schnell neben dem Haus ein ‚Häuschen' baute für Dusche und Toilette, installierte ich die elektrische Einrichtung und die Wasserleitung. Das Material musste von allen Stationen zusammengesucht werden."

Die Elektrizität in Angguruk kam von einer Wasserturbine, die der ganze Stolz von Dr. Vriend war. Leider war es aber meistens so, dass der Fluss entweder zu wenig Wasser hatte, da es gerade in unserer ersten Zeit in Angguruk wenig regnete, oder aber zu viel Wasser führte, denn wenn es regnet, dann richtig! Die angeschwollenen Flüsse rissen Steine mit, welche die Turbine verstopften oder beschädigten. In beiden Fällen gab es keinen Strom. So war das Legen der Leitungen im Gästehaus eigentlich müßig, denn es gab kaum einen Abend im ersten Jahr, an dem wir Strom hatten.

Das Klo-Häuschen war der Albtraum meiner Mutter. Es stand neben dem Haupthaus und war aus gehauenen, nicht gehobelten, Brettern gemacht, das heißt, es gab viele

„Gucklöcher". Da das Haus ständig umringt war von einer Traube Menschen, war es für Mama immer ein Angang, aufs Klo zu gehen.

Klaus: „Inzwischen wohnen wir im Gästehaus, einem wunderschönen Holzhaus auf Pfählen mit einem Arbeitszimmer, einem Ess-Schlafzimmer, einem Kinderzimmer und einer kleinen Küche, alles zusammen etwa 30 qm. Nach sechs Wochen Zigeunerleben sind wir wieder ‚etabliert', und die Kinder haben ein neues zu Hause. Erika hat es wieder einmal verstanden, selbst mit den wenigsten Mitteln alles hübsch und gemütlich zu machen. Unser für deutsche Verhältnisse recht bescheidenes Leben hier erscheint luxuriös, wenn man es mit dem mühsamen, ärmlichen und im echten Sinne primitiven Leben unserer Yali vergleicht. Ob wir uns mit der Zeit damit abfinden oder mit dem Konflikt hier leben müssen, oder ob wir die Verhältnisse ändern können? Jedenfalls steht das Problem der Solidarität als große Frage an unseren Lebensstil vor unseren Augen."

Erika: „Zöllners haben uns die erste Zeit hier sehr schön gemacht, und ich konnte mir im Haushalt doch so einiges abgucken. Einmal habe ich beim Brotbacken zugesehen, und gestern habe ich ganz allein ohne Anleitung meine ersten Brote und Brötchen gebacken! Alle fanden, dass sie prima schmeckten. Wie einen das hebt!
Das Einleben hier ist uns viel leichter gefallen, als wir dachten. Die Yali sind unheimlich nett und freundlich. Die Kinder schäkern viel mit allen, besonders Katja. Alle sagen ‚Katja senang', Katja ist fröhlich. Das ist sie tatsächlich, von morgens bis abends fidel, schläft viel und ißt, nein frißt! Susanne ist immerzu beschäftigt mit irgendwas. Heute hat

Klaus ihnen einen Sandkasten gebaut, da backen die beiden mit Begeisterung ‚Kuchen'.
Die seltsame Tracht der Yali stört die Kinder nicht. Nur einmal stand ein Mann ganz dicht und Suse betrachtete interessiert eine gewisse Gegend, dann druckste sie herum: ‚Mutter, guck mal, der hat da so, guck mal, da hat der so, Mutter, der hat so einen langen Stock.' Gar nicht schlecht beobachtet!"

Der „Stock" war ein Penisköcher. Diese Kalebasse wird aus einer ausgehöhlten und im Feuer gehärteten länglichen Kürbisfrucht hergestellt, übergestülpt und mit Schnüren an Bauch und Hoden befestigt. Zusätzlich tragen Yali-Männer Rattanringe, die um den Bauch gewickelt werden. Je mehr Rattanringe ein Mann trägt, desto tapferer und angesehener ist er, denn der Rattan wächst nur im Feindesland und muss unter großer Gefahr von dort geholt werden. Die Rattanringe sind nicht nur Kleidung und Schmuck. Wollen sie ein Feuer machen und haben kein „Feuerzeug" eine Rattanschnur extra fürs Feuer machen) dabei, brechen die Yali lediglich ein Stück ihrer Kleidung ab. Dieses etwa 60 cm lange Stück Rattan wird um ein Stück Holz gelegt, das am Boden liegt, umgeben von trockenem Gras und kleinen Ästen. Man stellt die Füße auf beide Enden des Holzstocks und zieht die gespannte Rattanschnur schnell hin und her, bis das Holz an-fängt zu qualmen und die Schnur bricht. Dann nimmt man das Holz mit dem Gras auf und bläst, bis eine richtige Flamme entsteht. Danach legt man das brennende Holzstück in die vorbereitete Feuerstelle.
Die Yalifrauen tragen kurze Grasröcke aus Schilfgras und Netze. Das unterste Netz ist besonders lang, es geht fast bis zu den Kniekehlen und dient als Kleidung. Ohne dieses fühlt sich eine Frau nackt. Die darüber liegenden Netze sind zum Transportieren der Ernte, der Ferkel und der Kleinkinder gedacht. Die Netze der Männer sind dagegen klein und

enthalten kaum mehr als den Tabak, den sie zum Rauchen brauchen. Sie brauchen keine Ernten einzuholen. Ihre Arbeit ist nach dem Anlegen neuen Gartenlandes und dem Umgraben getan. Die weitere Gartenarbeit erledigen die Frauen.

Erika: „Suse spielt im Moment viel mit Yali-Jungen. Diese Knirpse bringen ihr alles Mögliche bei, zum Beispiel mit Ausdauer und Liebe Streichhölzer anzuzünden. Wo sie nur eine Schachtel entdeckt, macht sie Feuer. Bei unserem Holzhaus kein ungefährliches Unterfangen!"

Ich wusste, bis ich diese Zeilen las, gar nicht, dass meine Leidenschaft fürs zündeln so weit zurückgeht. Ich mache noch heute gerne Feuer, doch nachdem ich in unserem späteren Haus in Angguruk einmal fast die ganze Küche abgefackelt habe, bin ich etwas vorsichtiger geworden, was das Feuermachen in geschlossenen Räumen angeht. Ich zündelte damals an den Holzscheiten, die im Korb neben dem Ofen lagen, herum, obwohl Mama sagte, ich solle aufhören. Ich ignorierte sie, bis plötzlich die gesamte Wand hinter dem Ofen in Flammen stand. Das Feuer fraß sich rasend schnell durch die Lackfarbe auf der Wellblechwand. Mama blieb erstaunlicherweise ziemlich ruhig, füllte einen Topf mit Wasser und schüttete mit einem großen Schwung das Wasser auf die Wand und löschte das Feuer. Sie sagte nichts, schimpfte nicht, brauchte sie auch nicht. Der Schreck saß so tief, dass ich bis heute sehr vorsichtig mit Feuer in geschlossenen Räumen bin. Doch bin ich draußen in freier Natur, kann mich nichts mehr halten.

Klaus: „Kurz nach unserer Ankunft bot sich mir die Gelegenheit, zusammen mit Dr. Vriend in einem sehr bewaldetem Gebiet, einen Tagesmarsch von Angguruk entfernt, nach einem geeigneten Platz für eine weitere Landebahn zu suchen. Wir

waren umringt von hohen Bergen. Von weither leuchteten die Felswände, die teilweise aus Kalkstein bestehen. Dazu beeindruckten mich diese gewaltigen Bergflüsse, die sich wie wild die Berge herunterstürzen und sich tief in die Felsen eingefressen haben, oft 40 – 60 Meter tief. Donnernd reißen sie große Steine und Felsbrocken mit sich, sodass diese Flüsse ständig dröhnen und rumpeln. Und über solchen Flüssen liegen oft nur zwei oder drei Baumstämme, die als Brücke dienen. Als wir an der Stelle ankamen, wo wir die Landebahn ausmessen wollten, bauten unsere Träger schnell eine Hütte, in der wir mit den elf Yali schliefen. Die Nächte im Urwald auf über 2000 Meter waren bitterkalt. Wir hatten während der ganzen Nacht ein Feuer an und waren schon um 6:00 Uhr wieder auf den Beinen.
Insgesamt fünf Tage waren wir, mit Kompaß, Höhenmesser, Bandmaß und Karten bewaffnet, unterwegs. Unsere Träger schlugen durch dichten Urwald einen schmalen Pfad, und wir maßen und maßen, bis uns ein Fluss, ein Hügel oder eine Schlucht jede aufkommende Hoffnung zunichte machte. Am vierten Tag fanden wir endlich ein Stück von 650 m Länge, das eventuell von der MAF für die Landung einer zweimotorigen Air Commander genehmigt werden könnte."

An der Stelle entstand allerdings erst viele Jahre später die Landebahn Walma.

„Durch kleine Erlebnisse wurden mir während unserer Tour noch andere Probleme deutlich. Unsere Yali entdeckten im Wald eine Ratte. Das brachte sie völlig aus der Fassung. Mit großem Gebrüll machten sie Jagd auf das kleine, erschrockene Tier. Als sie die Ratte gefangen hatten, wurde sie sogleich gebraten und gegessen. Fleisch ist hier Mangelware. Das

Ernährungsproblem wird uns noch viel zu schaffen machen. Es sind noch keine befriedigenden Lösungen gefunden worden. Es scheint so, als hätten die Yali permanent Hunger. Ihr solltet einmal sehen, was ein Yali verdrückt, wenn er von uns Reis bekommt. Das reicht für mich für eine Woche. Wenn ihnen die Möglichkeit geboten wird, essen sie, soviel sie können, denn oft wissen sie nicht, wann sie das nächste mal essen werden.
Das Bearbeiten der Gärten ist nicht nur schwer, sondern auch oft sehr gefährlich. Kurz bevor wir das Dorf Waniyok erreichten, verlor eine junge Frau den Halt an einem steilen Hang, wo sie ein Süßkartoffelbeet bearbeitete. Sie stürzte den Hang hinab und fiel eine 30 bis 40 m tiefe Felswand hinunter in den Yaholi Fluss. Sie war sofort tot. Wenn man sieht, wie die Yali jedes brauchbare Stück Land urbar machen – und sei es noch so schwierig und gefährlich – wie sie der Erde, dem schlechten Boden, ihren Unterhalt abringen, dann kann man nur mit großem Respekt ihren Fleiß anerkennen. Sie führen einen ständigen harten Kampf um ihre Existenz.
Jene Frau hatte ein einjähriges Kind. Ihr Mann war im letzten Jahr gestorben. Wer sollte das Mädchen ernähren? Es ist ja bis zum vierten Lebensjahr für seinen Eiweißbedarf auf die Milch der Mutter angewiesen. Früher wurden solche Kinder in den Fluss geworfen, weil man sie nicht ausreichend ernähren konnte. Heute werden sie im Krankenhaus aufgenommen und solange ernährt, bis die Angehörigen im Dorf das Kind mit Yali-Kost ohne Milch ernähren können. Auf unserem Rückmarsch nahmen wir das Kind mit nach Angguruk, wo es jetzt mit anderen Kindern im Krankenhaus lebt."

Ibamon hieß das kleine Mädchen. Nachdem sie ein paar Wochen im Krankenhaus versorgt worden war, nahmen der

Evangelist Arnod Mohi und seine Frau Charlotta das Kind zu sich. Sie lebten auf dem Posten Angguruk und konnten weiterhin Milch aus dem Krankenhaus beziehen. Katja und ich spielten viel mit Ibamon. Nach etwa drei Jahren konnte sie in ihr Dorf zurückkehren.

Klaus: „Tief beeindruckt sind wir von den Gottesdiensten hier. Ja, so einen Gottesdienst muss man einfach miterleben! Wohltuend empfindet man die Spontanität, Lebendigkeit und Improvisation, wenn man noch so frisch die starren Formen und Strukturen unserer meist monologen deutschen Gottesdienste im Gedächtnis hat. Etwa 15 Männer und Frauen wirken bei jedem Gottesdienst mit. Teils werden sie in der Gottesdienstvorbesprechung dazu auserwählt, teils treten sie auch ganz spontan auf. Auch die übrige Gemeinde

Frauen können im Krankenhaus zusätzliche Milch für ihre Kinder bekommen.

sitzt nicht nur konsumierend da. Es wird dazwischen gefragt, Zustimmung bekundet, Betroffenheit zum Ausdruck gebracht und Überraschung ausgedrückt. Und das alles kann man mitempfinden, ohne ein einziges Wort der Sprache zu verstehen. Ja, da ist Atmosphäre! Schon die Menge der Leute fasziniert. Und wenn dann die Yali auf den Gesang des Vorsängers nach traditioneller Weise mit wahrlich kräftigen Stimmen antworten, dann geht es einem durch und durch. Die Yali haben die europäischen Kirchenlieder nicht übernommen, sondern ganz bewußt ihre alten traditionellen Gesänge behalten und diese mit neuen, kirchlichen Texten belegt."

Die Yali erkannten sehr bald nach dem Auftauchen der Weißen, dass diese am Sonntag eine Art Ritual abhielten. Sie legten daraufhin selber am Sonntag die Gartenarbeit nieder. Nicht etwa, weil der weiße Mann sie dazu aufforderte, sondern weil in ihrer Tradition keine Gartenarbeit getätigt werden durfte, wenn ein benachbartes Dorf oder ein benachbarter Mensch ein Ritual abhielt. Es war eine Art Respekterweisung, von der die Weißen damals noch nichts ahnten. Die Neugier wuchs, und so kamen mehr und mehr Menschen an diesen arbeitsfreien Tagen nach Angguruk, um zu sehen, was der weiße Mann dort tat.

Klaus: „In dieser Woche haben wir mit dem Sprachunterricht begonnen. Wir haben das große Glück, von Zöllners, die noch ein weiteres Jahr hier sein werden, die Yalisprache lernen zu können. Zwar hört sich die Sprache so an, als ob man sie nie lernen könnte – sie ist in der Tat sehr komplex – aber Häuptling Kolubak hat mich getröstet und gesagt: ‚Wenn du so lange hier bist wie der Bapak (Zöllner), dann kannst auch du unsere Sprache.' Nun, ganz soviel Zeit haben wir wohl nicht. Die Sprache ist der Weg zu den Yali. Deswegen müssen wir alles tun, um sie gut und schnell zu erlernen. Überhaupt macht uns die babylonische Sprachverwirrung viel zu schaffen. Es ist nicht leicht, sich in einem Sprachengewirr aus Indonesisch (offizielle Landessprache), Yalisch (Eingeborenensprache), Holländisch (Sprache der ‚weißen' Nachbarn), Englisch (Sprache der Piloten) und Deutsch zurechtzufinden."

Erika: „Ich habe jetzt eine junge Frau, die mir im Haushalt hilft, das heißt, sie tut den ganzen Morgen über das, was ich selbst in einer Stunde besser erledigt haben würde, aber egal. Sie bringt mir aber im Laufe des Vormittags einige Begriffe des täglichen Lebens bei. Mittags repetieren Klaus und ich das alles, und abends im Bett drehen wir nocheinmal die Vokabelmühle.
Alles wäre wunderbar, wenn, ja wenn es regnete. Ilse (Zöllner) sagt, es wäre ein Witz, aber in den elf Jahren, in denen sie hier sind, hat es kaum mal einen Tag nicht geregnet, hat es also auch noch nie Wassernot gegeben. Nun sind schon vor über 14 Tagen die letzten Wassertropfen gefallen. Unsere Wassertonnen sind leer. Wir müssen jetzt unser Wasser zum Trinken und Kochen vom Krankenhaus holen. Die haben eine Quelle, die zum Glück noch fließt. Wäsche waschen, Haare waschen, baden, all das sind jetzt Luxusbetätigungen und müssen unterbleiben. Klospülen – sprich Wasser nachkippen – ist nur erlaubt, wenn's sonst gar nicht mehr geht. Hoffentlich gibt's bald Regen. Einige Yali sagen schon, der Regen komme nicht mehr, weil sie ihre Fetische verbrannt hätten. Hoffentlich gewinnt diese Opposition nicht die Oberhand!"

Erika: „Heute war ich zum ersten Mal mit auf Tour. Klaus und Siegfried waren bis jetzt fast jeden Sonntag in einem anderen Dorf zum Gottesdienst. Heute fühlte ich mich stark genug, einmal mitzugehen. Ilse wollte auf unsere Kinder aufpassen, so dass ich ganz beruhigt losgehen konnte. Etwa um 8:00 Uhr sind wir aufgebrochen und um 14:30 Uhr waren wir wieder zurück.
Der Marsch zum Dorf Muhumu dauerte gute zwei Stunden und war sehr anstrengend, da es fast ausschließlich bergauf ging. Wir haben dann am Gottesdienst teilgenommen, haben beim *Guru* (Lehrer und Evangelist) gegessen, und dann ging es wieder strack abwärts. Das war noch wesentlich anstrengender als der Aufstieg! Auf den steilen Hängen mit losem Geröll musste man aufpassen, dass man nicht ausrutschte. Dieses ewige Federn und Abblocken zog mächtig in den Beinen und ist Gift für die Knie. Dennoch war der Weg für mich ein Erlebnis. Ich war vorher noch nicht aus dem Kessel Angguruk herausgekommen. Nun kamen wir über mehrere Gipfel hinweg und sahen ganz andere Dörfer und Vegetationen. Ihr glaubt kaum, wie wunderschön es hier ist."

Die Yali

Das Wort „Yali" stammt aus der Sprache der im Balim-Tal ansässigen Dani und bedeutet so viel wie „die im Osten von uns leben". Da noch kein Weißer bei diesen Menschen im Osten war und keiner wusste, wie diese sich selber nannten, wurden sie zunächst als „Yali" bezeichnet. Interessanterweise stellte sich später heraus, dass die „Yali" ihrerseits – obwohl sie eine andere Sprache sprechen als die Dani – ebenfalls ihre im Osten lebenden Nachbarn als „Yali" bezeichnen. Für sich selbst hatten sie keinen eigenen Namen – wozu auch. Sie waren der Mittelpunkt ihrer Welt, und um sie herum gab es die Nachbarn im Osten, Westen, Norden und Süden, mit denen man nur gelegentlich zu tun hatte. Sprach man von ihnen, so bezeichnete man sie lediglich als „die Nachbarn im Osten" oder „die Nachbarn im Westen". In dieser kleinen Welt bedurfte es keiner Namen. Aber als sich ihre Welt öffnete und erweiterte, mussten sie sich definieren. Sie akzeptierten den Namen, den man ihnen vorläufig gegeben hatte. Künftig wurden die östlich und nordöstlich an das Balim-Tal angrenzenden Täler „Yalimo" genannt und die dort lebenden Menschen „Yali".

In Yalimo können sich Traditionen bereits von einem Tal zum anderen verändern, das einzige konstante Bindeglied ist die gemeinsame Sprache. Wenn ich im weiteren Verlauf von den Yali, von ihrer Lebensweise, ihren Traditionen, ihrem Aussehen erzähle, dann rede ich von den in den Tälern des Yaholi, Ubahak und Sibi ansässigen Yali.

Obwohl die Yali keine Bezeichnung für sich als gesamte Sprachgruppe in Abgrenzung zu ihren Nachbarn hatten, so besaßen sie doch Eigenamen und Sippenbezeichnungen. Die größte Unterteilung war zunächst die Heiratsgruppe, die die gesamte Bevölkerung in zwei Gruppen trennte. Man gehörte entweder der einen oder der anderen Gruppe an, und die Zugehörigkeit wurde immer über die väterliche Linie weitervererbt. Die Bezeichnung *wanda* und *waya* für die beiden Heiratsgruppen wurde selten verwendet, man sprach eher von *niren* (zu uns gehörend) oder *iren* (zu denen gehörend). Man durfte innerhalb derselben Gruppe nicht heiraten. Eine sexuelle Beziehung zweier Menschen derselben Heiratsgruppe war und ist Inzest und wird hart bestraft, früher oft mit dem Tod.

Abgesehen von der Heiratsgruppe, gehört jeder Yali einer Sippe an, von denen es im Gebiet von Angguruk etwa vierzig verschiedene gibt. Der Sippenname ist gleichzeitig der Nachname. In jedem Dorf gibt es etwa gleich viele Menschen jeder Heiratsgruppe, und fast alle Sippen sind vertreten.

Männer aus verschiedenen Sippen schließen sich zusammen und gründen ein Männerhaus, ein *yowi*, das dadurch zu erkennen ist, dass es größer ist als die umliegenden dazugehörigen *homea*, Familienhäuser, in denen die Frauen und Kinder leben. Eine solche Einheit aus Männerhaus plus Familienhäuser wird Weiler genannt. Es gibt Weiler in allen Größen, aber im Schnitt kann man sagen, dass etwa 15 Männer ein Männerhaus bewohnen, das von acht bis zehn Familienhäusern umgeben ist, in denen insgesamt 30 - 50 Menschen leben.

Zwei oder mehr solcher Weiler bilden ein Dorf. Von allen Männerhäusern im Dorf ist eins ein *usa ibam*, ein heiliges Männerhaus. Es ist das größte Haus im Dorf und ist an den Bemalungen der Wände und an dem Vorhof, der gelegentlich mit einem Steinwall umrandet ist, unschwer zu erkennen. Die Zeichen und der Wall schützen Frauen und Kinder davor, den heiligen Platz versehentlich zu betreten, denn er ist absolutes Tabu für sie. Frauen und Kinder, die einen Tabu-Bereich betreten, werden in den reißenden Fluss geworfen und damit getötet, um die Geister zu beschwichtigen und Unheil von der Dorfgemeinschaft abzuwenden. Das *usa ibam* enthält alle heiligen Gegenstände, alle Fetische, und ist grundsätzlich das erste Haus, das in einem neuen Dorf

gebaut wird.
Die Yali leben in runden Hütten, gebaut aus Holz, das mit der Steinaxt - oder inzwischen mit der Stahlaxt - gehauen wird. Zusammengehalten werden die Bretter mit Rattan-Schnüren. Etwa 30 cm über der Erde wird ein Fußboden eingezogen und in der Mitte eine Feuerstelle angelegt. Eine zweite Etage wird etwa 1,50 Meter über dem Fußboden eingezogen, so dass man in der Hütte nicht aufrecht stehen kann. Durch eine Öffnung und eine Leiter gelangt man in die obere Schlafetage. Das Feuer wird in der Nacht auf die Schlafetage mit-genommen, um sich in der Nacht warm zu halten, aber das bedeutet auch, dass man im beißenden Rauch liegt. Das Dach aus Blättern der Pandanus oder aus Baumrinde läßt den Rauch kaum entweichen. Abwechselnd bewachen in der Nacht die Hausbewohner das Feuer und halten es in Gang. Eine solche Yalihütte hält etwa 20 Jahre, doch das Dach muss alle fünf bis zehn Jahre ersetzt werden. Der Aufbau einer Hütte dauert, wenn das dazu benötigte Holz vorhanden ist, einen Tag. Hausbau ist ausschließlich Männersache.
Krieg war einst die Hauptbeschäftigung der Männer. Es gab eigentlich immer mit irgendwem Krieg. Diebstahl, Ehebruch oder das Aneignen von fremdem Gartenland waren die Auslöser. Wenn die Männer in den Krieg zogen, waren sie mit Pfeil und Bogen bewaffnet und trugen außerdem einen geflochtenen Brustpanzer, der Bauch, Brust und Rücken schützte. Früher begleiteten die Männer ihre Frauen, wenn diese in die oft weit entlegenen Gärten gingen. Sie beschützten ihre Frauen während der Arbeit vor feindlichen Angriffen. Oft war man schon mit dem benachbarten Dorf verfeindet, und wenn noch eine Blutrache beglichen werden musste, waren es oft Frauen und Kinder, die umgebracht wurden. Sie boten in den Gärten eine gute Zielscheibe. Heute ist eine Bewachung nicht mehr nötig und die Männer können sich mehr dem Hausbau, der Jagd, dem Korbflechten und den Gesprächen widmen.

Süßkartoffel und Schweine

Das Leben der Yali kreist um Süßkartoffel und Schweine. Die Süßkartoffel bildet noch heute die Lebensgrundlage der Yali. Es gibt zwar auch die Taro Wurzel sowie etwa vier Gemüsesorten, aber ohne Süßkartoffeln müssen die Yali Hunger leiden.

Mythe: Wie die Süßkartoffel nach Yalimo kam

Sinon kam von Westen her nach Pasikni. Er hängte dort sein Netz mit Süßkartoffeln an den Hog-Baum. Dann pflanzte er die Süßkartoffel in Pasikni, neben dem Haus Ngelelum. Weil er sie gepflanzt hat, pflanzen auch wir sie. Es war die Kabilulu-Knolle.[1]

Die Süßkartoffel wurde im 16. Jahrhundert von portugiesischen Seefahrern nach Neuguinea gebracht. Sie ist ein Beweis dafür, dass es Kontakte zwischen der Küste und dem Bergland gegeben haben muss. Doch die Zeit, die es brauchte, bis die Süßkartoffel ihren Weg ins Bergland fand, lässt schließen, dass weite Wanderungen unter den Papua nicht vorkamen. Jeder Handel, jeder Tausch beschränkte sich auf die nächsten Nachbarn. Kontakte mit den weiter entfernten Dörfern gab es nicht oder nur sehr selten. Auch die Muscheln, die im Hochland zu finden sind und wegen ihrer Rarität als Zahlungsmittel dienten, sind ein Beweis für den zwar geringen, aber doch vorhandenem Kontakt zwischen Küste und Hochland.
Vor der Zeit der Süßkartoffel bildete Taro die Lebensgrundlage.

---

1 Zöllner, Siegfried, Lebensbaum und Schweinekult (Wuppertal, 1977). Alle nachfolgenden Mythen sind ebenfalls diesem Werk entnommen. Daher verzichte ich auf weitere Quellenangaben bei Mythen.

Die ältesten archäologischen Funde von Grabensystemen und Entwässerungsanlagen, die auf den Anbau dieses Knollengewächses schließen lassen, werden auf 7000 v.Chr. datiert. Der Einzug der Süßkartoffel, ihre Nahrhaftigkeit, ihre Widerstandsfähigkeit und ihre Ertraghaltigkeit löste eine Bevölkerungsexplosion aus. Interessanterweise wird in den alten Mythen und Riten der Yali die Süßkartoffel nicht erwähnt. Taro und Schweine bilden die Grundlage der Riten. Erst später kamen die Riten zur Erhaltung und Sicherung der Süßkartoffel dazu.
Wegen der Wichtigkeit der Süßkartoffel für das Überleben, war das Süßkartoffel-Ritual eines der Bedeutendsten im Leben der Yali. Das Ritual sollte die Ernte sichern. Gab es Missernten, so wurden diese nicht auf ausbleibenden Regen oder schlechten Boden zurückgeführt, sondern bedeuteten immer Strafe der Geister für die Übertretung einer Regel. Der Grund wurde meist beim Inzest gesucht, der schwersten Sünde, die es gab. Fand man ein Paar, das Inzest begangen hatte, so wurde es meist umgebracht, um Schaden von der Gemeinschaft abzuwenden. Dies war nötig, um die Geister zu besänftigen und das Überleben der anderen zu sichern. In einigen wenigen Fällen wurden die Täter lediglich rituell gereinigt.

<u>*Geschichte:*</u> *Inzest*

Es muss um 1940 gewesen sein, als Pinte, ein wanda-Mann aus dem Longkopini Männerhaus in Pasikni, mit Ampolavie, einer verheirateten Frau aus Wali, schlief, die ebenfalls der wanda-Heiratsgruppe angehörte. Das Paar wurde von einigen vorbeikommenden Männern gesehen. Pintes Verwandte brachten es nicht fertig, ihn selbst zu töten, und baten einige andere wanda-Männer,

dies für sie zu tun. Am nächsten Morgen blieben die Menschen der anderen Weiler in ihren Häusern, ließen die Türen verschlossen und taten so, als seien sie bereits in ihre Gärten gegangen.
Als Pinte das Dorf verließ, folgten ihm die beauftragten Männer. An einem geeigneten Platz griffen sie ihn an, bis er mit Pfeilen durchbohrt zu Boden ging. Die zwei Täter hatten das Dorf fast wieder erreicht, als sie bemerkten, dass Pinte ihnen folgte. Entsetzt, einen Toten laufen zu sehen, rannten sie, so schnell sie konnten, in ihr Männerhaus. Durch die Ritzen in der Wand ihrer Häuser beobachteten die Menschen die Rückkehr von Pinte.
Obwohl bereits einige Menschen die Anschuldigung bezweifelten, folgte eine große Schar Pinte, als er in Richtung Muhumu weiterging. Wieder wurde er mit Pfeilen beschossen, und sein lebloser Körper wurde an einen Pfahl gebunden, den sie zum Yaholi Fluss brachten, um ihn am nächsten Tag einzuäschern. Pinte aber wurde von einem munguat, einem Geist, geheilt. Während der Nacht befreite er sich von seinen Fesseln und folgte dem Fluss in südlicher Richtung. An einem Platz, der Tiap genannt wurde, legte er sich schlafen. Am nächsten Morgen trank er Wasser aus dem Jengkek-Bach und brach kurze Zeit später zusammen. All das Wasser, das er getrunken hatte, lief aus seinen Wunden heraus.
Kurze Zeit später fanden ihn die Männer, die seinen Fußspuren gefolgt waren, und brachten ihn zurück an den Platz, wo sie ihn ‚tot' zurückgelassen hatten, und äscherten ihn ein.

Ein gezielter Schuß reicht, um ein Schwein zu töten

Als die Männer zurückkamen, bemerkten sie, dass Ampolavie geflohen war. Sie verfolgten und töteten sie noch am selben Tag. Auch ihr Körper wurde am Yaholi eingeäschert. Die Genitalien der beiden Übeltäter wurden zuvor abgeschnitten und, in Blättern eingewickelt, in einem Busch in der Nähe des Dorfes versteckt.

Am nächsten Tag fand eine Reinigungszeremonie statt. Allen Frauen und Kindern wurde befohlen, in den Häusern zu bleiben. Die Männer holten die Genitalien, und der Medizinmann steckte den Penis durch die Vagina und umwickelte das Ganze mit einem Rankengewächs. Danach wurde Rinde des póe-Baums so lange um das Gebilde gewickelt, bis ein großer Ball entstanden war, der an das Ende eines Pfahls gebunden wurde. Während der ganzen Zeit sang der Medizinmann rituelle Gesänge. Schließlich wurde der Pfahl von einer Prozession der Männer unter einem speziellen Geheul zum Fluss gebracht, wo der Ball ins Wasser geworfen wurde. Viele Schweine wurden an dem Tag geschlachtet. Alle Dorfbewohner aßen davon, nachdem der Medizinmann das Fleisch für das zukünftige Wohlergehen der Gemeinschaft rituell behandelt hatte.[2]

Eine noch größere Bedeutung als Süßkartoffel haben Schweine für die Yali. Sie haben eine mythologische Bedeutung, werden bei Ritualen eingesetzt, sind Zahlungsmittel und die einzig verlässliche Fleischquelle. Schweine sind die einzigen Haustiere, die die Yali kennen, abgesehen von ein paar Hunden. Je mehr Schweine ein Mann hat, desto reicher und angesehener ist er. Ehefrauen werden mit Schweinen bezahlt, Freundschaften und Geschäftsbeziehungen werden mit der Gabe von Schweinen bekräftigt, und Fehltritte und Vergehen werden mit Schweinen gebüßt.

Das Hüten der Schweine ist Frauensache. Die Schweine sind so wichtig für die Yali, dass die Ferkel in Extremfällen sogar wie Kinder von den Frauen gesäugt werden, um sie am Leben zu halten. Sie schlafen in den Hütten der Frauen, wo sie im hinteren Teil ihren Verschlag haben. Weil sie so wichtig sind, werden die Schweine rituell behandelt, um ihren Fortbestand zu sichern und sie vor Krankheiten zu schützen.

Die Yali kennen nur zwei Strafen für begangenes Unrecht: die Bezahlung von Schweinen oder den Tod. Wer wieviel für

---

2 Koch, K.F., Conflict and its Management Among the Jale People of West New Guinea (Ann Arbor, 1973). Für diese Doktorarbeit verbrachte Koch ein Jahr im Dorf Pasikni bei Angguruk.

ein Vergehen bezahlen muss, wird individuell zwischen den streitenden Parteien geregelt. Es gibt kein juristisches System, kein politisches Amt, keine Instanz, die Entscheidungen für die Gemeinschaft trifft. Es gibt lediglich die direkte Konfrontation und Auseinandersetzung der zwei streitenden Parteien (zum Beispiel bei Diebstahl oder Ehebruch) und die gemeinschaftlichen Beschlüsse bei Angelegenheiten, die die ganze Männerhaus- oder Dorfgemeinschaft angehen (zum Beispiel bei Krieg oder der Durchführung von Ritualen). Es gibt ein „was wir tun" und ein „was nicht getan wird". Diese Regeln machen das gemeinschaftliche Leben erst möglich.
Es gibt keine Anschuldigungen in der Form von „was du getan hast, war nicht richtig" oder „gib das gestohlene Schwein wieder zurück" innerhalb der Gemeinschaft. Keiner in der Gemeinschaft richtet über das Verhalten des anderen. Was auch immer passiert, die Gemeinschaft hält zusammen, akzeptiert das Verhalten und die Entscheidung jedes Mitglieds, ob sie richtig ist oder falsch, denn die Dorfgemeinschaft kann nicht funktionieren, wenn nicht alle zusammenhalten und im Ernstfall füreinander einstehen. Und so kann ein Schweinediebstahl, bei dem sich der Dieb weigert, das Schwein zurückzugeben oder es zu bezahlen, einen Krieg entfachen. Sollten allerdings im Zuge des Krieges Menschen sterben, so ist der „Mann auf der Spitze des Pfeils" dazu verpflichtet, den Angehörigen der Toten, die auf seiner Seite gekämpft haben, je ein Schwein zu zahlen. Hat ein Mann kaum Schweine, wird er sich gut überlegen, ob er einen Krieg riskieren will.
Entsteht ein Konflikt zwischen zwei Männern eines Männerhauses oder zwischen Männern zweier Männerhäuser eines Dorfes, so entscheiden familiäre Beziehungen, bestehende Verpflichtungen oder vergangene Ereignisse darüber, auf welche Seite sich ein jeder schlägt. Nach diesen Kriterien, nicht aber nach Schuldigkeit wird Partei ergriffen, so dass nie einer alleine steht. Es gibt keine stärkeren Bande als die Familie. Sollte das Dorf allerdings von außen angegriffen

Yali-Männer beim Hausbau

werden, ist die Gemeinschaft wieder vereint, ist aller vorangegangener Streit vergessen.

Geschichte: Von Kevel, der einen Ast abhackte

Eines Tages hackte Kevel, ein Mann aus Elintam, einen großen Ast von einem Baum ab, der nahe am Wegrand stand. Zuvor hatte er Tabu-Markierungen auf dem Weg plaziert, um die Menschen, die diesen Weg entlangkamen, vor der Gefahr zu warnen und umzuleiten. Er hatte bereits eine tiefe Kerbe in den Ast gehauen, als eine Frau aus Hompokei, die in sein Dorf eingeheiratete hatte, herankam. Obwohl Kevel ihr zurief, sie solle einen Umweg machen - sie gleichzeitig beschimpfte, weil sie seine Markierungen missachtete - ging die Frau weiter. Die Bewegungen des wütend schimpfenden Mannes verursachten schließlich, dass der Ast abbrach, und zwar genau in dem Moment, als die Frau vorbeiging. Sowohl sie als auch ihr Kind, das sie auf ihren Schultern trug, wurden von dem Ast erschlagen. Die Verwandten der Frau verlangten die Bezahlung von ‚Schuld-Schweinen'. Kevel bezahlte zwei Schweine, ohne zu zögern.[3]

Auf die Frage, warum Kevel bezahlt habe, sagten die Yali, die Frau sei zwar durch ihre eigene Schuld gestorben, doch Kevel war für ihren Tod verantwortlich, denn der Ast fiel durch seine Hand.

Sowenig wie es ein juristisches System gibt, gibt es Machthaber, Männer, die das absolute Sagen haben und denen gehorcht wird. Alle haben die gleiche Stimme und das Recht auf ihre individuelle Meinung. Allerdings gibt es Männer, die sich durch ihre körperliche Stärke, ihre Geschicklichkeit bei der Jagd, ihren Mut im Kampf und/oder durch ihren wirtschaftichen Erfolg (viele Schweine) hervorgetan haben. Diese *ap souon*, sogenannte „big men", werden allgemein geachtet und sind oft die Sprecher bei Konflikten. Wenn in diesem Buch also von Häuptlingen gesprochen wird, so handelt es sich um diese einflussreichen Männer, die aber anders als bei der üblichen Definition von Häuptling nicht die Macht haben, Entscheidungen für die Gemeinschaft zu fällen. Sie haben lediglich eine gewichtigere Stimme. Auch Medizinmänner werden wegen ihres Heilwissens geachtet und ihre Meinung hat mehr Gewicht.

---

3 Koch, K.F., Conflict and its Management Among the Jale People of West New Guinea

Die „Allah wene“ breitet sich aus

Erika: „Klaus ist mit Siegfried heute nach Pinij gegangen. Das ist ein Dorf etwa acht Stunden Fußmarsch entfernt, das dem Neuen bis jetzt noch wenig aufgeschlossen ist, jedoch schon erste Kontakte sucht. Öfter sind Männer von Pinij hier in Angguruk und sehen sich um. Sie sehen noch recht wild aus und sind völlig ungeniert in ihrer Neugier. Sie gehen in alle Räume, gucken überall hinein, und wenn sie etwas entdecken, das sie gebrauchen können, nehmen sie es lächelnd mit. Ja, das sind schon etwas unheimliche Gestalten. In Angguruk sind sie irgendwie schon anders. Nun ja, die kennen das Neue ja schon seit elf Jahren. Zu jenem Dorf sind die beiden jedenfalls unterwegs und kommen morgen wieder.“

In Yalimo ist die einzig mögliche Entfernungsangabe „Stunden Fußmarsch“. Es wäre müßig zu sagen, das entsprechende Ziel sei acht Kilometer entfernt, denn das sagt rein gar nichts aus. Je nach Terrain kann man zwischen vier und zehn Stunden dafür brauchen. Die Einheit „Stunden Fußmarsch“ ist die einzig verlässliche Angabe. Aber man muss auch sie mit Vorsicht genießen, denn sie impliziert immer „für einen geübten und starken Läufer“. Wenn mein Vater sagt, es seien fünf Stunden bis zu einem bestimmten Dorf, dann rechne ich mit mindestens sechs Stunden, bis ich dort ankomme. Freunde von uns brauchten für eine Strecke, die mein Vater in drei, wir anderen aber in knapp vier Stunden geschafft haben, ganze sechs Stunden. Die Angabe „Stunden Fußmarsch“ ist also wörtlich zu nehmen: es ist kein Spaziergang, sondern ein Marsch! Manche stehen so einen Marsch von zwei bis drei Tagen, bei dem es eigentlich immer nur auf Trampelpfaden

*Siegfried Zöllner be-
grüßt Dorfbewohner*

entweder steil bergauf oder steil bergab geht, nicht durch. Wir haben schon des öfteren kleine drahtige Yali große weiße Besucher tragen sehen!

Klaus: ‚Siegried Zöllner hat Ende 1971 begonnen, junge Yali Männer in einem einjährigen Bibelseminar auszubilden. Neben einer ersten biblisch-theoretischen Ausbildung erhielten diese Schüler auch Unterricht in Hygiene, Gartenbau und zusammen mit ihren Frauen in Handarbeit. Schon nach einem halben Jahr Ausbildungszeit drängten sie heraus aus der Bibelschule. Sie wollten jetzt erst einmal in der Praxis Erfahrungen sammeln und im November ihre theoretische Ausbildung wieder aufnehmen. So gingen sie also in die fernerliegenden Dörfer, um ihren Stammesgenossen die

Allah wene, die Botschaft Gottes, zu erzählen. Einige gingen sogar in die Gebiete, wo der Kannibalismus noch Brauch ist, wo zur Zeit sogar Stammeskriege geführt werden und wo starke Oppositionsgruppen mit Macht das ‚Alte' zu retten versuchen. Wenn man bedenkt, dass sich unter den Bibelschülern junge Männer befinden, die noch vor ein paar Jahren selber Kannibalen waren, die an die Macht der Fetische und der verstorbenen Ahnen glaubten, deren Einfluss sie fürchteten, dann kann man sich vorstellen, welch ein Umbruch sich in und an diesen unserer Brüder vollzogen hat.

Es ist nicht beabsichtigt, mit der Ausbildung dieser jungen Männer so etwas wie einen ‚Yali-Klerus' heranzuzüchten. Wir streben vielmehr ein ‚Laienapostolat' an, das heißt, wir möchten mehrere Laienprediger in jedem Dorf haben, die wie alle anderen leben, ihre Gärten anbauen und in Teamarbeit mit den *Penatua* (Gemeindeälteste oder Presbyter), mit den *Kepala* (Häuptlinge) und mit der ganzen Dorfgemeinschaft den Gemeindeaufbau vorantreiben.

Im Juni sind diese jungen Männer, die größtenteils verheiratet sind und ein bis zwei Kinder haben, jeweils zu zweit mit ihren Familien in die Dörfer gezogen. In den Dörfern wurden sie durchweg freundlich aufgenommen, ja, man hat sogar aus Freude über ihr Kommen in vielen Dörfern Schweine geschlachtet. Man gab ihnen auch Gartengelände und half ihnen beim Hausbau.

Seit einigen Wochen sind Zöllner und ich an fast jedem Wochenende unterwegs, um die Bibelschüler zu besuchen, Probleme ihrer Arbeit zu besprechen, sie zu ermuntern, zu beraten und vor allem, um mit ihnen Gemeinschaft zu haben. Wie freuen sie sich, wenn wir kommen! Besonders herzlich ist das Verhältnis zwischen Zöllner und seinen Schülern. Es besteht zwischen ihnen ein echtes Vater-Sohn-Verhältnis, nicht kraft des Amtes des Missionars, sondern Kraft gelebter ungezwungener Autorität. Jeder Besuch gäbe gewiß Stoff für einen eigenen Bericht, besonders dann, wenn man die Geschichten weitergäbe, die uns abends am Feuer erzählt werden. Es sind meist Kriegsgeschichten – wie sollte es auch anders sein. War und ist das nicht auch der Gesprächsstoff unserer Väter?

Am Samstag, dem 19.08.1972 gingen Zöllner und ich los, um die Bibelschüler in Nisikni, Pinij und Pindok zu besuchen. Das sind alles recht große Dörfer im Ubahak-Tal, dem an Angguruk angrenzenden östlichen Tal. In diesem Tal verharrten die Menschen bisher in einer sehr ablehnenden Haltung. Die Leute in Pinij hatten sich im letzten Sommer an dem Angriff auf den Posten Waniyok beteiligt. Mit gemischten Gefühlen gingen wir los. Was würden wir in diesen Dörfern vorfinden? Wie würde man uns begegnen? Wie mochte es den Bibelschülern dort ergehen?

Nach sechs Stunden strammen Marsches erreichten wir das Dorf Nisikni. Hier betrat auch ich zum ersten Mal ein Dorf, in dem bisher noch kein Weißer gewesen war. Während die Yali in Angguruk und Umgebung größtenteils ‚kultiviert' erscheinen (gewaschen, frisiert, teilweise auch bekleidet), hatten die Menschen hier noch ein sehr urtümliches Aussehen. Die Männer trugen lange Haare, die sie in Haarnetzen bedeckten, hatten Eberzähne durch die Nasen gezogen und waren mit Muscheln geschmückt.

Schnell hatten sich um die Hütten der Bibelschüler siebzig, achzig Männer, Frauen und Kinder versammelt, um uns zu begrüßen oder neugierig zu betrachten. Zöllner nahm die Gelegenheit wahr und erzählte ihnen von dem Gott, der

stärker ist als ihre Zaubergegenstände, der der Schöpfer der Welt ist, der die *suburu* (Süßkartoffel) wachsen läßt, der die Menschen liebt und ihnen Segen und Frieden wünscht.
Als wir nach einer Stunde weitergingen, sagte einer der Männer von Nisikni: ‚Die Lehrer (als solche sehen sie die Bibelschüler an), die ihr uns geschickt habt, dürft ihr nie mehr von hier wegholen. Die sollen immer bei uns bleiben!'
Offenbar empfinden die Leute von Nisikni die bessere Lebensmöglichkeit und die ungeahnte Freiheit, die ihnen das Evangelium zuspielt. Wieviele Gespräche, wieviele Diskussionen werden unsere Bibelschüler darüber in den Yalihütten geführt haben!
Es war schon spät geworden, und wir mussten weiter nach Pinij. Nach zwei Stunden kamen wir ziemlich müde und abgespannt in dem großen Dorf an. Die Leute schienen uns zunächst etwas kühl und reserviert zu sein. Deshalb waren wir überrascht, dass sich kurz nach unserer Ankunft – es wurde schon dunkel – eine Gruppe von etwa vierzig Leuten zu einer Andacht einfand, die hier Abend für Abend abgehalten wird.
Hier in Pinij sprechen die Yali eine andere Sprache. Doch weil Pinij ein Grenzgebiet ist, können die meisten Pinij-Leute die Angguruk Sprache verstehen. Trotzdem sollen unsere Bibelschüler jene Sprache lernen, denn es ist die gleiche Sprache, die auch im Kosarek-Gebiet gesprochen wird, dem Gebiet, aus dem Zöllner und Roth vertrieben worden sind, als sie dorthin einen Erkundungsmarsch machten. Wenn später einmal die Leute von Kosarek einen Evangelisten oder Lehrer erbitten, dann können diese Bibelschüler die Arbeit dort beginnen. Nach neuesten Meldungen aus Kosarek gibt es einige Dörfer, die einen Lehrer wünschen, während andere

Pfeile schnitzen, um jeden Eindringling zu töten. Jedenfalls treffen wir hier schon Vorbereitungen für die Stunde X in Kosarek, die uns sicherlich einmal geschenkt wird.
Auch hier in Pinij gab es einen langen Samstagabend am Feuer in der Hütte eines der Bibelschüler. Zwei *kepalas* (Häuptlinge) wussten viel zu erzählen, während wir gemeinsam unsere Reismahlzeit verzehrten. Die Nacht in einer Höhe von 2000 Meter war sehr kühl. Wenn man in einer Hütte auf unebenem Holzfußboden schläft, und das nach anstrengendem Tagesmarsch, dann tun einem am Morgen alle Glieder weh. Man ist froh, wenn der Morgen da ist. An diesem Sonntag mussten wir noch nach Angguruk zurück, deshalb wurde der Gottesdienst etwas eher abgehalten. Wir trauten unseren Augen nicht, als wir sahen, wie die Leute von Pinij zum Fluss gingen und sich wuschen. Früher haben sie sich nie gewaschen. Etwa 300 Menschen kamen zum Gottesdienst. Was war das ein mächtiger Gesang nach Yali-Art (Vorsänger und Chor), der vier-, fünffach von den hohen Bergen als Echo zurückgeworfen wurde. Und während die Leute von Pinij noch auf die *Allah wene* horchten, schallte der Gesang der Gemeinde von Pindok zu uns über das Tal herüber. Auch dort arbeiteten zwei Bibelschüler, die wir anschließend besuchten. Wie freuten wir uns über den Fortschritt der Arbeit im Ubahak-Tal.
Als wir von Pinij nach Pindok gingen, kamen wir durch ein kleines Dorf am Fuß des Berges. Hier steht ein besonders heiliges Männerhaus, das Haus von Tula, in dem sehr gewichtige Zaubergegenstände und Fetische aufbewahrt werden, zum Beispiel ein *usasum* – ein heiliges Netz. Die Leute erzählen, wenn man dieses Netz berühre, gebe es ein Erbeben. Alle Erdbeben hätten hier ihren Ursprung.

Von außen ist das Haus mit rot-weißen Zeichnungen, die teils mythologische, teils geschichtliche Bedeutung haben, gekennzeichnet. Ein Totenschädel hängt neben dem Eingangsloch. Ich wollte gern dieses Netz sehen, aber als ich in die Hütte schaute, saßen drei Männer darin. Sie waren sehr erschrocken, als ich so plötzlich in ihr ‚Allerheiligstes' sah. Sie sagten, ich solle schnell verschwinden. Nun, mir war beim Anblick dieser Männer auch nicht gerade wohl zumute, und ich ging schnell hinter den anderen her. Hier wird es sicherlich noch einige Zeit dauern, bis die *Allah wene* angenommen wird.

Als wir mittags in Pindok ankamen, war die Yaligemeinde dort noch im Gottesdienst versammelt. Sie hatten auf uns gewartet. Der Häuptling kam uns entgegen, umarmte uns und führte uns in die von den Bibelschülern erbaute grasbedeckte Kirche, in der sicherlich mehr als 300 Menschen dicht an dicht auf dem Boden hockten. Auch hier konnte Zöllner zu den Leuten sprechen. Auch hier freuten wir uns über das, was wir sahen und erlebten.

Inzwischen war es so spät geworden, dass wir schnellstens nach Hause gehen mussten. Unser Weg führte uns einige hundert Meter an dem Dorf Kibianggen vorbei. An der Abzweigung warteten schon zwei Bibelschüler auf uns. Sie sagten: ‚Die Leute in unserem Dorf sagen, wenn der *Pendeta* (Pastor) zu uns kommt und mit uns betet, dann wollen wir unsere *usasums* (Zaubergegenstände) verbrennen.' Da gingen wir auch in dieses Dorf. Nur die Männer waren versammelt, während sich die Frauen und Kinder in den Häusern versteckt hielten. Ihnen ist es ja versagt, auch nur die *usasums* zu sehen, geschweige denn darüber etwas zu wissen. Zöllner sagte auch ihnen, dass Gott allein der Herr ist, dass er alle Macht hat, so dass die Fetische in Wahrheit keinen Wachstum, keine Heilung, keinen Schutz geben. Mit diesen Dingen versucht ja der Yali seine Existenz zu sichern. Darauf gab es eine heftige Diskussion zwischen denen, die verbrennen wollten, und denen, die nicht verbrennen wollten. Einige gingen zweifelnd weg. Schließlich setzte sich doch die Mehrheit durch, die auf Verbrennen drängte. Da gingen wir mit ihnen von Männerhaus zu Männerhaus, wo sich die *usasums* befanden. In jedem Haus sprach Zöllner ein Gebet. Darauf sagten die alten Männer zu den jüngeren: ‚Jetzt holt die *usasums* heraus und verbrennt sie.‘

Eine merkwürdige Stimmung lag über dem ganzen Geschehen. Während die Jungen und ‚Progressiven‘ voller Begeisterung die Tradition ihrer Ahnen in den Flammen aufgehen ließen, hockten die Alten ängstlich in ihren Hütten – abwartend und sicherlich fragend, was wohl geschehen werde. Wird es ein Erdbeben geben wie damals, als das Dorf Wali die Fetische verbrannte? Werden die Ahnen sich rächen? Wie soll es weitergehen? Können wir unser Leben auf das gründen, was der Missionar uns sagt? Wieviel Vertrauen setzte diese Entscheidung doch voraus! Wir empfanden tiefes Mitgefühl mit diesen älteren Yali, denn hier vollzog sich der Exodus aus allem Altehrwürdigen und Vertrauten. Dahin war alles, was seit Jahrhunderten ihrem Leben Inhalt, Stütze und Ziel war.

In Wali, dem nächsten Dorf auf unserem Weg zurück nach Angguruk, erzählten wir dem Evangelisten und den Leuten, was in ihrem Nachbardorf geschehen war. Wir baten sie, einen Fürbittegottesdienst abzuhalten, dann würden die Leute von Kibianggen durch den Gesang, der zu ihnen herüberschallen werde, gestärkt und ermutigt. Von dem Höhenrücken hinter

Wali schauten wir noch einmal zurück nach Kibianggen. Ein bewaldetes *usama*, ein heiliger kleiner Wald, stand in Flammen. Hell loderte das Feuer in der Abenddämmerung. Vielleicht dürfen wir dieses Feuer als Symbol des Geistes verstehen, der weht, wo er will – und ganz gewiß auch in Yalimo.'

Nachdem die ersten Yali-Dorfgemeinschaften ihren Glauben an die Fetische verloren hatten, gab es in den Männerhäusern und auch zusammen mit den Missionaren lange Diskussionen darüber, was mit den Fetischen geschehen sollte. Man könnte sie einfach behalten, denn sie hatten ja keine Wirkung, keinen Einfluss mehr – aber das wollten die Yali nicht. Der Abschied von den Fetischen sollte endgültig sein, ihre Nichtigkeit demonstriert werden. Man könnte sie vergraben – aber das lag überhaupt nicht in der Tradition der Yali und war auch nicht endgültig, denn sie könnten wieder ausgegraben werden. Man könnte sie in den Fluss werfen – aber dann könnten andere Menschen am unteren Flusslauf die Fetische finden und sie benutzen. Das wollten sie nicht. Man könnte sie verbrennen – ja, so wie ihre Toten verbrannt wurden, sollten auch ihre Fetische in Flammen aufgehen.
Bei den Fetischen handelte es sich meist um verrußte Netze, die Gegenstände wie Schweinefett, besondere Blätter, Schweineherzen und ähnliches enthielten. Dazu kamen Muscheln, besondere Steine, Wildschweinzähne, Vogelfedern, Baumkänguruhfell, Steinbeile, Schweineknochen und Ahnenschädel. Alle Gegenstände hatten eine besondere Bedeutung und waren stark verrust, oft eine undefinierbare schwarze Masse. Kunstfertigkeiten wie Holzschnitzereien, für die andere Gebiete Papuas berühmt sind, gab es im Yali-Gebiet nicht.
Anders als in Kibianggen wurde bei den meisten Fetischverbrennungen an einem vorher festgelegten Tag ein großes Feuer entfacht. Die Gemeinde – inklusive Frauen und Kinder

– versammelte sich um das Feuer, und die Männer brachten einen Gegenstand nach dem anderen aus den Männerhäusern, zeigten sie herum, hielten sie hoch, erklärten mit lauter Stimme, was sie bedeuteten und warfen sie ins Feuer. Allein dadurch, dass Frauen und Kinder sie sahen und von ihrer Bedeutung wussten, verloren die Fetische ihre Wirkung. Von vielen Gegenständen wussten die Yali die Bedeutung nicht mehr. Sie hingen seit Generationen in den Männerhäusern. Ihre Geschichte war verlorengegangen.
An einigen Fetischverbrennungen habe auch ich teilgenommen. Ich kann mich zwar nicht mehr an die Details erinnern, wohl aber an die Stimmung, die herrschte, an die Emotionen. Bei den ersten Verbrennungen, bei denen die Menschen zwar den Wunsch hatten, ihre Fetische und den damit verbundenen Glauben loszuwerden, doch auch Angst hatten vor eventuellen Strafen wie Erdbeben oder Dürre, begingen sie die Zeremonie mit bangem und zugleich hoffnungsvollem Herzen. Später, als sie stärker im Glauben wurden und sahen, dass keine Naturkatastrophen sie straften, verschwand die Angst, und die Fetischverbrennungen wurden zu einem Fest der Freude.
Die Menschen versammelten sich, während die Fetische vom Feuer verzehrt wurden, zum Gottesdienst, wurden still und ließen sich vom guten Geist stärken. Anschließend feierten sie den Tag mit Tanz und *Seni*. Ausgelassen und fröhlich war die Stimmung, kein bißchen zögerlich oder gar ängstlich. Sie nahmen ihren neuen Glauben ernst, sahen in ihm nicht eine Tradition, die von Generation zu Generation weitergegeben wurde, sondern erlebten das Wort Gottes ganz neu, erfuhren am eigenen Leib die befreiende Wahrheit. Sie entschieden sich bewußt für das Christentum, waren begeistert und motiviert und saugten den neuen Glauben mit jeder Faser auf, immer neugierig und begierig, zu hören und zu lernen. Die Yali nahmen den neuen Glauben mit einer Inbrunst und Freude an, die ich nie wieder so erlebt habe.

Vom Hausbau
und anderen Katastrophen

Als wir im Mai 1972 nach Angguruk kamen, war unser zukünftiges Wellblechhaus, das „Kingstrand" Haus aus England, zwar schon in Irian Jaya angekommen, aber erst zur Hälfte nach Angguruk eingeflogen. So nach und nach kamen alle Einzelteile in Angguruk an. Mama war enttäuscht, dass man für uns ein solches Haus bestellt hatte, sie hatte sich auf ein gemütliches Holzhaus gefreut. So beschloss mein Vater, ihr wenigstens einen „Erker" aus Holz im Wohnzimmer anzubauen und die wichtigsten Räume mit Holzfußböden auszustatten.

Erika: „Der Platz auf dem unser Haus stehen wird, heißt *Helepma* – ‚der Ort, an dem es fast nur Steine gibt'. Am 1. September beginnen wir mit den Fundamenten. Danach werden die Wände aufgestellt und verschraubt, dann muss installiert und beleuchtet werden, danach wird gestrichen und zum Schluß kommt noch der Fußboden rein."

Klaus: „In dieser Woche haben die Leute aus den umliegenden Dörfern Kies und Sand vom Yaholi für das Fundament unseres Hauses raufgeschleppt. Da die Yali zur Zeit aufgrund der großen Trockenheit wenig Süßkartoffeln und damit Hunger haben, gaben wir ihnen als Bezahlung Reis. Innerhalb von vier Tagen hatten wir soviel Material, dass es sicherlich für unser Haus reichen wird."

Erika: „Helmut Bentz aus Apahapsili ist gekommen, um bei

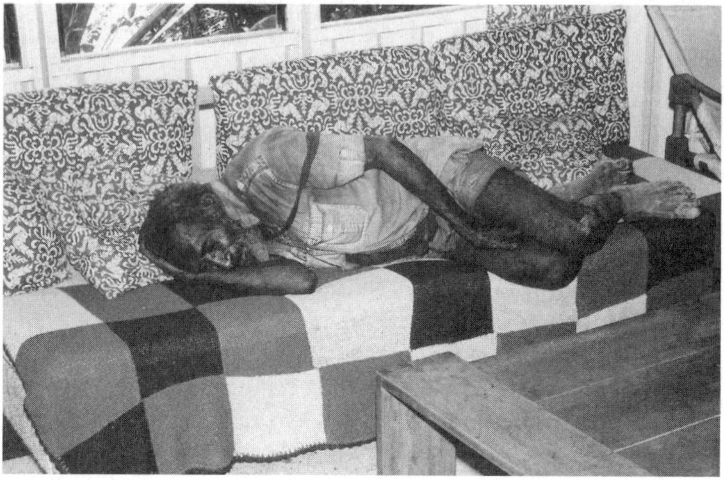

Häuptling Kolubak hält seinen Mittagschlaf auf unserer Couch

den Fundamenten zu helfen. Leider hatten wir nicht genug Zement, und was nicht da ist, ist eben nicht da. Man kann es nicht um die Ecke kaufen. So konnten sie die Fundamente nur zu zwei Dritteln fertig machen. Dafür haben sie heute angefangen, bei den fertigen zwei Dritteln die Wände zusammenzuschrauben. Die werden morgen aufgestellt. Ich kann dann schon anfangen zu streichen. Der Fußboden kommt später. Wir kriegen überall Holzdielen außer in Küche, Bad, Flur und Vorratskammer."

Erika: „Letzte Woche gab es einen Wirbelsturm hier, der im Nu das noch nicht fertig festgeschraubte Dach hochhob und runterfegte. Nun hat das Dach eine ordentliche Delle. Klaus hat eifrig geschuftet, um alles fest zu kriegen, zum Teil mit Drahtseilen angebunden."

Erika: „Klaus ist von seinen 82 kg Ausgangsgewicht inzwischen bei 65 kg angelangt."

Erika: „Gerade sitzen Helmut Bentz, Siegried Zöllner und Klaus im Wohnzimmer und bereden Probleme ihrer Arbeit. Klaus macht mir ein bisschen Sorge. Er holte sich auf dem Bau eine Wunde, welche nicht heilen will. Außerdem verbrannte er sich mit kochendem Wasser den Fuß und hat nun eine böse Entzündung. Der Fuß ist geschwollen und er kann nicht auftreten. Das ist umso ärgerlicher, als Bentz wieder für eine Woche hier ist, um beim Haus zu helfen. Nun steht der alleine auf dem Bauplatz, und Klaus ärgert sich über sich selbst."

Erika: „Ich bin schon fleißig am Streichen. Ilse Zöllner und Enny Vriend helfen mir dabei. Das ist vielleicht eine Heidenarbeit! Das eckige Wellblech ist an sich schon schwer zu streichen, aber dazu noch alle 10 cm eine Schraube!"

Erika: „Wir kriegen keine Hobelmaschine für die Bretter. Ich sehe schon, ich habe Gardinen an den Fenstern und Bilder an den Wänden, ehe die Männer den Fußboden eingezogen haben!"

Erika: „Letzte Woche – ich war gerade mit dem Streichen der Fensterrahmen im Schlafzimmer beschäftigt – sah ich Klaus in seiner Holzhütte, die er sich als Werkstatt gebaut hat (etwa 10 Meter vom Schlafzimmerfenster entfernt). Er war damit beschäftigt, ein Stück Rohr zu löten, kam dabei mit der Flamme an einen offenen Kanister Flugbenzin (noch explosiver als normales Benzin!), der außen an der Tür stand. Der Kanister stand sofort in Flammen. Klaus wollte ihn wegstoßen, weg von der Tür, dabei kippte der Kanister um, das Benzin verteilte sich überall vor der Hütte, und die ganze Gegend brannte lichterloh. Die Flammen schlugen hoch über das kleine Häuschen mit all den brennbaren Sachen darin, und Klaus war immer noch drinnen. Er konnte nicht mehr raus. Als die Flammen anfingen, auch nach innen zu fressen, sprang er kurzentschlossen durch das geschlossene Fenster. Ich sah alles durchs Schlafzimmerfenster, schrie auf, alarmierte alle Helfer, und im Nu waren Ilse, die Handwerker und ich dabei, die Flammen mit Eimern Wasser zu bekämpfen. Wären die Flammen an die Farben und Verdünnungsmittel in der Hütte gekommen, hätte es kein Halten mehr gegeben, dann wäre die gesamte Werkstatt in die Luft geflogen. Als alles gelöscht war, sahen wir, dass das Feuer auf 50 cm an diese herangekommen war. Klaus hat neben Schnittwunden am Arm große Brandwunden, die jeden Tag von Dr. Vriend neu verbunden werden müssen. Der rechte Arm ist vom Handgelenk bis zur Schulter offen. Ja, da wird man hier nicht von Kannibalen aufgegessen, sondern verbrennt fast im eigenen Haus!"

Erika: „Wie ich schon schrieb, fehlte uns eine Hobelmaschine, um die Bretter für den Fußboden fertig zu bekommen. Wir baten in einer amerikanischen Station, wo man eine Hobelmaschine besaß, um Hilfe, doch man erwiderte, man brauche die Maschine selber und könne sie uns nicht leihen. Wir hatten den Eindruck, man wolle sie uns nicht leihen und erzählten das unserem Pilotenfreund Bob, der zur Zeit in Apahapsili stationiert ist. Der wurde wütend, flog noch am selben Tag auf besagte Station, fragte nach der Hobelmaschine und machte dabei gleich klar, dass er nicht eher wieder abfliegen werde, bis er die Maschine für drei Tage bekäme. Man gab sie ihm. Er brachte sie nach Pass Valley, wo unsere Bretter zur Bearbeitung lagen und flog anschließend nach Apahapsili, um Helmut Bentz abzuholen und ebenfalls nach Pass Valley zu bringen (Klaus war ja wieder außer Gefecht gesetzt). Helmut hobelte für uns an EINEM Tag alle benötigten Bretter. 450 Stück! Was für ein Freund! Die Bretter werden nächste Woche eingeflogen und können dann endlich verlegt werden."

Erika: „30.11.72 – ich sitze zum Schreiben im neuen Haus. Vor drei Tagen sind wir nun offiziell umgezogen. Es ist hier natürlich noch lange nicht alles fertig, wir wohnen aber trotzdem schon hier. Wir waren das ewige Hin- und Herlaufen so leid."

Ich kann unser Wellblechhaus nicht gerade als gemütlich bezeichnen. Wenn auch in warmen, freundlichen Farben gestrichen, wirkte das Wellblech doch immer kalt. Lediglich das große Wohnzimmer mit dem Holzerker, dem Holzfußboden und der langen Fensterfront mit Blick auf die hohen Berge im Westen war wirklich hell und gemütlich. Das Leben spielte sich hauptsächlich hier ab. Aber so schön die großen Fenster auch waren, wir mussten dafür in Kauf nehmen, dass sich ständig eine Gruppe neugieriger Yali vor dem Fenster aufhielt und schaute, was denn die „Weißen" gerade taten.
Das Schönste an unserem neuen zu Hause war der Holzofen in der Küche. Er strömte eine herrliche Wärme aus. Auch wenn meine Mutter ihn oft mittags verfluchte, denn das Wellblechhaus erwärmte sich tagsüber in der Sonne, und so wurde es während der Mittagshitze in der kleinen Küche tatsächlich heiß wie im Backofen. Wenn aber am späten

Nachmittag die Wolken aufzogen und die Sonne verdrängten, wurde es schnell kühler, und abends war man froh über die Wärme, die der Ofen spendete. Durch die Wellblechwände hindurch wärmte der Ofen die angrenzenden Räume. Am schönsten war er aber morgens, denn da ist es entsetzlich kalt in Angguruk, und es fällt einem schwer, aus dem warmen Bett zu steigen.
Die Yali, die immer schon sehr früh auf sind, um die Kälte der Nacht durch Bewegung abzuschütteln, kamen oft früh zu unserem Haus, holten Holz herein, zündeten das Feuer im Herd an, hockten sich davor und rösteten ihre Tabakblätter, die sie dann genüsslich rauchten. Und so hockten sie dichtgedrängt, leise redend und gemeinsam rauchend vor dem Ofen, wenn wir in die Küche kamen. Wir hatten es dann schon schön warm und ich setzte mich gerne zu ihnen. Die Yali ließen sich durch uns nicht stören. Und sie wären auch nie auf den Gedanken gekommen, dass sie meine Mutter stören könnten, wenn die versuchte, sich einen Weg durch die Menge zu bahnen, um das Wasser für die heiße Milch (aus Milchpulver, richtige Milch gab es nicht) aufzusetzen. In den Yalihütten klettert jeder über den anderen, und keiner fühlt sich gestört. Aber manchmal nervten die vielen Menschen in der Küche sie tatsächlich, wenn sie kaum zum Kochen an ihren Herd herankam, doch sie ertrug es.
Nur sonntags streikte Mama. Da gab es kein warmes Mittagessen. Es hatte sich so eingespielt, dass viele Yali nach der Kirche zu uns in die Küche kamen und dort rauchend das eben Gehörte besprachen. Nach dieser Sonntags-Gesprächsrunde in der Küche und dem geschmierten Butterbrot zum Mittag, beanspruchte Häuptling Kolobak unsere Liege im Wohnzimmer für seinen Mittagschlaf. Wehe, wir Kinder waren laut!

Vom Ursprung der Salzquelle

Klaus: „Wir haben eine sehr schöne Woche bei Familie Bentz in Apahapsili verbracht, auch wenn ich fast nur gearbeitet habe. 1.350 Meter Kabel haben wir verlegt, doch nun haben die Lieben in Apahapsili auch Licht, und der Dieselgenerator läuft prima. Jetzt sind wir schon wieder drei Tage in Angguruk, und heute waren Erika und ich zum Gottesdienst in Tinggili (etwa eine Stunde Fußmarsch).
Anschließend sind wir von dort hinunter an den Yaholi gestiegen, um entlang des Flusses zurückzugehen. Unterwegs kamen wir an einer Salzquelle mitten im Flussbett vorbei. Dort waren einige Yalifrauen damit beschäftigt, Salz zu gewinnen. Sie klopfen einen Bananenstamm so lange, bis er faserig wird. Diese Fasern legen sie in die Quelle, bis die Fasern sich vollgesogen haben. Anschließend werden sie auf den großen Steinen des Flusses in der Sonne getrocknet. Die Fasern werden entweder ausgelutscht oder verbrannt, und die salzige Asche wird zum Würzen genommen. Eine wirklich mühevolle Salzgewinnung.
Kinder lutschen öfters an den Fasern, sozusagen als kleinen Snack. Auch unsere Kinder lutschen an diesen Fasern herum. Für uns ist es fast unmöglich, das Salz zu schmecken, denn der Salzgehalt der Quellen ist äußerst gering. Daher war das Salz, das die Missionare brachten, eine große Kostbarkeit."

Mythe: Vom Ursprung der Salzquelle

Eine Frau namens Ilfilik kam von Osten her über den Pasinpass. Überall schlug man sie, darum hatte sie am ganzen Körper stinkende, eiternde Wunden. Sie kam über Helariki und Tanggeam nach Tinggili. Dort schlief sie in einer Höhle. Am nächsten Morgen ließ sie ihr Netz in der Höhle und stieg zum Yaholi-Fluss hinunter. Dort verschwand sie zwischen den Steinen „Meibo" (Blut) und „Hoanggen" (Pfiff) [zwischen diesen Steinen entsprang daraufhin die Salzquelle]. Zu ihrem Sohn hatte sie gesagt: „Komm morgen früh und sieh nach mir." Er ging am nächsten Morgen hinunter und sah schwarzes Wasser heraussprudeln. Er schmeckte das Wasser, es schmeckte sehr gut. Er ging wieder nach Haus, weihte ein sakrales Schwein und brachte das Netz der Frau nach Tinggili. Im Netz befand sich ein Stein, der „saho isinga" (Salzmutter) genannt wurde. Seitdem wurde in Tinggili ein Sakralschwein „saho angge" gehalten. Wenn es geschlachtet wurde, legte man in jener Höhle für die Frau ein Stück Fett nieder. Die Stellen, an denen die Frau auf ihrem Weg nach Tinggili geschlafen hatte, nannte man „saho waltibag" (Salzursprung). Der Eiter ihrer Wunden ist das Salz, das wir essen. Bei einigen Männern, die kamen, um aus der Salzquelle zu trinken, färbte sich das Wasser rot. Man sagte, dass die Wunden der Frau wieder bluteten, weil diese Männer sie früher geschlagen hätten. Dann wurde das Wasser rituell behandelt, worauf es wieder schwarz wurde.

Oft kamen Yali-Kinder zu unserem Haus und brachten uns Waldfrüchte, die sie gesammelt hatten. Sie tauschten diese gegen einen Löffel voll Salz oder gegen eine Scheibe Brot. Das kostbare Salz wurde in Bananenblätter eingewickelt

Für die Salzgewinnung werden Bananenstämme faserig geklopft

und sorgsam nach Hause getragen, das Brot wurde allerdings sofort verschlungen. Da konnten die Kinder nicht widerstehen.

Am meisten freuten wir uns, wenn die Kinder uns lebende Insekten brachten. Wir machten dann ein Feuer mit unseren Freunden und schüttelten die Bambusrohre, die als Gefängnis dienten, aus. Grashüpfer, Zikaden und was sonst noch aus dem Rohr fiel, landete im Feuer, wurde geröstet und anschließend gegessen. Katja und ich gaben für diese Leckerbissen großzügig aus unserer Speisekammer Brot und Salz heraus, so dass Mama manchmal abends, wenn sie den Tisch fürs Abendessen decken wollte, erschrocken feststellte, dass das Brot alle war.

Tollkühne Männer in ihren fliegenden Kisten

Klaus: „In dieser Woche war Erika mit Ilse Zöllner und ihren Kindern in Sentani an der Küste beim Zahnarzt. Da war ich mit unseren Kindern alleine zu Hause. Was waren wir froh, als sie heute heile wieder zurückkam, denn sie hatte einen aufregenden Rückflug."

Erika: „Als wir um 6:30 Uhr von Sentani abflogen, lag unter uns ein einziges Wolkenmeer. Wir mussten in 5000 Meter Höhe fliegen, um über den Wolken zu bleiben, und so konnte der Pilot das große Bergland nicht finden. Nichts als Wolken! Er funkte nach Angguruk: wie ist das Wetter? Angguruk: schlecht! Der Pilot wollte schon nach Sentani zurückfliegen. Ein Flug Sentani – Angguruk dauert eine gute Stunde, und wir flogen jetzt schon fast zwei Stunden über den Wolken im Kreis. Es gab kein Loch in der Wolkendecke durch das man hätte runtergehen können. Nur auf Verdacht kann man nicht runter, da man ganz schnell im nächsten Berg hängen kann. Findet sich ein Loch in der Wolkendecke, kann man unterhalb der Wolken durch die Täler hindurch fliegen.
Schließlich flog der Pilot eine Station im Balim-Tal an. Dort hat er aufgetankt, wir alle haben bei dem amerikanischen Missionar dort Kaffee getrunken und immer wieder Funkkontakt zu Angguruk aufgenommen. Nach anderthalb Stunden funkte Siegfried, dass das Wetter besser sei und wir landen könnten. Wir stiegen also wieder ins Flugzeug und fanden diesmal tatsächlich ein Loch in der Wolkendecke

über Yalimo und konnten dann unterhalb der Wolken weiterfliegen und sicher in Angguruk landen. Das waren aufregende Stunden!"

Selbst wenn der Pilot ein Loch in der Wolkendecke findet und unterhalb weiter fliegen kann, ist das oft eine riskante Sache. Wenn die Wolken tief hängen, sieht ein Tal fast wie das andere aus. Wenn der Pilot versehentlich in ein falsches Tal einbiegt, das sich als Sackgasse herausstellt, und wenn er dies zu spät merkt, kann das fatale Folgen haben. So erging es dem Piloten Menno Voth, als er mit der Familie Newman an Bord bei schlechtem Wetter unterhalb der Wolkendecke flog und meinte, die Einflugschneise in das Balim-Tal gefunden zu haben. Das war ein Irrtum. Er war ins Seng-Tal geraten, und ehe er sich versah, spitzte sich das Tal zu, und das Flugzeug zerschellte am Berg. Bei gutem Wetter hätte er schnell seinen Irrtum erkannt und hätte noch rechtzeitig reagieren können.
Dieser Flugzeugabsturz im Jahr 1968 ging in die Geschichte ein, denn das Flugzeug stürzte nur wenige hundert Meter von der Stelle ab, wo drei Monate zuvor Stan Dale und Phil Masters, Missionare der RBMU, ermordet worden waren. Der neunjährige Paul Newman überlebte als einziger den Absturz und wurde bis zu seiner Rettung von genau den Menschen aufgenommen und versorgt, die zuvor die beiden Missionare ermordet hatten. Zwei Tage verbrachte Paul in der Hütte eines alten Yali, bis das Flugzeugwrack gefunden wurde und ein Hubschrauber ihn ausfliegen konnte.
Im Jahr 1945, als die Amerikaner in Irian Jaya gegen die Japaner kämpften, verpasste ein Militärflugzeug der US Airforce bei schlechtem Wetter die Einflugschneise in das Balim-Tal, flog statt dessen in das Yaholi-Tal und zerschellte an einem Berg hinter Angguruk am oberen Yaholi. Dieser Absturz löste bei den Yali große Panik und Irritationen aus. Sie fürchteten, das Ende der Welt sei gekommen. Als Reaktion ließen die Yali die Arbeit ruhen, schlachteten viele

Flugzeug beim Auftanken in Angguruk

Schweine, führten Rituale durch und initiierten alle Jungen, teilweise vor der Zeit, ins Männerhaus. Jahrelang traute sich keiner der Yali in die Nähe der Absturzstelle. Dieses Ereignis half Siegfried Zöllner das Alter der Menschen in Angguruk zu bestimmen. Mit Fragen wie „Warst du schon geboren als das Flugzeug abstürzte?" oder „Hingst du noch an der Brust deiner Mutter?" oder „Warst du schon ins Männerhaus initiiert?" oder „Wieviele Kinder hattest du schon?" konnte Zöllner in etwa das Alter der Leute schätzen.

Erika: „Gestern gab es hier eine große Überraschung. Ilse war gerade bei mir – unsere Männer waren in der Früh in ein entferntes Dorf aufgebrochen – als wir ein Motorengeräusch hörten. Wir stürzten aus dem Haus und wahrhaftig – ein Flugzeug am Sonntag! Es war unser Lieblingspilot Bob D., der zur Zeit in Apahapsili stationiert ist. Er hatte in Sentani zu tun gehabt und wollte nicht leer nach Hause fliegen. Da er nichts für Apahapsili mitzunehmen hatte, hat er sein

Flugzeug mit Sachen für Angguruk vollgepackt. Er brachte Lebensmittel fürs Krankenhaus und Post für uns. Bob trank noch gemütlich Kaffee mit uns und flog dann nach Apahapsili."

Bob war schon ein besonderer Mensch und immer für eine Überraschung gut! So kam er einfach an Thanksgiving vorbeigeflogen, um den „Ladies" in Angguruk einen Truthahn (es war eigentlich ein Huhn, man muss hier etwas improvisieren) fürs Fest zu bringen. Einmal musste er von Angguruk nach Ninia fliegen, und da er nicht voll beladen war, nahm er Ilse und Mama auf einen Ausflug mit dorthin. Beide wollten gerne einmal die Station sehen, die Stan Dale aufgebaut hat, der seinen Einsatz mit dem Leben bezahlte.
Wie gefährlich die Arbeit der Piloten war und mit wieviel Humor und Gelassenheit sie die Risiken zu nehmen wussten, zeigt auch folgende Begebenheit: Einmal, als Bob nach Angguruk kam, hat unsere Waage nicht richtig funktioniert, nur keiner hat es gemerkt. Die Cessna wurde viel zu schwer beladen. Normalerweise hebt das Flugzeug schon etwa auf der Höhe unseres Hauses ab, doch diesmal sah es so aus, als wollte es gar nicht abheben. Das Ende der Landebahn kam immer näher. Wir hielten die Luft an. Buchstäblich in letzter Sekunde hob das Flugzeug ab, und als es gleich darauf in die Kurve ging, sackte es so stark ab, dass es aussah, als falle es in den Fluss. Der Motor heulte laut auf. Die umstehenden Yali stießen Schreckensrufe aus und rannten zum unteren Ende der Landebahn. Das Flugzeug flog unterhalb des Plateaus weiter, doch auch am Ende des Tales sahen wir es nicht wieder aufsteigen. Es flog knapp über dem Fluss. Dass es (noch) nicht abgestürzt war, hörten wir am Motor, der stark aufheulte und alles gab, was er konnte. Erschrocken liefen wir zum Funkgerät ins Haus. Auf unsere Rufe reagierte Bob nicht. Inzwischen hörten wir auch keinen Motor mehr. War er abgestürzt?

Wir warteten und bangten. Kurze Zeit später, die uns wie eine Ewigkeit erschien, hörten wir ihn melden, dass er in Panggema gelandet sei. Zu uns sagte er nur: „I just tried to avoid the trees." (Ich versuchte lediglich die Bäume zu meiden.) Er nahm es mit Humor, es war ja nichts passiert! Die Waage kam sofort auf den Müll. Von dem Zeitpunkt an hatten wir eine zuverlässige Waage, die auch heute noch – mehr als 30 Jahre später - ihren Dienst tut.

Eigentlich kann die Cessna bis zu 500 kg mitnehmen, doch von Angguruk fliegt sie nie mit „full load". Das wäre zu gefährlich, denn die Maschine muss direkt nach dem Start eine scharfe Rechtskurve fliegen, um nicht mit dem Berg zu kollidieren, der hinter dem Fluss aufragt. Auch wegen des Windes sind die Piloten in Angguruk vorsichtig. Der Pilot bestimmt, wieviel Gewicht er für die jeweilige Strecke mitnimmt. Von Angguruk sind es etwa 350 kg. Auch die Menge an Treibstoff in den Tanks und sogar das Eigengewicht des Piloten fließen in die Berechnungen mit ein.

Erika: „Das mit den Flugzeugen ist doch einigermaßen aufregend. Mal ist zuviel Wind – dann ist es zu gefährlich, mal ist es zu bewölkt – dann ist Landen unmöglich. Und ist es bei uns schön, so ist das Wetter unterwegs oft schlecht, so dass das Flugzeug trotzdem nicht kommen kann. Es sind schon so viele geplante Flüge ausgefallen. Neulich kam ein Pilot buchstäblich in letzter Minute ins Angguruk-‘Loch‘ geflogen. Das Wetter zog sich zu und wurde und wurde nicht besser. Das war am Samstag morgen. Der Pilot musste hier schlafen und wagte trotz Wolken am Sonntag abend den Rückflug.

Ja, Gästezimmer kann man hier schon gut gebrauchen. Hier vergehen kaum Tage, wo man nicht Besuch – oft für längere Zeit – hat. Das sind oft Leute von anderen Posten, die sich woanders mal ausruhen oder austauschen wollen, Regierungsbeamte, Küstenmitarbeiter, usw. Wer glaubt, hier wär's einsam und wir hätten Langeweile, der hat sich gründlich getäuscht. Es ist ständig was los!"

Erika: „Letzte Woche hatten wir viel Ärger mit der Regierung hier. Der oberste Beamte am Ort – in Angguruk gibt es seit 1968 einen Regierungsposten – ist ein richtiger Schuft. Er blutet die Yali aus. Sie müssen ihm Holz und Schweine vorbeibringen, ohne dass er sie dafür bezahlt. Die Yali beschwerten sich bei Siegfried. Er verteidigte die Yali, und es entstand eine Konfrontation Kirche – Regierungsbeamte. Letzten Sonntag haben sich Klaus und einer von den Beamten auf dem Flugplatz angeschrien. (Es sind drei Regierungsbeamte in Angguruk.)
Dann wollten am Dienstag drei Bibelschüler nach Wamena fliegen, um sich beim höheren Beamten über diesen hier zu beschweren. Als das Flugzeug da war, sie mit Taschen da standen und einsteigen wollten, wurden sie von den Regierungsbeamten daran gehindert. Sie durften nicht fliegen, weil sie angeblich irgendein wichtiges Papier nicht besaßen. Wohl eine halbe Stunde schrie der Schuft die Yali an, Polizei werde kommen und sie alle totschießen. Der Pilot wartete geduldig. Schließlich stieg Siegfried kurz entschlossen ein und flog nach Wamena. Nach zwei Stunden kam er zurück und hatte erreicht, dass alle drei hier stationierten Beamten versetzt werden. Einer stieg gleich in das Flugzeug, mit dem Siegfried zurückkam, die anderen gehen wohl nächste Woche."

Die Macht der Frauen

Klaus: „In unserer Nähe toben zur Zeit Stammeskriege. Die Frau eines Mannes hatte in ein anderes Dorf geheiratet, aber jener neue Mann hat für die Frau nicht bezahlt. Da ist Ehemann Nr. 1 zu Ehemann Nr. 2 gegangen, um die Bezahlung zu fordern. Dieser verweigerte aber die Bezahlung des vereinbarten Schweins. Als Ehemann Nr. 1 unverrichteter Dinge wieder zurückging, hat er unterwegs im Gartengelände jenes Dorfes einfach aus Rache eine Frau und ein Kind mit Pfeil und Bogen erschossen.
Die Folge war Krieg. Schon einige Leute sind getötet und gegessen worden. Man hat sogar den Arm eines Getöteten in unser Nachbardorf geschickt, damit auch sie von ihrem früheren Feind essen sollten, doch die Leute in diesem Dorf stehen schon so fest unter der *Allah wene* (Botschaft Gottes), dass sie nichts davon gegessen haben. Mitessen bedeutet mitmachen.
Ich schreibe dies nicht, damit Ihr Euch um uns Sorgen macht, sondern damit ihr wisst, wieviel hier noch zu tun ist. Um uns braucht Ihr keine Sorge zu haben. Die Dörfer um uns herum sind doch schon sehr fest im Glauben. Sie sind unser bester Schutz. Außerdem stehen wir als Weiße völlig außerhalb der Stammesfehden. Selbst wenn ich in das Kriegsgebiet ginge, würde mir wohl kaum etwas geschehen. Trotzdem ist dieser Konflikt sehr hinderlich für unsere Arbeit."

Das Leben der Frauen ist sehr hart. Sie müssen die Kinder und Schweine neben der harten Gartenarbeit versorgen und Brennholz sammeln. Während ihnen meist ein Kind auf der

Meine Mutter läßt sich zeigen, wie Netze gemacht werden.

Schulter sitzt und sie ein weiteres im Netz tragen, müssen sie Holz und Süßkartoffel weite Wege in unwegsamem Gelände nach Hause tragen. Nebenher müssen sie sich noch so allerlei von ihren Männern gefallen lassen. Frauen sind der Besitz der Männer, die sie geheiratet haben, und werden auch so behandelt. Allerdings können die Frauen sehr bissig sein und haben so ihre Methoden, sich an ihren Männern zu rächen. Allein bei der Wahl des Ehemanns hat die Frau ein Mitspracherecht. Sie darf Heiratskandidaten ablehnen, und ihre Entscheidung wird respektiert. Ist sie dann aber verheiratet, ist sie der Willkür des Mannes, den sie gewählt hat, ausgeliefert. Sie hat nur zwei Chancen, wenn sie ihren Mann loswerden will. Sie muss entweder einen anderen Mann finden, der bereit ist, sie ihrem Mann abzukaufen, oder sie begeht Selbstmord. Bei letzterem springt sie in den reißenden Fluss. Selbstmord geschieht in Yalimo fast nur unter Frauen und ausschließlich wegen Eheproblemen. Sie rächt sich mit diesem Schritt an ihrem Ehemann für schlechte Behandlung, denn dieser muss für ihren Tod viele Schweine

an ihre Familie bezahlen.
Um einen neuen Ehemann zu bekommen, kann die Frau in den seltensten Fällen selber aktiv werden. Sie muss darauf warten, dass sie unterwegs von einem Mann angesprochen wird, der sie bittet, mit ihm zu kommen und zukünftig seine Gärten zu bestellen. Sie kann ablehnen oder mit ihm gehen. Sobald der erste Ehemann erfährt, wo seine Frau geblieben ist, wird er den neuen Mann auffordern, für die Frau zu bezahlen.
Oft hängt die Entscheidung der Frau, mit einem anderen Mann mitzugehen, davon ab, wie es mit dem Austausch von Schweinen zwischen ihrem bisherigen Ehemann und ihrer eigenen Familie aussieht. Ist der Ehemann mit seinen Zahlungen an ihre Familie rückständig, so ist sie eher geneigt, mit einem anderen Mann mitzugehen, denn es bedeutet, dass ihr Mann arm ist oder nicht viel auf die verwandtschaftlichen Beziehungen gibt. Schuldet ihre Familie dem Ehemann allerdings noch Schweine, dann bleibt sie eher bei ihm, denn ihre Familie ist säumig und steht in seiner Schuld. Sie würde die Familie in große Verlegenheit bringen, wenn sie wegginge. Mit der Heirat beginnt ein immerwährender Austausch von Schweinen, beginnend mit dem ersten *ongkoma* Schwein des Ehemanns an den Vater der Braut.
Ein Mann darf so viele Frauen haben, wie er mit seinen Schweinen kaufen und mit seinem Gartenland ernähren kann. In Yalimo sind Anfang der siebziger Jahre nur etwa 15 bis 20% polygam und in diesen Fällen gibt es selten mehr als zwei Frauen in der Familie. Diese Frauen können wahlweise zusammen wohnen (eher selten) oder in getrennten Hütten, die der Mann ihnen errichten muss.

Vom Urschwein und dem Baum des Lebens

<u>Mythe:</u> Das Urschwein

Es war eine Frau, die hatte einen Sohn, der jung und stark war, und auch die Mutter war noch jung und kräftig. Eines Tages sagte die Mutter: „Hacke Holz, mache die Bambusmesser scharf, erhitze die Steine im Feuer und hole Gras und Blätter." Der Sohn tat, was die Mutter sagte. Am nächsten Tag sagte sie zu ihrem Sohn: „Töte mich!" „Nein, nein", sagte er, aber sie sagte: „Töte mich!" Da erschoß er sie mit einem Pfeil, und sie starb. Als sie tot war, wurde sie zu einem Schwein. Darauf kochte der junge Mann das Schwein, so wie seine Mutter es ihm zuvor gesagt hatte. Bevor er den Erdofen öffnete, breitete er viele Bananenblätter aus. Dann nahm er das Schwein aus dem Erdofen heraus und legte die Vorderfüße für sich, die Hinterfüße für sich, den Kopf für sich, das Bauchstück für sich und das Rückenteil für sich, Herz und Lunge für sich und die Därme für sich auf die ausgebreiteten Bananenblätter und deckte diese Fleischhäufchen dann wieder mit Bananenblättern zu. Dann legte er sich schlafen, und als er am nächsten Morgen aufstand, sah er, dass dort, wo er Stücke hingelegt hatte, Menschen beieinander saßen. Er hatte nichts vom Schwein gegessen, und am nächsten Tag waren daraus Menschen entstanden. Hätte er gegessen, würden keine Menschen gewesen sein, aber so waren viele, viele Menschen da. Sie gingen dann auseinander in verschiedene Dörfer, und der junge Mann gab ihnen ihre Sippennamen. Auch teilte er sie in Wanda und Waya (Heiratsgruppen) ein.

Dies ist die Mythologie vom Urschwein und damit vom Beginn des menschlichen Lebens. Die Geschichte variiert von Dorf zu Dorf und von Erzähler zu Erzähler, doch der Kern bleibt gleich: wir Menschen stammen vom Urschwein ab und sind aus dessen Einzelteilen entstanden, die uns zu Mitgliedern verschiedener Sippen machen. Dieses Urschwein, das gleichbedeutend mit der Urmutter ist, „gebar" das Leben und die sozialen Beziehungen.

Die zweite wichtige Mythologie im Leben der Yali ist die von Yeli, dem mächtigen Ahnengeist. Als er vor langer, langer Zeit durch das Land streifte, verursachte er große Erdbeben, durch welche die Berge geschaffen wurden. Die Erbeben vernichteten die vorzeitlichen Menschen, die Lim-Lim.

Mythe: Die Lim-Lim-Leute

Weil Yeli kam, sagten sie: „Was machen wir nur, was sollen wir tun?" Es waren junge, gut gewachsene Männer, geschmückt mit Vogelfedern, Halsmuscheln und Kopfschmuck aus Baumkänguruh. Aber als Yeli kam, dachten sie: „Was sollen wir tun?" und versteckten sich unter Bäumen und in Felsgrotten, und so versteckt kamen sie um, so dass nur noch ihre Knochen zu finden sind. Das waren die Lim-Lim Leute.

Die Lim-Lim waren größer als die Yali, hatten aber eine

Blick auf Angguruk vom Berg hinter der Station

oben: *Angguruk vom Dorf Pasikni gesehen, Blick Richtung Kosarek.*
unten: *Das Dorf Tuluk Ikma in der Morgendämmerung.*

oben: *Männer unterwegs machen gerne einmal eine Raucherpause.*
unten: *in einer Familienhütte.*

oben: *Kinder suchen Schutz vor dem Regen unter dem Hüttenvordach.* unten: *Gartenarbeit. Der Mann pflanzt Süßkartoffel.*

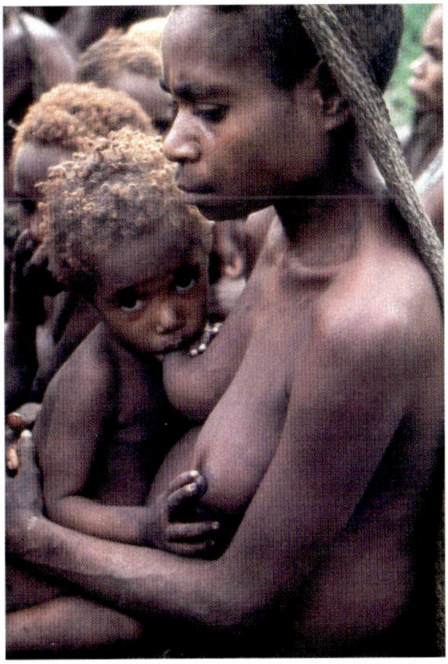

oben: (li.) *Kinder werden etwa bis zu ihrem vierten Lebensjahr gestillt.*
(re.) geschmückter Yali-Mann.
unten: *Eine Familienhütte mit Blick ins Ubahak-Tal.*

oben: *Männer beim Tanz in Tuluk Ikma.*
unten: *Zubereitung eines Seni (Essen in der Kochgrube).*

oben: *(li.) ein Mädchen hütet ihr Ferkel,* (re.) *ein heiliges Männerhaus.* unten: *(li.) traditionelle Art mit Rattanring Feuer zu machen.* (re.) *Holz wird für den Hausbau gehauen.*

festlich geschmückte Yali-Männer

ähnliche Lebensweise, und ihre Knochen werden manchmal noch heute hier und da gefunden. Sie sind die Vorfahren der heutigen Yali.

Nachdem Yeli lange umhergestrichen war, ließ er sich schließlich im Osten als Baum nieder. Dieser Yeli-Baum musste gefällt werden, um die Erdbeben zu beenden.

Mythe: Als Yeli gefällt wurde

Als Yeli kam, ließ er die Erde beben. Der Mann der Siringon-Sippe versuchte Yeli zu fällen, jedoch wuchs die Kerbe immer wieder zu. Viel Schweiß rann ihm vom Leib, während er hackte. Als er immer noch keine Fortschritte erzielte, holte er den Mann der Sama-Sippe aus Tungtungelma am Saruk-Fluss zu Hilfe. Dieser nahm ein Hul- und ein Hisali-Baumkänguruh mit. Sie hackten weiter, und nach vielen vergeblichen Versuchen stürzte der Baum nieder. Der Sama-Mann hatte ja Hul und Hisali mitgebracht. Das Hisala-Baumkänguruh schälte den Leib Yelis auf und riß sein Herz heraus. Als er das Herz herausgerissen hatte, ging Yeli an den Ki- und an den Tahi-Fluss. [In einigen Überlieferungen rollt und springt Yeli als Baumstamm durchs Land, in anderen verwandelt er sich in ein Schwein.] Dort angekommen schlug sein linker Arm den Weg über die Dörfer dort unten ein [Nordseite der Bergkette, nördlich von Angguruk]. Der Arm hießt To. Sein anderer Arm, Melime genannt, ging den Weg über die Dörfer auf der anderen Seite des Gebirges [Südseite der Bergkette, Seng und Heluk Täler]. Sein Körper kam hierher [durch das Angguruk Gebiet, sprich Ubahak und Yaholi Tal]. Zuerst stieß er in Masamlu auf die Erde nieder. Dann durchbohrte er den Pasinberg. Dann ließ er den Inalik-Wasserfall herunterfallen. Von dort folgte er dem Sosom Flussabwärts. Er hatte auch den Fula Berg geformt. Als er weiterging, kam der Sama-Mann und legte sich auf dem Halik-Bergrücken (bei Nisikni) in einen Hinterhalt. Während er ihm auflauerte, dachte er: „Ob er wohl auf diesem Weg kommen wird?" Da hörte er ihn schon mit stampfenden Schritten kommen, die sich tief eindrückten. Er schoß einen Pfeil ab. Yeli stürzte in Filaluke nieder und verschwand in der Erde. In Miyanda kam er wieder zum Vorschein. Dort fing der Sama-Mann das Blut auf. Es befindet sich jetzt im Männerhaus Hisalipini in Nisikni. Verletzt ging Yeli weiter und stieg nach Abiram (bei Pasikni) hinauf. Er stieß den Luruk-Felsen in die Erde und überschritt dann den Pakono-Pass. Von dort stieg er hinab und ließ den Wamo-Teich und den Epuk-Teich (bei Muhumu) entstehen. .... [Sein Weg führte immer weiter nach Westen. Er verschwand schließlich im Balim-Tal.]

Auch diese Yeli Mythologie hat viele Variationen. Der Kern bleibt aber derselbe: Yeli verursachte die Erdbeben, er lebte irgendwo im Osten, er wurde von zwei Männern aus beiden Heiratsgruppen gefällt, er wanderte nach Westen, er schuf unterwegs Bäume und Büsche, um die bebende Erde festzuhalten, schuf die Pässe, und wo sein Blut auf die Erde tropfte, entsprangen Flüsse und Seen.
Das menschliche Leben entstand durch das Urschwein, aber der Fortbestand der Menschheit wurde erst mit der Yeli-Mythologie, mit dem Fällen des Yeli-Baums, gesichert.

Durch diesen Akt wurde nicht nur die Umgebung der Yali, ihr Lebensraum, geschaffen, erst das Ende der großen Erdbeben ermöglichte ein gesichertes Leben auf der Erde. Diese beiden Ursprungsmythologien sind getrennt von einander zu betrachten. Sie existieren parallel zueinander und sind nicht miteinander verbunden.

Durch die Yeli Mythologie wird klar, dass die beiden Heiratsgruppen nichts ohne einander ausrichten können. Sie brauchen einander. Der Siringon-Mann konnte Yeli nicht ohne den Sama-Mann fällen. Die Abhängigkeit der beiden Heiratsgruppen wird auch durch die beiden Baumkänguruhs repräsentiert. Die Wichtigkeit der Zusammenarbeit wird in vielen Ritualen immer wieder betont. So müssen zum Beispiel beim Bau eines neuen heiligen Männerhauses Vertreter jeder Heiratsgruppe an der rituellen Errichtung des ersten Hauspfostens beteiligt sein und das Haus in einer Ost-West Linie ausrichten. Aufgrund der Mythen sehen die Yali einen großen Zusammenhang zwischen den Heiratsgruppen und der Fruchtbarkeit der Gärten. Entsprechend wird zum Beispiel das Ritual des Verbrennens der Süßkartoffel zur Gewährleistung einer guten Ernte immer von Vertretern beider Heiratsgruppen durchgeführt.

Die Exogamie wurde in den Ursprungsmythen festgelegt und hat einen fundamentalen Charakter. Gemeinsam hatten sie Yeli gefällt und nur zusammen konnten sie weiterhin erfolgreich sein. Innerhalb einer Gruppe zu arbeiten und zu heiraten, bedeutet, sich von den anderen abzuwenden. Ein Verstoß gegen die Regeln der Exogamie bedeutet Inzest. Inzest bewirkt, dass die (Garten-) Erde schlecht wird, dass Menschen krank werden, dass Schweine nicht gedeihen und dass die Erde sich in Matsch verwandelt. Entsprechend hoch ist die Strafe für Inzest.

Aus den zwei Mythologien gingen zwei der wichtigsten Ritual-Gruppen hervor, das *Muruwal* und das *Salam*. Während das *Muruwal* auf der Mythologie vom Urschwein basiert und damit auf das Wohl der gesamten Menschheit ausgerichtet

ist, konzentriert sich das *Salam* auf das Wohlergehen des Einzelnen und nimmt Bezug auf Yeli.
Salam sind Heilungsrituale. Diese werden ausschließlich von den Medizinmännern, den *hal ahun*, durchgeführt. Die Kranken werden mit Heilgesängen behandelt, in denen die Yeli-Mythologie realisiert und angewendet wird. Das *Salam* umfasst etwa fünfzehn verschiedene Riten. Die Yali glauben, dass alle Krankheiten durch Geister hervorgerufen werden, die es zu vertreiben gilt. Und das kann nur der Medizinmann, der das *hal* hat, das besondere Wissen.
Das *Muruwal* dagegen dient dem Wohl der ganzen Gemeinschaft und wird auch von der gesamten Gemeinschaft - dass heißt, natürlich nur von den Männern - durchgeführt. Es besteht immer aus einer ganzen Reihe einzelner Riten, von denen einige obligatorisch sind, andere aber weggelassen werden können. Fast immer wird das Ritual mit der Behandlung von Wasser und Lebensmitteln abgeschlossen.[4]

Laut der Mythologie erhoben sich die Berge bei einem fürchterlichen Erdbeben in der Vorzeit. Mythische Wesen bahnten sich ihren Weg durch die Bergketten und erschufen so die Pässe. In dem heiligen Männerhaus in Sanggalpunu wird eine Steinaxt aufbewahrt, mit der der Kalemi-Pass geschaffen wurde, der zum Seng- und Solo-Tal führt. Eine riesige Schlange namens *Manu* formte den Wasserfall am Homne-Fluss.
Auf einem Plateau ganz oben in den Bergen gibt es einen kleinen See, *Yetuhup sene*, den noch kein Mensch gesehen hat. Wer ihn sieht, muss sterben oder wird zumindest blind. Fünf Flüsse entspringen (angeblich) dort: Sibi, Suwele, Yaholi, Mugwi und Heluk.
In den Bergen gibt es noch weitere Seen, welche tabu sind, da der Regen dort wohnt. Wenn man die Seen ansieht, regnet es. Seen und Teiche werden generell als Plätze angesehen, wo sich die Geister aufhalten und sind daher *usa*, heilig. Das

4 Weiter geht es im Anhang mit dem Kapitel „Rituale & Initiation“

fließende Wasser der Flüsse wird dagegen als reinigend und heilend empfunden und ist nicht tabu.

Gewitter, Unwetter, Überflutungen, Erdrutsche und heiße Windstürme, *siyelu* genannt, haben ganz bestimmte Ursachen. Die meisten hängen mit der Schlange *Manu* zusammen. Ab und zu kommt sie aus ihrer Höhle und geht zum Fluss, um zu schwimmen. Das ist die Zeit des *siyelu*. Solche Windstürme gibt es etwa zweimal im Jahr. Wenn sie zu lange andauern, wird ein Ritual durchgeführt.

Das Schlimmste aber sind die Erdbeben. Sie erinnern an die Vorzeit, in der die vibrierende Erde durch die Einführung der wichtigen Rituale beruhigt werden konnte. Wenn diese Rituale nicht ordentlich eingehalten, die heiligen Gegenstände nicht genug gewürdigt werden, dann wird sich die Erde in einem großen Erdbeben wieder umwälzen, die Berge werden zusammenfallen und menschliches Leben wird beendet sein. Am Anfang und am Ende das Erdbeben, und mittendrin die lähmende Angst davor!

Der heilige See

Wie oft hat mein Vater mir die Geschichte von seinem Ausflug zum Yetehup-See, dem heiligen See, erzählt! Ich liebe sie und möchte ihn diese Geschichte noch einmal erzählen lassen:

Klaus: „Ich hatte schon seit langem vor, von Wamena nach Angguruk zu laufen, so, wie Vriend und Zöllner es damals getan hatten. Als ich wieder einmal in Wamena zu tun hatte, beschloß ich, die Gelegenheit beim Schopf zu packen. Vier meiner Bibelschüler wollten mich begleiten. Wir flogen nach Wamena und nachdem wir alles erledigt hatten, gingen wir zunächst nach Polimo, wo wir die erste Nacht verbrachten.
Dann ging es weiter nach Yohosem, wo wir einen Tag an der neuen Landebahn mitarbeiteten. Von Yohosem ging es dann am frühen Morgen den Mugwi-Fluss entlang immer weiter aufwärts bis hoch auf das Plateau. Es war bereits nach vier Uhr nachmittags, als wir auf dem Plateau ankamen. Wir befanden uns nun auf 3200 Metern Höhe. Seit einiger Zeit schon war es am Nieseln und musste bald dämmerig werden. Es wurde Zeit, eine Bleibe für die Nacht zu finden. Die Jungen sagten mir, dass wir in etwa einer halben Stunde eine Hütte erreichen würden. Wie freuten wir uns nach den Strapazen des Tages, dem stundenlangen Aufstieg, auf ein warmes Feuer und eine Mahlzeit!
Als wir aber die Hütte betraten, fanden wir dort eine Leiche. Es war ein Yali aus dem Ubahak-Tal, der vermutlich bei den eisigen Temperaturen in der Nacht erfroren war. Keiner von uns hatte Lust die Nacht neben einer Leiche zu verbringen,

und so gingen wir weiter. Da Leichen hier ja nicht begraben, sondern verbrannt werden, wollten wir im Dorf des Toten Bescheid geben, damit seine Familie ihn abholen konnte.
Nach einer weiteren Stunde kamen wir zu einer sehr kleinen Hütte, die ich eher als Unterstand bezeichnen würde. Eine Art Zeltdach lehnte gegen eine Felswand. Nach vorne war die Hütte offen. Sie bot gerade genug Platz für uns fünf. Vor der Hütte machten wir ein Feuer, und als die Sonne untergegangen war, wurde es schnell lausig kalt. Wir froren furchtbar. Alles, was wir an Kleidung dabei hatten, ob dreckig oder nass, zogen wir über und verbrachten so dicht aneinander gedrängt die Nacht.
Am nächsten Morgen war alles weiß von Rauhreif. Die Sonne ging hinter Pinij auf und schien uns direkt in den Hütteneingang, ein herrlicher Sonnenaufgang!
In der warmen Morgensonne, die uns schnell die Kälte der Nacht vergessen ließ, gingen wir weiter, bis wir nach etwa einer Stunde an eine Weggabelung kamen. Der eine Weg führte nach Angguruk, der andere nach Ninia. Die Schüler zeigten auf einen Hügel auf dem Weg nach Ninia und sagten, dass sich hinter dem Hügel der Yetehup-See befände, der heilige See, den anzusehen verboten war, da man davon blind würde. Sie erzählten, der Weg führe sehr nahe am See vorbei und die Leute von Ninia müssten, wenn sie dort entlang kämen, den Blick abwenden. Meistens hielten sie sich ein Bananenblatt wie Scheuklappen vor die Augen.
Ich hatte schon viel von *Yetuhup* gehört, und da wir so nahe waren, wollte ich gerne dorthin gehen und mir den See ansehen. Meine Neugier übertrug sich auf die Jungen, und sie beschlossen mitzukommen. Es war eine Gelegenheit, den Bruch mit der alten Ordnung in die Tat umzusetzen. Sie glaubten nicht mehr an die alten Geschichten, und ein Blick

Papas Begleiter fangen einen fliegenden Hund fürs Abendessen.

auf den See sollte beweisen, dass die Geschichten nicht wahr sind. Sie konnten sich den See, den sie zuvor nicht sehen durften, jetzt ansehen.

Wir stiegen den Hang hinab, um auf der anderen Seite den Hügel wieder hinaufzusteigen. Wir waren zuvor auf der Sonnenseite gegangen, doch in der Senke kamen wir in den Schatten. Dort hatte die Sonne den Rauhreif noch nicht geschmolzen, und die Jungen, die alle barfuß gingen, spürten bald die Kälte, und ihre Füße begannen zu pochen. ‚Yiräh', riefen sie. ‚Was passiert mit unseren Füßen? Sie werden abfallen, sie werden verfaulen!'

Manche dachten schon, das sei die Strafe dafür, dass sie den Yetehup-See sehen wollten. Ich erklärte ihnen, dass nichts dergleichen passieren werde, dass dies eine normale Reaktion auf die Kälte sei. Sobald wir auf dem Hügel in die Sonne kämen, werde der Schmerz wieder aufhören. Aber dort oben ging es erst richtig los. Als die Füße nach der Eiseskälte in die Sonne gehalten wurden, fingen sie erst recht an zu pochen

und zu schmerzen. Das Entsetzen war groß. Wir rasteten eine Weile, bis der Schmerz in den Füßen nachließ.
Von dort oben konnten wir den Yetehup-See sehen, ein herrlicher klarer Bergsee inmitten einer atemberaubenden Landschaft mit ungewöhnlicher Vegetation und seltenen Pflanzenarten. Eine wilde Azaleenart blühte überall und verwandelte diese urige Buschlandschaft von knochigem Gestrüpp in ein farbenfrohes Naturschauspiel.
Keiner von uns wurde blind, als wir auf den See schauten. Schließlich gingen wir zum *Yetehup* hinunter. Ich kniete mich hin und trank Wasser aus dem See. Es hieß, wer aus dem Yetehup-See trinkt, der wird krank, die Haut verfault und fällt ab wie Schuppen. Die Jungen zögerten, doch dann kniete sich einer nach dem anderen ebenfalls hin und trank. Unsere Haut fiel nicht ab.
Als wir später am Tag nach Waniyok kamen, erzählten die Jungen den Dorfbewohnern ganz aufgeregt, wie sie aus dem See getrunken hatten. ‚Seht, es ist uns nichts passiert und unsere Haut ist noch schön', riefen sie. Erstaunt und erschreckt riefen die Dorfbewohner immer wieder ‚Yiräh, yiräh'. Die Aufregung war groß.
Die Yali hatten ein ungeheures Vertrauen zu uns. Was auch immer wir taten, sie machten es nach. Sie wussten, es werde ihnen nichts passieren. Ob es das Fliegen war oder, wenn wir Leute mit an die Küste nahmen, die Fahrt mit dem Auto. Wenn wir uns da hineinsetzten, dann setzten sie sich auch hinein. Sie vertrauten uns, hatten keine Angst. Es war ein richtiges Ur-Vertrauen, das die Yali, und insbesondere unsere Mitarbeiter, uns entgegenbrachten. Und so vertrauten sie mir, als ich aus dem Yetehup-See trank. Sie wussten, ich würde nichts tun, was ihnen schaden könnte."

Kosarek

Erika (Sonntag, 1. Advent 1972): „Siegfried und Klaus sind heute morgen nach Kosarek aufgebrochen. Das Gebiet liegt nördlich von uns, ist noch unerforscht und war bisher feindlich. Vor zwei Jahren sind Siegfried und Adam Roth mit Pfeil und Bogen von dort vertrieben worden. Seitdem war niemand mehr in Kosarek, aber ab und an kommen Leute von dort hierher, ‚um mal zu gucken'. Es scheint, als hätten sie nun auch den Wunsch, die gute Botschaft zu hören. Daraufhin sind die beiden gleich mutig losgelaufen. In ein bis zwei Wochen erwarten Ilse und ich sie heil und gesund zurück. Übermorgen müssen in Apahapsili Lebensmittel und Werkzeuge gepackt und vom Flugzeug aus für sie gedroppt (abgeworfen) werden. Eine spannende Sache!"

Klaus: „Etwa zwei bis drei Tagesmärsche von Angguruk entfernt liegt das sogenannte Kosarek-Tal, in dem es sechs oder sieben Dörfer gibt mit insgesamt etwa 1500 bis 2000 Menschen. Schon vor zwei Jahren hatten Siegfried Zöllner und Adam Roth versucht, Kontakt zu diesen Menschen zu knüpfen, aber ohne Erfolg.
Am 1. Advent versuchten wir nun erneut dorthin zu kommen. Es hieß, die Leute dort seien nicht mehr so feindselig und dem Neuen, dem Evangelium, gegenüber offener geworden. Einer unser Bibelschüler ging auf Eigeninitiative dorthin und kam mit der Nachricht zurück, wir seien willkommen. Also zogen wir los. 35 junge Männer aus Angguruk – Bibelschüler und Gemeideälteste – begleiteten uns.

Am zweiten Tag, nachdem wir zwei knapp 3000 Meter hohe Berge überstiegen hatten, kamen wir in das erste Dorf dieses Tals. Acht Stunden waren wir schon gelaufen, geklettert und gekrochen und hofften nun endlich eine Herberge zu finden. Als uns aber die Dorfbewohner sahen, ergriffen sie Pfeil und Bogen und rannten davon. Weil die Menschen hier einer anderen Sprachgruppe angehören als die Yali aus Angguruk, ließen wir ihnen durch unsere Dolmetscher zurufen: ‚Lauft nicht weg! Wir sind eure Freunde und wollen mit euch reden.'

Zögernd kamen einige von ihnen zurück. Unsere Dolmetscher gingen ihnen entgegen und verhandelten mit ihnen. Schließlich gaben sie uns Zeichen, näher zu kommen. Die Männer begrüßten uns freundlich, nahmen unser Gepäck und führten uns in das Hauptdorf Ultam. Wieder liefen wir eine Stunde, bis wir das Dorf erreichten. Aber in Ultam nahmen uns die Leute nicht auf. Sie verkauften uns auch keine Süßkartoffeln und Gemüse, obwohl wir ihnen das so begehrte Salz anboten. Es blieb uns keine andere Wahl: wir mussten weiter. Die Situation war beängstigend. Warum waren die Menschen so reserviert? Liefen wir jetzt in eine Falle? Zurück konnten wir bei einem möglichen Überfall nicht mehr: wir hatten Ultam im Rücken. Was vor uns lag, wussten wir nicht. Nie war vor uns ein Weißer diesen Weg gegangen.

Wieder marschierten wir eine Stunde. Wege gibt es hier nicht, nur schmale Trampelpfade. Oft sanken wir bis zu den Waden ein in Schlamm und Schweinemorast. Dazu setzte jetzt wieder Regen ein. Schon zweimal waren wir an diesem Tag von heftigen Regenschauern überrascht und nass bis auf die Haut geworden. Erleichtert atmeten wir auf, als wir endlich – nach einem Marsch von insgesamt zehn Stunden – in Noromas aufgenommen wurden. Wir versuchten noch unsere Ankunft nach Angguruk zu funken, bekamen aber keine Verbindung."

Erika (Montagabend): „Zwischen 16:00 und 17:00 Uhr sollten wir Funkkontakt mit unseren Männern haben. Wir haben aber nichts gehört. Entweder haben sie uns nicht angefunkt, oder der Empfang war zu schwach. Für Morgen früh haben wir wieder eine Zeit vereinbart."

Klaus: „Es kam uns verdächtig vor, dass nur junge Männer zu sehen waren, während die älteren, wie wir erfuhren, vor unserer Ankunft das Dorf verlassen hatten. Doch darüber dachten wir an diesem Abend nicht lange nach, wir waren zu müde. Erschöpft schliefen wir in der oberen Etage einer Yali-Hütte, die wir mit 22 Männern teilten, in Rauch und Mief gehüllt ein. Unter uns brannte das Feuer, dessen Rauch zu uns aufstieg und mir oft den Atem nahm. Morgens war ich voller roter Punkte – Flohstiche. Etwa zwanzig Flöhe hatten in jener Nacht den Weg in meinen Schlafsack gefunden."

Erika (Dienstag): „Also, die Männer sind gestern abend im Kosarek Gebiet angekommen, und freundlich aufgenommen worden. Beruhigende Nachrichten!"

Klaus: „Am anderen Morgen erwarteten wir das Flugzeug, das uns notwendige Dinge wie Lebensmittel, Äxte und Buschmesser abwerfen sollte. Wir bekamen Funkkontakt mit Missionar Bentz in Apahapsili und konnten unsere Position durchgeben. Zöllner und ich suchten nach einem geeigneten Stück Land für eine Landebahn, denn wir möchten hier gerne einen Strip bauen, um den Menschen hier besser helfen zu können. Die Leute von Noromas boten uns ein Stück Land oberhalb ihres Dorfes an, das unter Umständen dazu geeignet sei. Eine bessere Möglichkeit sahen wir aber in der Nähe des Dorfes Wasaltek. Dieses Dorf liegt etwa eine halbe Stunde von Noromas entfernt. Wir wagten jedoch nicht dorthin zu gehen, weil wir hörten, man wolle uns töten, sollten wir in Wasaltek einen Strip ausmessen."

Erika: „Von Apahapsili aus wurden Lebensmittel gedroppt. Es geht ihnen gut."

Klaus: „Erst am Mittag kam das Flugzeug. War das eine Sensation! Stundenlang saßen die Menschen schon da und warteten. Beim ersten Dröhnen der Motoren wurden sie ganz aufgeregt. Jetzt sollten die ersten Sachen aus dem Flugzeug fallen. Als erstes wurde ein Schwein gedroppt. Die Yali fingen an zu tanzen und zu schreien: ‚Ein Schwein fällt vom Himmel! Ein Schwein! Ein Schwein!' Was dann noch gedroppt wurde, war nicht mehr so interessant. Das Schwein war die Überraschung, die Sensation. Yali aus Apahapsili hatten spontan dieses Schwein für uns gestiftet.
Wir gaben es den Noromas-Leuten als Gastgeschenk, und wir hofften sie würden sich ihrerseits auch mit einem Schwein revanchieren. Dieser Schweinetausch wäre dann einer Freundschaftszeremonie gleichgekommen. Sie sagten uns auch sofort: ‚Morgen werden wir euch ein Schwein schießen.'
Über diese sich anbahnende freundschaftliche Atmosphäre waren wir sehr froh. Doch sie wurde bald wieder gestört. Die Yali kochten das Schwein in einer Erdkuhle. Dann forderten sie noch viele Beile und Buschmesser von uns. Sie

wollten das Schwein und die Buschmesser verteilen und in die umliegenden Dörfer schicken. Plötzlich hieß es, man dürfe das Schwein nicht essen, ohne vorher zu beten. Aber beten konnten sie ja nicht, wussten nicht, was beten war. Große Aufregung entstand. Wir beteuerten, sie dürften das Schwein auch, ohne zu beten, essen. Wir spürten, dass sie mit der neuen Situation nicht fertig wurden. Wie weit durften sie uns entgegenkommen, ohne den Boden ihrer Lebenssicherung zu verlassen? An diesem Abend hatten sie nicht den Mut, das Schwein zu essen.

In der Dämmerung kamen auch die Männer zurück, die vor unserer Ankunft das Dorf verlassen hatten. Jetzt spielten sie sich als Beleidigte auf: ‚Nie hat es so etwas je gegeben, nie haben wir gehört, dass in Pinij, Pindok, Angguruk (usw.) ein Schwein vom Himmel gefallen ist. Hier bei uns geschieht es, und wir sind nicht dabei.' Nur mit Mühe konnten wir sie besänftigen, indem wir sagten, das Schwein sei ja noch da. Sie sollten es essen und die Beile mit ihren Dorfgenossen teilen. Morgens in aller Frühe verließen diese Männer wieder das Dorf. Sie wollten offensichtlich nichts mit uns zu tun haben. Mit Recht sahen wir in ihnen die starke Opposition des Dorfes.

Am anderen Morgen (Mittwoch) schickten wir Boten nach Wasaltek und ließen fragen, ob wir doch noch dort einen Strip ausmessen oder zumindest über ihr Dorf den Heimweg antreten dürften. Wir scheuten nämlich den Rückweg über diese 3000 Meter hohen Berge. Während wir noch auf die Rückkehr der Boten warteten, breitete sich das Gerücht aus, dass die Wasaltek-Leute ihre Kriegsrüstung anlegten, um uns zu erschießen und aufzuessen. Jetzt entschlossen wir uns zu schnellem Aufbruch. Doch in dem Moment schossen die Leute

von Noromas ein Schwein mitten in der Menschenmenge, die uns umgab. Damit zwangen uns unsere Gastgeber zu bleiben und das Schwein zu essen. Anderenfalls hätten wir sie beleidigt. Und das würde uns in noch größere Gefahr bringen. Wir saßen in der Falle.
Groß war unser Schreck, als wir plötzlich aus der Richtung von Wasaltek etwa 60 bewaffnete Männer kommen sahen. Waren dies etwa die Wasaltek-Leute, die uns umbringen wollten? Gespannt warteten wir, was wohl geschehen würde. Wir nahmen unseren ganzen Mut zusammen. Und dann, wie groß war die Erleichterung, als sie näher kamen und wir sie erkannten. Es waren Männer aus dem Dorf Helariki, das drei Stunden von Angguruk entfernt auf dem Weg nach Kosarek liegt. Es waren unsere Freunde! Sie wussten, dass unser Erkundungsmarsch nicht ganz ungefährlich war, und folgten uns auf einer anderen Route, um uns gegebenenfalls beschützen zu können. Am Abend vorher waren sie schon im Kosarek-Tal angekommen und hatten im Dorf Serekasi übernachtet. Zu ihnen war ein Junge aus Wasaltek gelaufen und hatte gesagt: ‚Die Männer aus meinem Dorf wollen die *Pendeta* (Pastoren) erschießen.' Da sind sie sofort aufgebrochen, um uns zu schützen. Wir selber waren ja – wie auch unsere Begleiter – völlig unbewaffnet.
Mit dieser Leibwache von mehr als 80 mit Pfeil und Bogen bewaffneten Männern hatten wir keine Angst mehr und blieben noch bis zum anderen Morgen in Noromas."

Erika: „In der Nacht, als die Leute von Wasaltek sich rüsteten, um Klaus und Siegfried umzubringen, klopfte jemand an die Wellblechwand unseres Schlafzimmers und rief ‚Mama, Mama, Mama, die wollen den Bapak umbringen!' Sofort war ich hellwach. Vor der Tür stand ein junger Mann aus Helariki. Er war geschickt worden, um Ilse und mir Bescheid zu geben, während die anderen nach Kosarek aufbrachen, um unseren Männern zu helfen. Mit den zwei schlafenden Kindern, die ich nicht beunruhigen, aber auch nicht alleine lassen wollte, konnte ich nicht gleich zu Ilse gehen, sondern musste auf den Morgen warten. Natürlich machte ich in dieser Nacht kein Auge mehr zu. Ich war in heller Aufregung! Sollte nach einem knappen halben Jahr unser Leben hier schon zu Ende sein?

Beim ersten Morgenlicht packte ich die Kinder und ging zu Ilse. Wir waren vollkommen überrumpelt von der Nachricht. Alles schien bis dahin so gut zu gehen. Hatten die Männer uns etwas verschwiegen, um uns nicht zu beunruhigen? Was war passiert? Lebten die Männer noch? Wir versuchten Funkkontakt herzustellen. Es dauerte eine halbe Ewigkeit, bis wir endlich ihre Stimmen hörten – welch wunderbarer Klang! - und erfuhren, was passiert war."

Klaus: „Am Abend konnten wir mit den Leuten eine Dorfversammlung abhalten. Zöllner erzählte ihnen, dass überall in den Dörfern, die das Kosarek-Tal wie einen Halbmond umgeben, Yali-Lehrer tätig seien und die *Allah wene* verkündeten. Sehr eindrucksvoll war es, wie bei jedem genannten Dorf die entsprechenden jungen Männer aufstanden und sich der Versammlung als die Lehrer des Dorfes vorstellten. Da wurden in der Versammlung Stimmen laut, die sagten: ‚Auch wir wollen von euch Lehrer bekommen. Könnt ihr uns welche hier lassen?' Wir hatten auf diese Bitte gehofft, und Zöllner sagte: ‚Seht, hier sind zwei Yali-Evangelisten. Sie werden nach Weihnachten zu euch kommen.' Wir freuten uns über diese Entwicklung. Ein Tag, der so beängstigend begonnen hatte, schien zu einem guten Ende oder besser, zu einem guten Anfang gekommen zu sein.

Am anderen Morgen traten wir nach dreitägigem Aufenthalt in Noromas den Heimweg an. Wir wagten mit so vielen Begleitern nun doch den Weg über Wasaltek. Das Dorf schien wie ausgestorben, und doch wussten wir, dass aus dem Dunkel der Hütten viele Augenpaare bewaffneter Männer uns beobachteten. Am Ausgang des Dorfes stand ein einsamer alter Mann und reichte uns die Hand. Es schien, als wolle er sich für die feindselige Haltung seiner Dorfgenossen entschuldigen.

Wie wir später erfuhren hatte ihre Abwehr einen konkreten, mythologischen Hintergrund. In Wasaltek war am Tag unserer Ankunft ein junger Mann ganz plötzlich und unerwartet gestorben. Darüber war das Dorf bestürzt und erschrocken. Zur Abwehr weiteren Unheils hatten die Medizinmänner ein Ritual veranstaltet, dazu Schweine geschlachtet und das Fett als Opfer an die Ahnen ausgerechnet an der Stelle vergraben, wo wir gerne den Strip ausgemessen hätten. Sie wollten mit der Zeremonie die Toten- und Ahnengeister versöhnen. Wir durften auf keinen Fall dieses Ritual stören, um die Geister nicht zu verärgern und nicht schlimmeres Unheil heraufzubeschwören.

Als wir in Serekasi ankamen, zeigte mir Zöllner die Stelle, wo sie vor zwei Jahren angegriffen worden waren. Im Gegensatz zu damals waren die Serekasi-Leute sehr freundlich. All unseren Begleitern gaben sie reichlich zu essen. Von Feindseligkeit war nichts mehr zu spüren. Diese Freundschaft war aus folgendem Grund möglich: ein junger Mann aus Angguruk empfand vor etwa einem Jahr Eigenverantwortung und ging hin, diesen Menschen die *Allah wene* zu erzählen. Lange Zeit wusste niemand, wo er geblieben war, bis er eines Tages wieder in Angguruk auftauchte und von seiner Missionsarbeit berichtete. Heute sind wir für diesen jungen Mann sehr dankbar. Er spricht schon fließend die Kosarek-Sprache und wird uns bei der Arbeit in diesem Gebiet eine große Hilfe sein.

Am Abend kamen wir in Telampela an. Von hier aus unternahmen wir eine Tagestour zu den großen Wasserfällen, die wir vom Flugzeug aus schon öfter bewundert hatten. Drei große Flüsse laufen aus verschiedenen Richtungen auf eine Felswand zu, wo sie nebeneinander in die Tiefe stürzen. Bewundernd standen wir vor diesem Schauspiel der Natur und wurden belohnt für den anstrengenden Marsch durch den dichten Urwald. Unsere Yali konnten nicht begreifen, warum wir unbedingt zu diesen Wasserfällen wollten. Sie sagten, das sei doch auch nur Wasser.

Am 2. Advent kamen wir wieder in Angguruk an. Damit war auch für unsere Frauen eine anstrengende und aufregende Woche zu Ende."

Das erste Weihnachten

<u>Erika:</u> „Ja, wenn Ihr jetzt hier wäret, Ihr würdet aus dem Staunen nicht mehr herauskommen: etwa 4000 bis 5000 Yali, alle festlich geschmückt, tanzen vor unserer Tür auf dem Flugplatz und singen und trommeln. Das geht seit heute morgen 9:00 Uhr und wird wohl bis in die Nacht währen."

Das erste Weihnachten in Angguruk war sehr beeindruckend. Schon Wochen vorher hörte man die Yali von morgens bis abends in ihren Dörfern singen. Sie übten Gesänge und Tänze ein. Der Gesang war weithin zu hören. Mal war es das eine Dorf, mal das andere, das seine Vorfreude zum Ausdruck brachte. Es war ein unbeschreibliches Gefühl, wenn man abends vor die Tür trat, tief Luft holte, sich umschaute und dabei nicht die Hand vor Augen sah. Absolute Dunkelheit und Stille. Als stehe man am Ende der Welt, und mit dem nächsten Schritt falle man von der Erdplatte herunter. Und dann hört man plötzlich den Gesang, der von irgendwo aus der Dunkelheit kommt und der wie ein Echo von den Bergen widerhallt. Geisterhaft und doch beruhigend und wunderschön.
Und an Weihnachten kamen sie dann alle. Ein Dorf nach dem anderen kam singend und tanzend nach Angguruk. Kurz oberhalb der Station blieben sie jeweils stehen, hüpften singend auf und ab und kündigten sich damit an. Und dann, wie auf Kommando, kamen sie singend heruntergerannt und versammelten sich auf dem Flugplatz zum Tanz. Alle, die zu einer Tanzgruppe gehörten, liefen wie um einen imaginären Pol herum. Plötzlich blieben dann alle wie auf Kommando stehen, hüpften mehrere Male auf und ab und drehten sich dann in die entgegengesetzte Richtung. Und so ging es stundenlang, mal rechts herum, mal links herum,

mal auf der Stelle hüpfend, und das mit einer Ausdauer und einer Begeisterung, die unbeschreiblich ist. Dabei wurde die ganze Zeit gesungen. Einer war jeweils der Vorsänger, und alle anderen stimmten mit ein. Ihre Stimmen waren so kräftig und sie wurden in all den Stunden nicht heiser. Begleitet wurden der Gesang lediglich von Trommeln. Die Frauen schlossen sich dem Rundlauf nicht an, sondern liefen nebenher auf und ab und stimmten in den Gesang mit ein. Alle hatten sich zu diesem Ereignis festlich geschmückt. Die Männer trugen einen Kopfschmuck aus Baumkänguruhfell mit Vogelfedern verziert, dazu hingen mit Papageienfedern geschmückte Netze ihren Rücken hinab, Ketten aus Muscheln verzierten die Brust und Eberzähne durchbohrten die Nasen. Die Frauen waren weniger geschmückt, aber auch sie hatten Ketten um und hatten ihre Körper mit Pflanzen- und Erdfarben bemalt.
Der Weihnachtsgottesdienst fand auf dem Flugplatz statt, da so viele Leute nicht in die Kirche passten. Nach dem Gottesdienst ging es weiter mit Tanz und *Seni*. Ein wunderschöner Feiertag!

Klaus: „Inzwischen (Ende Januar) ist Barnabas, ein Yali-Evangelist, in Kosarek - genauer gesagt in Wasaltek. Er sollte zwar nach Noromas, aber die Noromas-Leute haben einen Rückschlag erlitten. Als nach unserer Abreise die oppositionellen Kräfte dort wieder die Oberhand hatten, sind alle Leute, die mit uns Kontakt hatten, rituell gereinigt worden. Sie wurden von den Medizinmännern behandelt, um das Dorf vor dem Zorn der Ahnengeister zu schützen. Sogar das ‚Himmelsschwein' sollen die Medizinmänner ihnen magisch rituell wieder aus dem Bauch gezogen haben.
Wenn wir auch über diesen Rückschlag besorgt sind, so freuen wir uns doch um so mehr, dass man in Wasaltek – wo wir es nicht erwartet hätten – Barnabas aufgenommen

hat. Zwei weitere Lehrer stehen bereit, um mit uns in den nächsten Tagen nach Wasaltek zu gehen. Wir hoffen, dann den Strip dort ausmessen und bauen zu dürfen."

Barnabas kam mit seiner Frau und Tochter nach tagelangem Marsch in Noromas an. Die Menschen dort sagten ihm, er solle nach Hause gehen, sie wollten ihn doch nicht haben. Niedergeschlagen machte sich Barnabas mit seiner Familie auf den Rückweg. Warum er es wagte, diesmal den Weg durch das Dorf Wasaltek zu nehmen, wissen wir nicht. Als er dort vorbeikam und die Menschen erfuhren, was in Noromas passiert war, baten sie ihn, doch stattdessen bei ihnen zu bleiben. Er willigte ein. Die Leute von Wasaltek gaben ihm ein Stück Land, bauten ihm ein Haus, halfen bei der Bestellung seiner Gärten und versorgten ihn mit Lebensmitteln, bis er die erste eigene Ernte einholen konnte. Barnabas ging nie wieder aus Wasaltek fort.

Erika: „Jetzt ist es 5:00 Uhr morgens, Katja ist schon putzmunter und schreit nach Essen. Da bin ich mit ihr aufgestanden, damit die beiden anderen wenigstens noch weiterschlafen können. (...) Inzwischen ist auch Susanne auf, ich denke, ich mache jetzt erst einmal Frühstück.
(Nächster Tag) Nach dem Frühstück ist es gestern ein turbulenter Tag geworden, an dem ich nicht mehr zum Schreiben kam. Bis 23:00 Uhr packten wir Klaus' Sachen, denn heute morgen sind sie wieder ins Kosarek-Gebiet aufgebrochen. Da muss immer vieles mit: außer Kleidung auch Nahrungsmittel, denn sie wollen nicht die ganze Zeit nur Süßkartoffeln essen; Verbandszeug, Höhenmesser, Bandmaß, Messer, Spaten, Sägen und aller mögliche Kleinkram. Diesmal wollen sie mit dem Bau des Strips beginnen. Hoffentlich stirbt nicht jemand in einem der Dörfer während dieser Zeit. Sie könnten ihnen die Schuld geben. Wer weiß, was sie dann tun.

Es ist komisch an so einem Tag. Morgens herrscht große Hektik, Aufbruch, viele Säcke, viele Pakete, viele Leute, dies und das, und mit einemmal Ruhe. Alle Leute sind weg, auch unsere Hausjungen sind mitgegangen. Die Kinder sind aufgekratzt, an Mittagsschlaf dachte keine der beiden. Ich habe das ganze Chaos einfach Chaos sein lassen und mich mit einem Buch hingesetzt. Und das alles, weil man vor innerer Unruhe den Dreh nicht kriegt."

Klaus: „Am 17. Februar 1973 gingen Zöllner und ich zum zweiten Mal nach Kosarek. Barnabas hatte uns rufen lassen, um dort in Wasaltek jetzt einen Strip auszumessen. Während wir beim ersten Erkundungsmarsch mit klopfenden Herzen im Schweigemarsch durch Wasaltek gingen, wurden wir diesmal von den Leuten sehr freundlich begrüßt und aufgenommen. Barnabas hatte schon in dieser kurzen Zeit die gesamte Dorfgemeinschaft für sich gewonnen. Wir erlebten, wie sie auf ihn hörten, seinen Rat suchten, sich um ihn scharten zum Gottesdienst. Das zu sehen, hat uns sehr bewegt. Während unseres Aufenthalts baten auch die Dörfer Noromas und Wahe um einen Evangelisten.
Eine Woche lang blieben wir bei ihnen. Wir maßen den Flugplatz aus und fingen an, die Bäume zu fällen. Ein Baum nach dem anderen fiel der Handsäge zum Opfer. Plötzlich riefen einige Wasaltek-Leute ganz aufgeregt: ‚Halt, nicht weiter! Diese Bäume müssen stehen bleiben. Hier ist ein *usama*, ein Tabu Ort, ein heiliger Platz.' Nun war guter Rat teuer. Wir versuchten ihnen klarzumachen, dass wir unbedingt diese Bäume fällen müßten, wenn wir hier eine Landebahn bauen wollten, wenn wir zu ihnen kommen und mit ihnen leben wollten. Einen anderen geeigneten Platz gab es im ganzen Tal nicht. Da überlegten und diskutierten diese

Männer eine Zeit lang miteinander. Dann sagten sie etwas, das wir nie erwartet hätten. Sie sagten: ‚Betet zu eurem Gott, und dann hackt die Bäume ab.' Wir waren sprachlos. Wie kamen die Leute zu dieser Aussage? Offenbar hatten sie schon etwas davon gespürt, dass unser Gott stärker ist als ihre Geister und Mächte. Jedenfalls trauten sie ihm schon eine Menge zu. Dieselben Menschen, die uns noch vor drei Monaten wegen dieses *usama* erschießen wollten, sagten jetzt: ‚Hackt es ab!' Was sich in den Herzen und Gedanken dieser Menschen vollzogen hatte, das können wir aufgeklärte Zeitgenossen nur von Ferne erahnen.
Zwei unserer Jungen sprachen unter diesen heiligen Bäumen ein Gebet. Dann sägten wir die Bäume ab. Die Männer aus Wasaltek verzogen sich aus Angst vor einer möglichen Strafe der Geister auf die andere Seite des Tales und sahen dem Geschehen aus der Entfernung zu. Die Bäume fielen, aber nichts passierte. Sie warteten noch eine Weile und kamen dann zögerlich zurück. Als noch immer kein Erdbeben sie strafte, keine Geister die Fremden vernichteten, wurden sie zuversichtlicher. ‚Eure Götter müssen stärker sein', sagten sie. Vielleicht war dies der erste Schritt zur Entgötterung der Natur, zur Entgötterung der Welt für die Leute von Kosarek."

Klaus: „Der Bau der Landebahn geht jetzt zügig voran. Einmal jedoch haben wir einen Rückschlag befürchtet. Wir versorgen unsere Angguruk-Leute, die dort am Bau der Landebahn arbeiten, mit dem Flugzeug. Jede Woche werden die nötigsten Lebensmittel und Werkzeuge gedroppt. Als am 10. Mai wieder gedroppt wurde, kam es zu einem bösen Unfall. Ein junger Mann aus Noromas, der dort an der Landebahn arbeitete, blieb, obwohl er gewarnt worden war, an der Stelle, wo gewöhnlich die Sachen abgeworfen werden, während sich das Flugzeug näherte. Ein Bündel Spaten traf ihn und zerfetzte ihn so, dass er auf der Stelle tot war. Am anderen Tag kamen die meisten Jungen nach Angguruk zurück und erzählten von dem Unfall. Sie waren nach dem Unfall sofort zurückgelaufen, um zu berichten, aber auch, weil sie Angst bekamen und befürchteten, die Leute von Noromas könnten sich an ihnen für den Tod des Jungen rächen. Nur Barnabas blieb mit einigen mutigen Jungen dort. Er hatte gesagt: ‚Ich bin nicht hierhergekommen, um so diese Arbeit wieder aufzugeben.'

Am gleichen Tag noch baten wir um ein Flugzeug von der MAF, um neue Sachen zu droppen und um zu sehen, ob es zu kriegerischen Auseinandersetzungen gekommen war. Wir kauften von den Leuten in Angguruk zwei Schweine, um für den Toten Bezahlung zu leisten. Dann überflogen wir das Kosarek-Tal. Zunächst flogen wir eine Runde im Tiefflug, damit wir die Dörfer und Menschen gut sehen konnten. Erleichtert atmeten wir auf, als wir unsere Jungen heil und unversehrt sahen. Danach warfen wir die Sachen ab.

In der darauffolgenden Woche ging ich selber wieder nach Kosarek, um dort an Ort und Stelle zu erfahren, wie es zu diesem Unglück kommen konnte, zu sehen, ob sich solche Unfälle nicht in Zukunft vermeiden lassen, und vor allem, um zu sehen, wie es nach diesem Unglück um die Arbeit dort bestellt war. Ilse Zöllner und Schwester Trijntje begleiteten mich."

Als Papa mit den zwei Frauen dort ankam, wurden sie eingehend von den Kosarek-Leuten bestaunt. Es waren die ersten weißen Frauen, die sie sahen. Sie blickten Papa bewundernd an, denn sie dachten, es seien seine zwei Frauen. Er musste ein mächtiger Mann sein, wenn er sich zwei Frauen leisten konnte. Auf eine diesbezügliche Frage antwortete Papa: „Ich habe noch eine in Angguruk." Großes Gelächter und große Bewunderung folgten. Das Missverständnis wurde natürlich später aufgeklärt.

Klaus: „Für Frau Zöllner war es die letzte Möglichkeit, das neue Gebiet vor ihrer Heimreise noch kennen zu lernen. Sie und Trijntje blieben einen Tag, um Spritzen zu verteilen und Kranke zu versorgen und kehrten dann wieder zurück, während ich einen längeren Aufenthalt einplante.
Als wir dort ankamen, verlief alles ruhig und völlig normal. Die Verwandten waren mit der Bezahlung für den Toten zufrieden. Gewöhnlich kostet ein Toter ein Schwein. Wir aber hatten zwei Schweine, fünf Äxte, sechs Buschmesser, Reis und Fisch bezahlt. 150 Meter der Landebahn waren bereits fertig und an jedem Tag waren etwa 150 – 300 Leute aus den Dörfern Kosareks mit unseren Jungen dort an der Arbeit. Dörfer, die vor kurzem noch Krieg miteinander führten, arbeiteten friedlich nebeneinander am Flugplatz. Glaubt mir, das zu sehen, läßt einen froh und dankbar werden."

Was mein Vater zu dem Zeitpunkt noch nicht wusste, war, dass der Unfall des jungen Mannes nur durch ein Wunder nicht blutig gerächt worden war. Der Bruder des Toten lief, nachdem er von dem Unglück erfahren hatte, mit einem Beil bewaffnet in die Hütte des Evangelisten Barnabas, um ihn aus Rache zu töten. Das Beil erhoben, die Augen funkelnd, das ganze Gesicht vor Wut verzerrt, stand der Mann im Eingang der Hütte, schaute sich um, sah Barnabas nirgends und rannte wieder hinaus. Dabei saß dieser direkt vor ihm auf dem Fußboden und las in der Bibel. Barnabas berichtete später, wie er den Mann direkt vor sich stehen sah und erstarrte, doch dieser sah ihn nicht. Ein wirkliches Wunder!

Alltag in Angguruk

Erika: „Der Pilot hat uns heute viel Post gebracht. Wir hatten gerade all die lieben Briefe ins Haus geholt und kehrten zum Tageslauf zurück, da hörten wir den Motor des Flugzeugs wieder. Das Flugzeug kam zurück, weil das Wetter überall zu schlecht war. Nun sitzt der Pilot hier in meinem Wohnzimmer, trinkt Kaffee und ißt Streuselkuchen, während ich die Post beantworte, damit er sie wieder mitnehmen kann. (...) Es ist inzwischen Nachmittag, und er wird wohl hier schlafen müssen, dabei sind schon Bentz mit fünf Leuten und Adam Roth hier. Die Männer hatten eine kleine Konferenz. Angguruk platzt aus allen Nähten."

Klaus: „Ende Februar flogen wir für eine Woche nach Sentani. Es war für uns notwendig, einmal herauszukommen aus unserer Arbeit hier, um ein wenig auszuspannen, Krimis zu lesen, durch Jayapura zu bummeln, einzukaufen und vor allem das Meer zu genießen. Wir hatten auch Esaboro (Tasman), unseren Hausjungen, mitgenommen, der zum ersten Mal aus Angguruk herauskam, mit dem Flugzeug flog, eine große Stadt sah, das Auto kennen lernte und das *ik humon*, das große Wasser sah. Wir hatten gedacht, er würde riesengroßes Erstaunen zeigen, doch weit gefehlt. Zwar war er sehr anhänglich, aber ansonsten war das, was er da sah, für ihn alles selbstverständlich. Das Staunen hatte er verlernt, weil er wohl alles Mögliche und auch Unmögliche einfach so hinnahm."

Erika: „Unsere Kinder hatten mal wieder Würmer. Die mussten bei einer Kur sterben. Wo ich schon dabei war, bin ich auch gleich den Läusen an den Kragen gegangen."

Erika: „Zur Zeit regnet es jeden Tag so viel und heftig, dass alle Samen aus der Erde gespült werden. Wiesen und Wege werden nicht mehr trocken, und wir alle sehnen uns nach einem richtigen Sonnentag. Alles Zeug in den Schränken riecht muffig und schimmelt, Schuhe schimmeln, alles wird eklig und muss dauernd an die Sonne geschleppt werden, wenn sie denn mal kurz scheint. Wäsche kriegt man nicht trocken, aber Klaus hat mir jetzt ein Waschhaus gebaut, in dem auch ein paar Leinen gespannt sind. Das Häuschen ist prima und erspart eine Menge Arbeit. Vorher wusch ich draußen hinterm Haus auf der Erde. Da war das Bücken so anstrengend, und es war oft zum Umfallen heiß in der Sonne. Das ausgekippte Wasser machte zudem alles matschig. Jetzt habe ich in meinem Waschhaus niedrige Bänke entlang der Wände, auf denen die Wannen stehen, mit Wasserleitung und Waschbecken. Nur gekocht wird die Wäsche noch in der Küche auf dem Ofen. Warmes Wasser muss ebenfalls in der Küche aufgesetzt werden und dann zum Waschhaus geschleppt werden."

Mythe: Wie der Regen zu uns kam

Ein Mann aus dem Dorf Tanggeam sah den Regen, den er so nötig für seine ausgetrockneten Gärten brauchte, über dem Dorf Mimbaham hängen. Er baute eine Brücke über den Yaholi, ging nach Mimbaham und erbat sich von den Leuten dort ein wenig Regen. Die Gärten der Mimbaham-Leute gediehen sehr gut. Er bekam etwas Regen, packte ihn in sein Netz und ging wieder nach Haus. Man sagte ihm, er dürfe sein Netz unterwegs nicht öffnen. Erst wenn er zu Hause Süßkartoffeln und andere Feldfrüchte versammelt habe, solle er das Netz öffnen. Er tat, wie man ihm gesagt hatte. Seitdem regnet es auch bei uns.

Erika: „Klaus ist im Augenblick wieder in Kosarek. Gestern ging er, diesmal für zwei Wochen, um den Bau des Strips voranzutreiben. Ich bin in dieser Zeit nicht allein, sondern habe eine andere Missionarsfrau mit ihrer kleinen Tochter zu Besuch hier. So schön es auch ist, Besuch zu haben, aber die Frau ist die reinste Nervenzerstörerin. Bis jetzt haben wir noch Harmonie, weil ich es schaffe, mich still hinzusetzen und mir all das Gerede gelassen anhöre. Wie lange ich das noch durchhalte?
Ihre Tochter hat einen kleinen Jungen als Aufpasser, der ihr wie ein Schatten folgt und aufpasst, dass sie sich nur ja nicht schmutzig macht, nicht hinsetzt, keine Erde anfasst, keine Schuhe auszieht (wegen Hakenwürmern) usw. Sie darf nicht im Sand, nicht im Modder, nicht im Wasser spielen. Nun sind unsere beiden draußen ständig im Dreck, barfuß, im besten Fall noch mit Unterhose. Das führt natürlich zu Konflikten. Unsere spielen stundenlang mit Wasser und Puppentassen ‚Kaffee kochen' und Ähnliches. Sie darf nicht mit Wasser spielen, weil das Rüschenkleidchen nass werden könnte. Ich kann aber meinen Kindern doch jetzt nicht verbieten, was sie sonst immer dürfen! In ihren Augen lasse ich meine Kinder verwildern. Ihre Tochter kann das Lesebuch fürs erste Schuljahr schon lesen, muss schon Medizin- und Biostunden über sich ergehen lassen, weil sie mal – wie ihre

Mutter – Krankenschwester werden soll. Und da soll mein pädagogisches Gewissen schweigen? Kann ich ihr sagen, dass ich Spiele im Matsch für Kinder von noch nicht vier Jahren für wichtiger halte?“

Erika: „Inzwischen ist Klaus mit Bart und voller Ideen aus Kosarek zurück.“

Diese Rückkehr meines Vaters aus Kosarek ist wahrscheinlich die älteste Erinnerung, die ich habe. Einige Leute hatten den zurückkehrenden Trupp aus Kosarek schon vom Yaholi heraufsteigen sehen und haben Bescheid gegeben, dass der Bapak naht. Katja und ich waren schier aus dem Häuschen vor Freude und liefen ihm entgegen. Als wir ein kurzes Stück die Landebahn hinuntergelaufen waren, kam er auch schon den Weg herauf, der vom Yaholi nach Angguruk führt. Wir liefen ihm entgegen. Im Laufen schaute ich nocheinmal auf und blieb dann so abrupt stehen, dass Katja mit mir zusammenstieß. Auch sie schaute auf und stutzte. War das wirklich unser Vater? Er sah so anders aus. Wir zögerten. Als er uns dann rief, in die Hocke ging und seine Arme ausbreitete, erkannten wir ihn und rannten ihm entgegen. Er hob uns hoch, jede auf einen Arm, und wir haben erst einmal neugierig seinen Bart angefasst und bestaunt. Seit jener Tour hat mein Vater einen Bart, sehr zum Verdruß seiner Schwiegermutter, aber mit dem vollen Einverständnis der übrigen Familie. Er hat ihn nie wieder abgenommen.

Mythe: Wie der Mann seinen Bart bekam

Früher wuchs den Frauen ein Bart. Eines Tages ging die Frau zur Quelle, um Wasser zu trinken und legte den Bart ab. Da kam ein Mann, nahm den Bart auf und passte ihn sich an. Als die Frau wiederkam und den Mann mit ihrem Bart sah, sagte sie: „Nimm ihn nur mit für dich selbst, er passt dir gut." Seitdem dies geschehen ist, wächst den Männern ein Bart, nicht mehr den Frauen. Man sagt: „Sie haben etwas genommen, das den Frauen gehörte."

Erika: „Ich habe hier auf der Station Angguruk nicht mehr ‚in Gemeinde' zu tun, als einfach da und den ganzen Tag ansprechbar zu sein. Das ist oft schwer genug. Unsere Yali kennen keinen Intimbereich, keine Hemmungen, kein Gefühl dafür, dass es gerade mal unpassend ist."

Sie kamen oft ins Wohnzimmer, setzten sich still auf die Liege oder in eine Ecke, aßen eine Banane und sahen zu, was wir taten. Besonders Häuptling Kolubak kam gerne zu uns herüber. Nach einer Weile standen die Yali wieder auf und gingen. Oder sie warteten auf meinen Vater, mit dem sie etwas besprechen wollten. Kam er dann oft müde aus dem Büro oder der Bibelschule heim, ging es zu Hause gleich mit Besprechungen weiter. Wenn es mal ganz unpassend war, dann waren sie nicht böse, wenn Mama sie nach Hause schickte und sie bat, ein andermal wiederzukommen.
Einmal platzte der Häuptling von Pinij morgens um halb sechs ins Schlafzimmer meiner Eltern, die noch im Bett lagen. Er setzte sich auf den Bettvorleger und sagte, er müsse dringend mit ihnen reden. Sie baten ihn, in der Küche zu warten, sie würden gleich kommen. Aber er blieb sitzen und beharrte darauf, dass es hier und jetzt sein müsse. Es sei sehr wichtig. Es bedurfte einiger Überredungskunst, bis er in Richtung Küche verschwand und meinen Eltern die Chance gab aufzustehen.

Erika: „Vor kurzem habe ich mit einem Nähkurs begonnen. Ich lade jeden Mittwochnachmittag zum Nähen ein.

Jeder Interessent darf kommen. Zuerst kamen 50 kleine Schuljungen, etwa zehn Mädchen und etliche Frauen mit kleinen Kindern. Ich hatte kaum jedem ein Stück Stoff, Nadel und Faden gegeben, da war es auch schon Abend. Für die nächste Stunde dachte ich mir ein Auswahlprinzip aus: nur, wer gebadet kam, sollte mitmachen dürfen. Der Gestank so vieler tagelang ungewaschener und schwitzender Menschen dicht gedrängt im Wohnzimmer war unerträglich. Zudem war es notwendig, ein Gefühl für die Wichtigkeit von Hygiene zu vermitteln.
Inzwischen besteht der Kreis aus etwa 30 kleinen Jungen und Mädchen, etwa zehn Frauen und ein paar Männern. Eigentlich sind das immer noch zu viele, aber man hat hier ja Zeit genug und keine Eile etwas zu lernen. ‚Stress' ist hier noch ein Fremdwort. Wir nähen zunächst kleine Säckchen für Geld, Tabak oder Krimskrams, dann Kinderhosen und Kittel. Man kann nur staunen, wie schnell, geschickt und gut die kleinen Dötze und auch ältere Männer das Nähen lernen. Unser Hausjunge näht an einem Nachmittag eine Hose mit Doppelnähten.
Für diejenigen, die schon gut nähen können und Kleider nähen wollen, habe ich in der Menge natürlich keine Zeit. Die kommen dann am Donnerstagabend in unser Haus. Es sind zur Zeit nur drei. Da kann ich in Ruhe zuschneiden und, während sie nähen, meine Kinder zu Bett bringen. Dieses abendliche Nähen genießen die drei sehr. Sie sitzen in der warmen Küche vor dem Holzofen bei hellem Licht und warmer Milch.
Manche Leute sagen: ‚Warum sollen die Leute Zeug nähen, sie werden dann in Abhängigkeit von Euch geraten.' Das ist sicherlich so, aber die Abhängigkeit ist einfach durch unser

Erscheinen, unser Leben, unser Vorbild schon da. Sie sagen: ‚Das wollen wir auch haben.' Wir selbst propagieren kein Textil. Ihre eigene Kleidung ist wesentlich hygienischer. Aber sie wollen sie unter allen Umständen haben. Getaufte Yali tragen nach Möglichkeit wenigstens sonntags Kleidung. Sie wollen sich ‚schick' machen. Sie sehen nicht, dass sie in ihrer traditionellen Kleidung viel schicker sind.
Hier auf der Station können sich die Leute ohne weiteres etwas Geld verdienen, von dem sie sich Kleidung kaufen können. Die Leute weiter weg haben diese Möglichkeit noch nicht. Ihnen geben wir auch mal umsonst Kleidung. Ob das richtig ist, ich weiß nicht, aber: wer hat, der soll geben."

Die Sache mit der Kleidung war nicht einfach. Hatte man das Recht, sie ihnen vorzuenthalten, wenn sie Textilien so gerne haben wollten? Lange wurde das Thema unter den Missionskollegen besprochen, und schließlich sagten sie sich, dass die Yali selber entscheiden sollten, was sie wollten. Die Missionare eröffneten ihnen eine neue Welt, und sie durften sie den Menschen nicht nur selektiv zur Verfügung stellen, nicht nach eigenem Gutdünken. Kleidung wurde also eingeflogen und konnte im Laden gekauft werden.
Die erste Euphorie nach Kleidung ließ bald nach, als die Yali feststellten, dass diese textile Kleidung sie krank machte. Nachts in den Hütten hielt sie sie zwar warm, doch tagsüber bei der Gartenarbeit regnete es viel, und die Yali wurden ständig nass. Die Kleidung trocknete nicht so schnell wie ihre nackte Haut, und sie bekamen schwere Erkältungen. Da zudem Seife ein seltener Luxusartikel war, wurden die Kleider, einmal an- und nicht wieder ausgezogen, also auch nicht gewaschen. Die guten Stücke wurden unsauber und verursachten Hautgeschwüre. Bei dieser Behandlung blieben sie natürlich auch nicht lange heil. Die Yali sahen ein, dass ihre traditionelle Kleidung besser für sie geeignet war. Bei

der täglichen Arbeit kleideten sie sich wieder traditionell, die „schöne Kleidung" trugen sie bei besonderen Anlässen wie dem sonntäglichen Gottesdienst. Textilien blieben etwas besonderes für sie, denn sie mussten sie sich erarbeiten, mussten für sie bezahlen.
Die Missionare lebten in dem ständigen Konflikt, den Yali einerseits zu helfen, den Anschluß an die moderne Welt zu finden, sie zu bilden und auf das Leben außerhalb ihres Talkessels vorzubereiten, andererseits aber zu versuchen, soviel wie möglich von ihrer einzigartigen Kultur zu bewahren und den Yali ein Gefühl des Stolzes auf ihre Kultur zu vermitteln. Ein Balanceakt, der nicht immer einfach war!

Erika: „Uns macht der Umgang mit diesen ‚Menschen aus der Steinzeit' sehr viel Freude. Sie sind so viel unkomplizierter, einfacher, aufgeschlossener, radikaler und ehrlicher als wir ‚zivilisierten' Zeitgenossen. Man weiß, woran man ist. Jeder sagt einem die Meinung, positiv wie negativ. Besonders zu den Kindern ist jedermann freundlich, was sie auch spüren, denn sie sind selbst zu den äußerlich wildesten Gestalten zutraulich, manchmal sogar ziemlich frech, worüber dann jedermann lacht. Unsere Kinder wachsen hier wahrlich in einer herrlichen Freiheit, Sorglosigkeit und Sicherheit auf: kein Auto bedroht sie, kein Verlaufen, kein Entführen. Sind sie allein auf Entdeckungsreisen, so kann ich gewiss sein, dass bestimmt immer jemand in ihrer Nähe ist, der aufpasst oder sie zurückbringt.
Am Sonntag war Taufe in einem Dorf bei Angguruk, und unsere Susanne (3½) wollte unbedingt mit. Da sie die steilen Berge noch nicht bewältigen kann, wurde sie von einem unserer Hausjungen getragen. Lange bevor alle wieder zurückkamen, stand Susanne wieder vor der Tür mit einem Yali-Jungen, der mir völlig unbekannt und der sicher von

Katja und ich in den Dörfern unterwegs

einem weit entfernten Dorf war. Er sagte mir, Susanne habe ihn bei der Hand genommen, als ihr das Taufen zu langweilig wurde, und gesagt: ‚Angguruk lul' – laß uns nach Angguruk gehen. Er nahm sie dann auch prompt hucke-pack und lieferte sie hier ab. Solch Hilfsbereitschaft bei Kinderlaunen!"

Erika: „Letzten Sonntag hatten wir auch in Angguruk Taufe (vor anderthalb Jahren war die letzte). Bisher wurde in einem Staubecken am Flugplatz getauft, diesmal führte aber der zu stauende Bach nur drei Tropfen Wasser. Also zogen wir zum großen Fluss Yaholi, zu dem man eine halbe Stunde steil bergab gehen muss. Dort war zwischen großen Steinen ein schönes Becken gestaut worden. Klaus installierte eine Lautsprecheranlage, um das Tosen des Flusses zu übertönen. Es war ein ergreifendes Erlebnis."

In diesem für die Taufe abgetrennten Becken, wurden die Täuflinge untergetaucht und etwa 1000 Yali saßen ringsum am Ufer auf Steinen und am Berghang und hörten und sahen zu. Alle Täuflinge sprachen vor ihrer Taufe ein freies Bekenntnis. Die Bekenntnisse waren spontane Aussagen der Täuflinge, die mit Worten das ausdrückten, was sie empfanden und was die Taufe für sie bedeutete. Die Taufbekenntnisse nahmen oft Bezug auf das Leben vorher:

„Früher waren unsere Gedanken hinterlistig und böse, wir haben andere getötet und gekocht, Jesus ist für uns gestorben und hat unsere Schuld weggewischt. Er will mich ganz sauber machen durch die Taufe."

„Wir haben früher sehr viel Böses getan. Unsere Herzen waren schmutzig wie das Wasser hier im Taufbecken. Nun aber hat Jesus uns gewaschen. Deswegen will ich jetzt mit ihm leben."

„Früher hatten wir sehr viel Angst. Wir fürchteten uns vor dem, was die Leute uns nachsagten und Böses uns anhängten (was zum Ausstoß aus der Gesellschaft oder gar zum Tod führen konnte), wir hatten Angst, dass ein böser Geist in uns hineinkommen könnte, der uns krank macht oder verrückt. Jetzt aber wissen wir, dass Gott die Geister besiegt hat. Jetzt ist nur noch der heilige Geist in uns."

„Früher hatten wir Angst vor den Geistern der Toten. Wir schickten sie zu unseren Feinden oder weit weg in die Wälder. Heute weiß ich, wenn ich sterbe, nimmt Gott meinen Geist zu sich."

Oder sie bezogen sich auf die Bibel:

„Jesus ist für mich gestorben. Ich will zu ihm gehören. Deswegen sollt ihr mich heute taufen."

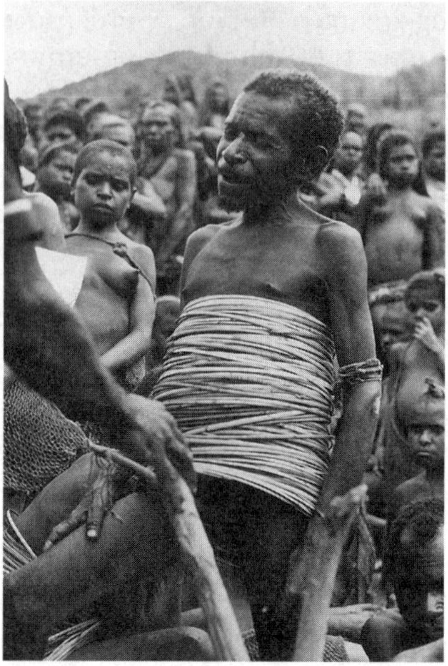

Täufling beim Taufbekenntnis.

„Die *Allah wene* ist für mich die schönste Perle. Ich will sie immer bei mir tragen."

„Gott ruft mich zur Taufe, darum will ich heute getauft werden."

Oder sie waren einfach gute Vorsätze für ihr zukünftiges Leben:

„Ich will fortan gut für meine Familie sorgen. Wenn mein Kind krank ist, bringe ich es ins Krankenhaus. Wenn meine Frau alt ist und nicht mehr schön, werde ich mir keine junge dazunehmen."

„Ich will mich nicht mehr mit meinem Mann zanken. Ich will nicht mehr so ein loses Mundwerk führen."

Abschied von Zöllners

Klaus: „Am 18. Juni 1973 bestiegen Zöllners das Flugzeug, um - so schnell jedenfalls - nicht mehr nach Angguruk zurückzukommen. Schon Tage vorher schlachteten die Yali ihrem scheidenden ‚ikni' (Vater) und ihrer scheidenden ‚isinga'(Mutter) viele Schweine. Schon lange vorher rauften sie sich die Haare, wenn der Abschied erwähnt wurde. Als in den letzten Tagen Zöllners bei uns wohnten, nachdem ihr Haushalt aufgelöst war, gingen einige Yali auch des Nachts nicht von des ‚großen Vaters' Seite, das heißt sie schliefen in unserer warmen Küche. Nur wer dies alles miterlebt hat, nur wer ihren Klagegesang gehört und das Weinen im Ohr hat, weiß, was Zöllners ihnen waren, was sie ihnen bedeuten. Da blieb kein Auge trocken.
Auch für uns war der Abschied sehr schmerzlich, einmal, weil wir gute Freunde ziehen lassen mussten, zum anderen, weil uns die Frage bewegte, ob wir als die Nachfolger den Yali das sein und werden konnten, was Zöllners ihnen waren.
Ich glaube, dass die Arbeit hier in Angguruk mit dem Abschied von Zöllners einen gewissen Abschluß erreicht hat. Kaum ein Dorf in Angguruk hat noch nicht die Fetische verbrannt. In jedem Dorf wird die *Allah wene* verkündet und gehört. Yali-Evangelisten sind ausgebildet worden, die den Leuten in den Dörfern das Wort Gottes verkünden. Welche Aufgabe bleibt uns da noch? Ich denke, wir müssen das Erreichte noch festigen durch Schule und Unterricht. Glaube und Wissen müssen noch vertieft werden, um auch für Krisen und Rückschläge gewappnet zu sein. Dazu kommt

die immer dringlicher werdende ökonomische Entwicklung dieses Gebietes. Unsere Yali haben ein Recht darauf, dass sich dem Wandel ihrer alten religiösen Lebensordnung eine Verbesserung ihrer ökonomischen Lage anschließt. Diese Sorge ist zur Zeit unsere dringlichste. Viele der Yali fragen heute nach Arbeit, denn sie wissen genau, dass sie nur mit Arbeit zu Geld und Gütern kommen können. Zur Zeit kaufen wir Netze auf und versuchen, sie an der Küste wieder zu verkaufen. Andere kommen zu uns und wollen Bretter sägen. Wir kaufen den Sägern die Bretter ab und geben ihnen dadurch eine gute Arbeits- und Verdienstmöglichkeit.
Ohne die missionarische Arbeit wäre es zu dieser ökonomischen Frage hier nie gekommen. Nun müssen wir uns dieser Frage stellen. Unser Engagement für eine bessere Zukunft der Yali muss jetzt erst richtig einsetzen. Oder sollen wir den Yali sagen: Jetzt habt ihr ja das Evangelium gehört, jetzt glaubt ihr an Gott, jetzt haben wir unsere Schuldigkeit getan und können gehen? Wenn wir sie jetzt, wo diese Fragen nach ökonomischer Weiterentwicklung aufbrechen, im Stich lassen, dann wäre das Verrat an der Menschlichkeit Jesu, genauso wie es Verrat an der Göttlichkeit Jesu wäre, wenn wir ihnen das Evangelium vorenthielten."

Als Siegfried Zöllner 1961 nach Angguruk kam, lernte er zunächst die Sprache während er Landebahn und Haus baute. Sobald er die Sprache gut genug beherrschte, fing er an, biblische Geschichten zu übersetzen und sie den Kindern und Jugendlichen, die oft neugierig zu ihm kamen, zu erzählen. Er hatte bald eine kleine Schar Jugendlicher um sich versammelt, die immer mehr wissen wollten und bald anfingen, an Gott zu glauben. Diese jungen Leute erzählten die Geschichten im Dorf weiter. Viele wurden neugierig, waren aber zögerlich. Sie kamen in die Gottesdienste und

hörten sich an, was der weiße Mann zu sagen hatte. Es sollte aber noch acht Jahre dauern, bis sie so weit waren, die ersten Fetische zu verbrennen. Inzwischen waren die jugendlichen Anhänger Zöllners erwachsene Männer geworden und hatten in ihren Dörfern etwas zu sagen. Sie leisteten die Art von Überzeugungsarbeit, die Zöllner aufgrund der zu geringen Kenntnisse der Religion der Yali nicht leisten konnte. Sie wussten, wie sie mit den Leuten reden mussten.
Die Yali dachten zunächst, sie seien die einzigen Menschen, die Fetische besitzen. Dass es noch andere Menschen hinter den Bergen gab, die ebenso lebten wie sie, wussten sie nicht. Als Zöllner Häuptling Kolubak und einige andere Männer im Oktober 1968 nach Bokondini, einer Missionsstation der UFM, mitnahm, damit sie Menschen begegnen konnten, die wie sie waren, ihre Fetische aber verbrannt hatten und trotzdem noch lebten und nicht von Krankheit und Naturkatastrophen heimgesucht worden waren, sondern im Gegenteil ein angenehmes Leben in Frieden führten, löste dies die große Wende aus. Die Angst vor dem, was passieren würde, wenn sie ihren alten Glauben endgültig über Bord würfen, hatte sie all die Jahre zurückgehalten.
Häuptling Kolubak ordnete die Verbrennung aller Fetische an, und Zöllner hatte nun wiederum alle Mühe, diese Euphorie zu bremsen, damit die Verbrennungen erst dann stattfänden, wenn alle Dorfbewohner so weit wären. Im Februar 1969 kam es dann zu den ersten Fetischverbrennungen. Zwei Jahre später fanden die ersten Taufen in Angguruk statt.
Neben seiner theologischen und linguistischen Arbeit baute Siegfried Zöllner die Grundschule auf, versuchte die Menschen dazu zu bewegen, bei Krankheit ins Krankenhaus zu gehen und bildete Evangelisten in der Bibelschule aus. Als die Yali schließlich den christlichen Glauben annahmen, nahm er die Gelegenheit wahr, alles über die alte Religion der Yali sowie über die Macht der Medizinmänner zu erfahren, die nun bereit waren, über ihre alte Religion zu sprechen. Zöllner hat vieles Wissenswerte für die Nachwelt erhalten.

Schließlich schenkte er den Yali das Neue Testament in ihrer eigenen Sprache.
Damit war „Phase eins" der Missionsarbeit beendet. Die Menschen hatten den neuen Glauben angenommen. Die nächste Phase musste Fragen der Umsetzung stellen, wie man den neuen Glauben in sein tägliches Leben integrieren, wie man den Alltag bewältigen und neu ausrichten kann. Was musste man in seinem Leben verändern, was konnte so bleiben, wie es war? Mit der Annahme des Glaubens wurde die Welt der Yali geöffnet, und zwar nicht nur zu ihren Nachbarn hin, mit denen sie Frieden schlossen, sondern auch auf ganz andere Weise. Mit dem Glauben nahmen sie auch die Schulen an, das Krankenhaus und die neuen landwirtschaftlichen Produkte, die sie nun anpflanzten. „Phase zwei" hatte begonnen. Für meinen Vater kam diese Arbeit wie gerufen. Er nahm „Phase zwei" in Angriff.

Wie stark die Christen bereits in ihrem Glauben waren, wie sehr sie ihn verteidigten, aber auch, was es noch zu tun gab, läßt sich am besten durch ein Ereignis verdeutlichen, das sich ein paar Monate vor unserem Eintreffen in Angguruk ereignete. Familie Zöllner befand sich zum Zeitpunkt dieser Ereignisse auf Heimaturlaub in Deutschland. Folgendes geschah und wurde ihnen berichtet:

Siegfried Zöllner: „Es war ein Uhr nachts, als Dr. Vriend in Angguruk durch heftiges Klopfen an der Haustür geweckt wurde. Draußen stand Lehrer Usior mit einigen jungen Männern. Er erzählte von einem Brief, den er vom Evangelisten Mofu aus Waniyok erhalten hatte. Dieser schrieb von Gerüchten, dass er, Mofu, am nächsten Tag überfallen werden sollte und bat um Hilfe. Sie setzten sich zusammen und berieten die Lage.
In den frühen Morgenstunden konnte Dr. Vriend mit zwei

MAF-Piloten Funkverbindung aufnehmen, die Waniyok und andere Außenposten überflogen, aber nichts Auffälliges entdecken konnten.
Inzwischen hatte Mofu aus Waniyok wieder einen jungen Mann (Cornelis Mohi) mit einem Brief nach Angguruk geschickt, in dem er schrieb, dass er jeden Augenblick mit einem Überfall rechnete, und um Hilfe bat. Cornelis erzählte, dass er große Umwege gemacht habe, um bewaffneten Männern aus dem Weg zu gehen, die in Richtung Waniyok unterwegs gewesen seien. Er sagte, er sei sicher, dass das Lehrerhaus in Waniyok in Kürze angegriffen werde und zwar durch Bewohner des zwischen Angguruk und Waniyok gelegenen Dorfes Tinggili und durch Leute aus Pileam, die diesen zu Hilfe kommen wollten. Am Ernst der Lage gab es nun keinen Zweifel mehr. Doch in Angguruk konnte man wenig tun, um Mofu so schnell zu helfen. Es waren mindestens drei Stunden Fußmarsch bis Waniyok!
Mofu überlegte, was zu tun sei. Einige junge Männer hatten sich in seinem Haus versammelt. Sie baten ihn: ‚Geh nicht nach Angguruk, bleib hier, wir bleiben bei Dir!' So blieb er, und die jungen Männer warteten vor seinem Haus auf die Angreifer. Gegen neun Uhr erschien eine Gruppe von 30 – 50 bewaffneten Männern. Sie rannten einen Bergrücken herab auf das Haus von Mofu zu. Kurz vor dem Haus auf einem kleinen Hügel blieben sie stehen. Mit Pfeil und Bogen drohten sie zum Haus hinüber: ‚Mofu, geh nach Angguruk, sonst werden wir dich töten und dein Haus niederbrennen! Wir wollen Gottes Botschaft nicht. Gibt uns Gott Schweine und Süßkartoffeln? Geh! Geh!'
Die jungen Männer blieben unbeeindruckt vor dem Haus stehen. ‚Wir gehen nicht, Mofu geht nicht, macht ihr, dass

Männer in Kriegsausrüstung mit Brustpanzer und Pfeil & Bogen

ihr wegkommt!', antworteten sie. Sie hatten Mut gefaßt. Ihre eigenen Dorfgenossen waren nicht unter den Angreifern. Diese hatten sich also vom Angriff distanziert. Aus sicherer Entfernung beobachteten die Leute aus Waniyok, was vor sich ging. Würden sie aber im Ernstfall Mofu und den jungen Männern zu Hilfe eilen?

Jetzt entdeckte einer der jungen Männer, die vor Mofus Haus standen, doch einen Waniyok-Mann unter den Angreifern. Er rannte auf die Angreifer zu, stürzte sich auf den Dorfgenossen, entriß ihm Pfeil und Bogen, warf diese zu Boden, schrie ihn an, ob er sich denn nicht schäme, bei dieser Sache mitzumachen. Die Angreifer waren überrascht und verstört. Sie hatten gehofft, dass die Waniyok-Leute sich ihnen anschließen würden. Mit Neutralität und gar Widerstand hatten sie nicht gerechnet. Sie zogen sich zurück.

Gegen zwölf Uhr mittags erschienen die Angreifer erneut. Inzwischen waren die Pileam-Leute zu ihnen gestoßen,

das gab ihnen neuen Mut. Den Pileam-Leuten hatten sie mehrere Schweine versprochen, falls ihr Vorhaben gelingen würde. Wieder schrien sie zu Mofus Haus hinüber, er solle gehen, und wieder drohten sie mit Pfeil und Bogen. Aber auch Mofu und seine Freunde waren zuversichtlicher geworden. Sie wussten inzwischen: Waniyok würde ihnen zu Hilfe kommen, sobald die Angreifer einen einzigen Pfeil abschössen. Sie antworteten den Angreifern: ‚Wir gehen nicht weg, wir lassen uns nicht vertreiben! Wenn ihr Mofu töten wollt, dann müsst ihr zuerst uns töten!' Nach einer guten halben Stunde gaben die Angreifer auf. Ihr Plan, Mofu zu vertreiben, war mißglückt, und ernsthaft anzugreifen, wagten sie nicht. Sie zogen sich diesmal endgültig zurück.
Nach vielen Gesprächen und Befragungen ergab sich folgendes Bild: Aus mancherlei Gründen hatte sich in einigen Dörfern eine oppositionelle Stimmung gebildet. Diese allgemeine Unzufriedenheit war guter Boden für Nachrichten, die man aus dem Balim-Tal vernahm. Dort hatten einige Dörfer ihre Evangelisten vertrieben. Die eigentlichen Drahtzieher waren nur ein oder zwei Leute. Sie hatten eine großangelegte Lügenkampagne in Gang gesetzt, so dass die am Überfall Beteiligten der Meinung waren, alle Dörfer würden mitmachen. Die Enttäuschung war nicht gering, als sich herausstellte, dass dies nicht der Fall war.
Später sagten die Leute, die sich am Überfall auf Waniyok beteiligt hatten: ‚Es war ein Sturmwind, der über uns kam. Wir alle haben uns unter ihm gebogen wie junge Bäume. Aber so schnell wie er kam, ist er auch wieder gegangen.'"[4]

Als ich im Jahre 2003 im Zuge meiner Recherchen für das

4 Zöllner, Siegfried, „Überfall auf Wanijok" in: IN DIE WELT FÜR DIE WELT, 5/1972

Buch Bapak Mofu zu der Geschichte befragte, fügte er folgendes hinzu:

Bapak Mofu: „Die Menschen von Tinggili luden benachbarte Dörfer, darunter auch Pileam, zu einem Schweinefest ein. Sie beschlossen gemeinsam Waniyok, das heißt mich, zu überfallen. Der Junge Cornelis Mohi hörte im Dorf Tinggili all dies mit an und kam daraufhin nach Waniyok, um mich zu warnen. Als er ankam, hielt ich gerade einen Gottesdienst. Ich sprach über Judas' Verrat und über den Abend, als Jesus festgenommen wurde. Als ich fertig war, stand Cornelis auf und sagte: ‚Bapak, warte! Was Du gerade erzählt hast, ist genau das, was hier morgen geschehen soll.' Und er erzählte uns von den Vorbereitungen in Tinggili.
Ich schrieb einen Brief und schickte ihn nach Angguruk. Als der Bote am nächsten Morgen noch nicht zurück war, bot sich Cornelis an, einen weiteren Brief nach Angguruk zu bringen, da wir befürchten mussten, dass der erste Bote nicht durchgekommen war. Cornelis machte sich auf den Weg.
Auf halber Strecke traf er unerwartet auf die Leute von Tinggili, die sich bereits versammelt hatten. Er hatte Angst, nicht durchgelassen zu werden und so den Brief nicht nach Angguruk bringen zu können. Es war zu spät, um sich zu verstecken, sie hatten ihn bereits gesehen. Noch einige Meter entfernt tat er so, als müßte er pinkeln. Er stellte sich abseits des Weges an einen Baum, nahm seinen Penisköcher ab, wickelte den Brief auf, steckte ihn in den Köcher, befestigte diesen wieder und ging, so gelassen er konnte, auf die Menschenmenge zu. Die Männer hielten ihn fest und fragten ihn aus: ‚Wohin willst du?'
‚Nach Angguruk.'
‚Was bringst du nach Angguruk?'

‚Ich bringe gar nichts nach Angguruk.'
‚Warum willst du nach Angguruk?'
‚Ich habe Angst, deswegen will ich nach Angguruk.' Sie untersuchten sein Netz, fanden nichts von Bedeutung und ließen ihn gehen. In Angguruk holte er den Brief heraus und gab ihn Dr. Vriend. Auch heute noch, wenn ich daran denke, wie sich meine Schüler vor mir aufbauten, wird mir ganz warm ums Herz."

„Hattest Du denn keine Angst?", fragte ich Bapak Mofu. „Was auch geschieht, es ist Gottes Wille und Gottes Werk", war seine prompte Antwort. „Ich war schon in schlimmeren Situationen, und Gott hat mir immer beigestanden."
Zu seiner Arbeit in Waniyok sagte Bapak Mofu: „Ich war ein Gärtner. Ich bereitete die Erde vor, pflügte sie um und suchte dann Stecklinge und Samen. Diese habe ich eingepflanzt, gehegt und gepflegt und sie dann in die Dörfer geschickt, damit sie dort selber zu Gärtnern werden und selber Stecklinge setzen. Die Stecklinge waren meine Schüler. Arnod Mohi war einer der ersten, Cornelis Mohi wurde auch einer von ihnen. Sie gingen anschließend zu Bapak Zöllner und Bapak Reuter in die Bibelschule. Viele von ihnen sind noch heute als Evangelisten tätig." Bapak Mofu, ein Küsten-Papua aus Biak, war einer der ersten und treuesten Mitarbeiter von Siegfried Zöllner und meinem Vater und arbeitet bis heute im Bergland.

Hauseinweihung

Erika: „Ausnahmsweise schreibe ich mal, während Klaus da ist: er sitzt in meinem Nähzimmer mit vielen, vielen Yali und zeigt ihnen Dias. Ich will aber meine Briefschulden nicht noch weiter aufsummen und sitze an Siegfried Zöllners Schreibtisch, der einen guten Platz in unserem endlich fertigen und eingerichtetem Wohnzimmer gefunden hat. Er steht am Fenster, und so bekomme ich immer mit, was draußen los ist. Kurz vor meinem Geburtstag wurde das Wohnzimmer – das letzte Zimmer – fertig, so dass wir am 30.06.73 gleichzeitig Geburtstag und Einweihung des Hauses feierten. Dazu haben wir alle Postenmitarbeiter, die holländischen Freunde und alle, die beim Bau mitgeholfen haben, eingeladen. Es waren an die 200 Leute. Da nicht alle ins Haus passten, haben wir draußen ein *Seni* gefeiert.
Obwohl uns erst niemand ein Schwein verkaufen wollte, kamen am 30. morgens plötzlich vier (!) Schweine an. Ein teurer Spaß, denn wir mussten sie alle kaufen, um keinen zu beleidigen. Da das *Seni* so hautnah bei uns war, bekamen wir die ganze Vorbereitung gut mit. Bei der feierlichen Hauseröffnung sprachen zwei junge Männer und unser Häuptling Kolubak, dass wir jetzt – mit diesem *Seni* – ganz richtig hierher gehören, dass wir nie wieder weggehen dürfen. Es war sehr rührend. Das Fleisch und Gemüse aus dem *Seni* sind wirklich lecker und bei vier Schweinen wurden alle mehr als satt."

Ein *Seni* vor unserem Haus war immer aufregend. Es bedeutete, dass direkt vor unseren Augen Schweine geschlachtet wurden.

Zu sehen, wie ein Schwein mit nur einem gut plazierten Pfeil getötet wurde, war eine spannende Sache, die Katja und ich natürlich nicht verpassen wollten. Andererseits war es so, dass die verwundeten Schweine wie am Spieß brüllten - was an sich schon beängstigend genug war - sich oft aber auch losrissen, wie irre ziellos herumliefen und dann einige Minuten später tot umfielen. Die angeschossenen Schweine machten uns natürlich Angst. Was sollten wir also tun? Das Ereignis verpassen? Uns der Gefahr stellen? Wir fanden eine bessere Lösung: wir stellten uns auf die Kloschüssel und schauten durch das Badezimmerfenster zu. Aus sicherer Entfernung und mit einer Wand zwischen uns und den Schweinen war das doch viel angenehmer! Später wurden wir mutiger und gingen nach draußen, waren aber immer sprungbereit, sollte ein angeschossenes Schwein in unsere Richtung rennen.

Im normalen Alltag der Yali werden keine Schweine gegessen. Schweine sind rar und kostbar im kargen Yalimo-Gebiet. Süßkartoffeln, Taro, Gemüse und im Wald gejagte Baumkänguruhs, Vögel und Insekten bilden die tägliche Ernährung. Oft ernähren sich die Frauen von Fröschen, Grashüpfern, Mäusen und anderem Kleintier, während die Männer das erjagte Wild verzehren. Süßkartoffeln, Gemüse und Taro werden in der Asche gebacken. Schweine werden nur zu besonderen Anlässen wie gewonnenem Krieg, Aufführung von Ritualen und Eheschließungen geschlachtet. Dann finden sich meist viele Leute ein, und das Essen wird in einer Erdkuhle gegart.

Die Zubereitung eines solchen *Seni* beginnt mit dem Erhitzen von Steinen in einem großen Feuer und dem Schlachten der Schweine, die dann zerlegt werden. Sind die Steine richtig heiß, werden sie mit „Zangen" aus dem Feuer geholt und die erste Schicht Steine wird in die ausgehobene Erdkuhle gelegt. Darüber kommen Bananenblätter, darauf die erste Schicht Süßkartoffeln, Gemüse und Schweinestücke, dann wieder Blättern zum Abdecken. Dann die nächste Schicht

Ich schaue zu, wie ein Schwein zerlegt wird

heiße Steine, dann Blätter, eine weitere Schicht Essbares, Blätter, Steine und so weiter. Zuoberst wieder Steine. Dieser so entstandene Hügel gart etwa zwei Stunden vor sich hin und wird dann geöffnet.
Es ist müßig zu erklären, wie ein solches *Seni* schmeckt. Man muss es einfach probiert haben! Die Aufteilung des Essens erfolgt nach bestimmten Regeln. Es gibt Rangordnungen, die einzuhalten sind und die bestimmen, wer welche Stücke bekommt. Diese „Hackordnung" kann kein Außenstehender verstehen, ganz offensichtlich allerdings erhalten Frauen und Kinder die schlechtesten Stücke und werden als letzte bedient. Das Füllen des *Seni* ist Gemeinschaftssache, das Verteilen des Essens ist Männersache.

Erika: „Ja, in Deutschland dachte ich noch: was für ein Luxus, zwei Gästezimmer mit Bad! Aber jetzt bin ich dankbar, denn sie sind ständig in Gebrauch. Bentzens waren neulich mit ihrer jüngsten Tochter, Gabi, vierzehn Tage hier, das war eine schöne Zeit. Margret und ich haben genäht. Margret hat für mich auch schon ein paar Umstandskleider genäht, und ich habe ein Kittelchen für das Baby gestrickt. In fünf Tagen wollen wir mit Bentzens nach Papua Neuguinea (kurz PNG, die Osthälfte der Insel Neuguinea) fliegen, eine Woche in Wau verbringen, wo ihre Kinder Heidi und Martin zur Schule gehen und dann mit allen Kindern drei Wochen ans Meer fahren. Wir überlegen allerdings noch, ob wir es nicht absagen, da es mir immer noch so schlecht geht, und ich fast jede Mahlzeit wieder ausspucken muss. Andererseits würde ich mich freuen, aus meinen Bergen mal rauszukommen. In PNG kann man gut einkaufen und vor allem Eis essen – mein größtes Verlangen seit ich schwanger bin."

Die Schwangerschaft bereitete meiner Mutter große Probleme. Es ging ihr nicht gut. Fast hätte sie den Urlaub abgesagt, doch kaum war sie aus Angguruk heraus, konnte sie sich entspannen, und es ging ihr viel besser. Sie verschlang Unmengen an Eis. Endlich konnte sie essen und zunehmen. Sie wog inzwischen – im vierten Schwangerschaftsmonat - nur noch 47 kg.

Erika: „Die vier Wochen in PNG haben uns sehr gut getan. Unser Rückflug klappte dann aber hinten und vorne nicht. Wir mussten zweimal mehr an verschiedenen Orten übernachten als geplant. Wir sind nun froh, nach den Wochen an der heißen Küste wieder im kühlen Angguruk zu sein. Leider haben sich die Kinder aus dem Urlaub Windpocken mitgebracht. Susanne obendrein noch Malaria. Klaus hat sich hier sofort eine ganz üble Erkältung zugezogen und ich selbst hatte Anfang der Woche meinen ersten Malaria-Anfall, so dass Schwester Trijntje sogar einen amerikanischen Arzt von einer anderen Station herbat (Vriends sind in Urlaub). Ich war zwei Tage mehr tot als lebendig. Ich bekam sofort Malaria-Medizin, und seitdem geht es mir zusehends besser. Ja, so etwas holt man sich alles an der Küste, wo es nur so von Moskitos wimmelt. Es rächt sich, wenn wir unser schützendes Angguruk verlassen."

Erika: „Klaus war wieder für eine Woche in Kosarek, um die Arbeiten am Flugplatz zu beaufsichtigen. Er ist sehr zufrieden wieder zurückgekommen, allerdings mit dickem Knie. Diese Woche hat er die Bibelschüler hier. Danach muss er schon bald an die Küste, um meine Mutter abzuholen. Danach läßt er uns gleich wieder für eine Woche allein, um an der großen jährlichen Evangelisten- und Lehrer-Konferenz (diesmal in Apahapsili) teilzunehmen."

Oma besuchte uns zweimal in Angguruk, jedesmal zur Geburt eines Enkelkinds, obwohl sie bereits über siebzig war. Die Reise war damals noch wesentlich beschwerlicher und dauerte viel länger als heute. Dass sich eine Frau in ihrem Alter noch auf eine Reise ans andere Ende der Welt begab, war schon beachtlich und stieß zu Hause auf viel Erstaunen, vor allem, da sie nie zuvor aus Deutschland herausgekommen war. Und doch fühlte sie sich gleich zu Hause in Angguruk, als hätte sie nie woanders gelebt und blieb jedesmal für einige Monate bei uns. Es war sehr schön, sie bei uns zu haben. Wir Kinder haben es sehr genossen. Und sie auch.
Mama erzählt gerne davon, wie Oma mit der alten „isinga" (Mutter) vorm Haus saß. Oma strickend im Stuhl, die alte Frau ein Netz fertigend neben ihr auf dem Boden sitzend. Jede, wie es ihr am besten behagte. Sie unterhielten sich, die eine auf Deutsch, die andere auf Yalisch. Sie verstanden sich gut – mehr als Worte sagen können. Die alte Frau, von der Mama

Häuptling Kolubak

nie den Namen erfuhr und die Mama immer mit „nisinga“ (meine Mutter) anredete, kam fast jeden Tag zu unserem Haus. Sie erzählte allen, dass Mama sie gerettet habe. Als Mama sie nämlich das erste Mal vor unserem Haus sah, war sie erschrocken und entsetzt. Die Frau war fast verhungert. Es war eine Frage von Tagen, bis sie gestorben wäre. Sie war alt und konnte nicht mehr für sich selbst sorgen, und ihre Verwandten gaben ihr nicht genug zu essen. Bei uns bekam sie nun jeden Tag ein Mittagessen, und so lebte sie noch viele Jahre.

Oma konnte alle für sich einnehmen. Sie redete mit allen munter auf Deutsch. Und es war nicht schlimm, dass sie keine Antwort auf Deutsch bekam. Kaum war sie in Angguruk, hatte sie auch schon ein Strickkränzchen gegründet. Die Frauen von unserer Station kamen nachmittags zu uns, um von Oma Stricken und Häkeln zu lernen. Es gibt kaum einen Yali, der sich nicht an „Oma“ erinnert.

Der Funkverkehr

Erika: „Seit gestern haben wir eine Neuerung im Haus: das Funkradio für den Flugverkehr. Es bringt schon viel Unruhe und Gebundenheit mit sich: morgens schon vor 6:00 Uhr müssen wir es anschalten, auch mittags und nachmittags ist das Ding an, und man muss eigentlich immer in Hörweite bleiben. Ich bin noch sehr aufgeregt, wenn ich per Funk kommunizieren muss. Man versteht alles so schlecht, und dann fallen einem plötzlich keine englischen Vokabeln ein. Na, wir werden uns daran gewöhnen. Es hat natürlich auch Vorteile: man erfährt alles von den anderen Stationen und ist gut unterrichtet. Wenn man hört, dass Freunde ‚online' sind, kann man eine Runde quatschen."

Der Funk war für mich etwas Gemütliches und gehörte zu meinem zu Hause in Angguruk dazu. Auch heute noch höre ich gerne zu, wenn ich auf Urlaub in Angguruk bin. Es hat etwas Vertrautes. Wie oft bin ich früh morgens aufgestanden, habe meinen von Oma gehäkelten Poncho übergezogen und mich ins Wohnzimmer gesetzt, um meinem Vater zuzuhören, während er den ersten Kontakt zu den Piloten aufnahm und ihnen den Wetterbericht durchgab. „The weather is fine", „slightly windy", „cloudy", „totally closed in" und „high overcast" gehörten zu den ersten englischen Worten, die ich gelernt habe.
Mit der Zeit nahm man den Funk nicht mehr bewußt wahr. Das Ohr war auf das kleine Wörtchen „Angguruk" programmiert, dass uns plötzlich hellwach werden ließ, wenn wir gerufen wurden. Die seltsam klingenden, verzerrten und schlecht verständlichen Stimmen über Funk bereiteten uns bald keine Probleme mehr.

Der Funk war hauptsächlich für den Flugverkehr und für Notfälle gedacht. Ansonsten hatte jede Missionsgesellschaft eine bestimmte Zeit und einen bestimmten Kanal, wo sie miteinander reden und sich austauschen konnten. Wollte man mit jemanden von einer anderen Missionsgesellschaft sprechen, dann schaltete man sich am besten zu deren „Sendezeit" ein. Einmal in der Woche verlas die MAF ihren Flugplan. Zu diesem festgelegten Zeitpunkt saßen an allen Stationen Menschen mit Stift und Papier am Funk, während der Sprecher der MAF in Sentani für die kommende Woche die Flugrouten der einzelnen Flugzeuge durchgab.

Später, als ich bereits in der Schule war und Englisch sprach, habe ich in den Ferien gerne am Funk gesessen und mit angehört, was sich die Amerikaner erzählten. Ob ein Arzt wegen eines Leidens konsultiert wurde oder ob mit einer Freundin Probleme der Kindererziehung besprochen oder Kochrezepte ausgetauscht wurden, man wusste nie, wer mithörte.

Einmal konnten alle Stationen, die zugeschaltet waren, das „Mayday" unseres Piloten Bob hören. Er war auf dem Weg nach Apahapsili in Wamena gestartet, und direkt, nachdem er die hohen Berge des Balim-Passes überflogen hatte, fiel plötzlich der Motor aus. Alle Zuhörer hielten die Luft an, schickten Stoßgebete zum Himmel und hörten mit an, wie Bob sich von seiner Frau verabschiedete. Ein ganz privater Moment, und doch hörten so viele zu. Bob schaffte es bis nach Apahapsili zu segeln und sicher dort zu landen. Nach einer schieren Unendlichkeit des Bangens, Hoffens und Betens konnten alle wieder aufatmen. „Es war ein Wunder", sagte Helmut Bentz, der an der Landebahn von Apahapsili stand und sah, wie das Flugzeug es gerade noch bis dorthin schaffte.

Erika: „Es ist morgens 5:30 Uhr, noch ganz hübsch kalt (15°C), und ich sitze am Funk, um für den Piloten ‚stand-

by' zu sein. Leider haben sie in Sentani Regen und Sturm, er kann also noch nicht losfliegen - und bei uns wird das Wetter auch nicht gerade besser. Wie ich es hasse, den Wetterbericht bei solchem Wetter anzusagen! Es verändert sich so schnell, und sagst du gerade noch, dass alles klar und ‚visible' ist, so kommt in der nächsten Minute eine Wolkenwand um die Ecke geweht und verdeckt die ganze schöne Sicht. Dann noch ein bisschen Nebel und wir sind ‚completely closed in'. Man hat ja schließlich die Verantwortung. Bei schönem Wetter, okay, aber bei so wechselndem Wetter mit Grundtendenz schlecht, habe ich immer Herzklopfen.
Die Leute, die gleich mit dem Flugzeug fliegen wollen, bringen gerade ihr Gepäck zum Wiegen. Ob sie heute wegkommen? Inzwischen ist es 7:00 Uhr, denn ich habe dies nur mit Unterbrechungen schreiben können, bin x-mal zum Funk gerannt, habe alle möglichen Leute draußen versorgt, Frühstück gemacht – und das Flugzeug ist immer noch in Sentani."

Angst um Helmut Bentz

Erika: „Nächste Woche erwarten wir Familie Bentz zu Besuch. Helmut hat gerade eine schlimme Krankheit hinter sich: Malaria plus fiebrige Infektion plus Leberinfekt. Das war lebensgefährlich. Er muss sich nun sehr schonen und hat nach der Konferenz Erholung nötig. Margret wahrlich auch – sie musste eine Woche lang 70 Konferenz-Gäste versorgen."

Klaus: „Helmut Bentz musste wegen Leberleiden plötzlich nach Deutschland zurück. Er war schon über eine Woche mit seiner Familie bei uns in Angguruk, zunächst zu Besuch, dann aber als Patient und als solcher unter der Aufsicht von Dr. Vriend. Das Krankheitsbild wechselte ständig: mal Verdacht auf Malaria, dann auf Hepatitis, Amöben, Typhus, etc., bis die Ärzte keinen anderen Weg mehr sahen als schnellste Abreise nach Deutschland. Innerhalb von 24 Stunden waren alle Papiere fertig, alle Tickets gekauft und die Heimreise angetreten. Auch die beiden Kinder, die in PNG zur Schule gehen, konnten sozusagen in letzter Sekunde eingeflogen werden. Wenn es hier hart auf hart kommt, helfen alle mit, so dass man notfalls in kürzester Zeit schon in Deutschland ist. Es ist beruhigend, das hier draußen zu wissen. Uns und die Yali traf diese plötzliche Abreise sehr hart, mussten wir doch innerhalb eines Jahres zum zweiten Mal liebe Mitarbeiter und unersetzliche Freunde ziehen lassen.
Margret Bentz und Erika flogen einen Tag vor der Abreise nach Apahapsili, um schnell alle Koffer zu packen. Am

folgenden Tag kamen dann Helmut und ich nach. Nur eine Stunde Zeit hatte Familie Bentz, um sich von allen Yali-Freunden zu verabschieden, dann holte der ‚Air Commander' sie ab. Zum zweiten Mal wurden wir Zeugen von ergreifenden, erschütternden Szenen voll Wehmut, Tränen und Abschiedsschmerz. Das war der schwerste Schlag, der uns in der Arbeit hier verpasst werden konnte."

Klaus: „Pastor Schekatz (VEM-Referent für Irian Jaya) war in der letzten Woche hier. Da haben wir VEM-Mitarbeiter mit Vertretern der GKI-Kirchenleitung überlegt, was zu tun sei. Zunächst soll ich neben Angguruk und Kosarek auch noch die Stationen von Bentz, Apahapsili und Pagai, leiten, d.h. eine ungeheure Arbeitslast mit übernehmen. Ob ich da noch zu theologischer Arbeit komme, ist sehr ungewiß. Nur gut, dass ich zu meinen einheimischen Mitarbeitern ein prima Verhältnis habe, sonst ginge es schief.
Im übrigen hat man bei der GKI erkannt, dass meine Stärke in Organisation, Strategie und Koordination liegt, daher soll ich wohl demnächst die gesamte Organisation für alle unsere Stationen im Bergland übernehmen, eine Aufgabe, die Bentz und ich gerne zusammen geleistet hätten. All das kann man aber von Angguruk aus, auch aufgrund der unberechenbaren Wetterverhältnisse, schlecht erledigen. Bis wir aber genau wissen, was mit Bentz geschehen wird und ob er wiederkommen wird, werden wir auf jeden Fall in Angguruk bleiben."

Erika: „Klaus ist wieder eine Woche weg: vier Tage in Jayapura, um Vorräte für unsere Läden in Yalimo zu kaufen, und drei weitere, um in Apahapsili die zweiten Taufen abzuhalten."

Katja und ich schauen zu, wie Papa einen Mann verarztet

Klaus: „Es war Bentz' Wunsch, dass die Arbeit in Apahapsili ungehindert trotz seiner Abreise weitergehen sollte. Deswegen tauften wir wie geplant am 16.12.73 in Yarema, einem Außendorf von Apahapsili 63 Leute. Weitere Taufen werden in Apahapsili am 13.01. und 20.01. stattfinden.
Zwischen diesen beiden Taufsonntagen findet die jährliche Yali-Konferenz in Apahapsili statt. Diese Konferenz ist so etwas wie ein Kirchentag. Hunderte von Yali werden aus allen Dörfern von Angguruk, Apahapsili, Panggema, Poronggoli, Yohosem und auch von Kosarek nach Apahapsili laufen, um gemeinsam die *Allah wene* zu hören, gemeinsam zu singen, zu

beten, zu tanzen, um voneinander zu hören und zu lernen, ja auch um zu erleben, was Gemeinschaft ist. Denn wir müssen uns vorstellen, dass hier Dörfer und Stämme zusammenkommen, die tödlich verfeindet waren. Tagelang werden die Leute durch früheres Feindesland laufen, ohne dass ihnen ein Leid geschieht. Da wird das Erlebnis dieser Gemeinschaft ein Ereignis besonderer Art sein, eine Erfahrung des Friedens. Auf der Konferenz sollen aber auch Probleme der Arbeit diskutiert werden. Hier sollen Weichen gestellt werden für die gesamte Arbeit und Entwicklung in Yalimo. Einige Fragen und Probleme, die zur Debatte stehen: Dürfen Männer, die zwei und mehr Frauen haben, *Penatua* (Gemeindeälteste) werden? Soll jedes Männerhaus nur noch einen *Penatua* wählen, und sollen diese lebenslang *Penatua* bleiben? Auch Fragen der ‚Gemeindezucht' werden gestellt. Was ist mit einem Getauften zu tun, der Ehebruch begangen hat? Dies alles sind sehr wichtige Fragen, die auf demokratische Weise zu einer Antwort drängen, zu einer Entscheidung, die für alle verbindlich sein soll. Auch die Erschließung eines neuen Gebiets (Gilika) steht auf der Tagesordnung. Die Yali selber sollen ihre missionarische Aufgabe sehen lernen, die sie den unbekannten Nachbarn in jenen Tälern gegenüber haben. Denn ohne die Hilfe der Yali können und werden wir diese neue Arbeit nicht beginnen."

Weihnachten 1973

Klaus: „Einige traurige Ereignisse hatten vor Weihnachten unsere Gemeinde in Angguruk erschüttert. Zwei unserer jungen Lehrer hatten Geschlechtsverkehr mit Schulmädchen und anderen Frauen. Daraufhin hielt Häuptling Kolubak eine scharfe Rede im Gottesdienst. Er sagte etwa: ‚Seht Euch doch diese Lehrer an! Sie kennen schon lange die *Allah wene*, aber sie leben nicht danach. (Ist das nicht unser aller Problem?) Auf, nehmt Euch getrost eine oder mehrere Frauen hinzu! Auch die *Allah wene* nehmt nicht so wichtig!' Viele Yali protestierten gegen Kolubaks Rede. Einige gaben ihm aber auch Beifall.

Inzwischen hat Kolubak eingesehen, dass er schlecht geredet hat. ‚Ich war so zornig über das, was diese Lehrer getan haben, dass diese Rede so aus mir herausbrach', sagte er. Aber Kolubaks Rede ist getan, und sie wird uns noch eine Weile zu schaffen machen. Ja, wir haben große Sorgen mit den Küstenmitarbeitern. Dennoch dürfen wir den Mut nicht sinken lassen. Es wird noch eine Weile dauern, bis die ersten Yali Lehrer und Pastoren geworden sind und man mehr und mehr auf den Einsatz von Küsten-Papua verzichten kann. Gerechterweise muss ich aber auch sagen, dass wir eine Reihe guter Evangelisten und Lehrer haben, mit denen zusammenzuarbeiten eine Freude ist.

Nun, wegen dieser Ereignisse war das fröhliche Tanzen, das schon Anfang Dezember begonnen hatte, wieder vorbei. Überall war schlechte Stimmung. Es wurden auch nur wenige Schweine geschlachtet im Vergleich zu Weihnachten 1972.

Dennoch waren Gottesdienst, Bibel- und *Penatua*-Stunde durchgehend gut besucht. Für den zweiten Weihnachtstag hatten wir alle umliegenden Dörfer nach Angguruk zu einem Abendmahlsgottesdienst eingeladen. Erst konnten wir kaum glauben, was da geschah. Singend und tanzend kam Dorf für Dorf nach Angguruk gezogen. Eine Gemeinde von 4000 – 5000 Yali versammelte sich auf dem Flugfeld. Und auf einmal war sie da, die Weihnachtsfreude.
Das nächste große Ereignis war am 27.12. Wir hatten die Leute von Kosarek zum Tanzen nach Angguruk eingeladen. Es ist Brauch, dass die Gastgeber für die Tanzenden Schweine schlachten. Da ich aber nicht wusste, ob die Leute von Angguruk den Kosarek Leuten angesichts der vorhergehenden schwierigen Situation Schweine schlachten würden, kaufte

Unser erstes Weihnachten. Wir schauen beim Tanz zu. Rechts im Bild ist mein Bruder Tasman.

ich dem Landwirt einen kleinen Bullen ab, den wir (Posten Angguruk) den Kosarek-Leuten schlachten wollten.
Und dann kamen sie tanzend nach Angguruk. 300 – 400 Männer aus fast allen Dörfern von Kosarek. Sie tanzten ihre typischen schlangenförmigen Tanzfiguren, die mit ihrem Pfeifen, Trommeln und Heulen (ganz eigenartige Heultöne) eine wunderbare harmonische Einheit bilden. Dann geschah, was wir so erhofft hatten. Einige Dörfer von Angguruk luden die Kosarek-Leute zum Tanzen ein. Sie schlachteten ihnen zum Zeichen der Freundschaft Schweine. Und dann tanzten sie zusammen, mal nach Kosarek-, mal nach Angguruk-Art. Es war ein beglückendes Ereignis für uns. Vergessen war, dass diese Menschen uns noch vor einem Jahr erschießen wollten.
Auch hier erlebten wir Weihnachten ganz konkret: die Geburt des Friedens. Freilich, bis die Kosarek Leute diese Begegnung so interpretieren können, vergeht noch einige Zeit. Den Bullen, den wir den Kosarek Leuten noch schlachteten, nahmen sie gekocht mit nach Kosarek. Sie sagten: ‚Den wollen wir mit allen Dörfern zusammen zu Hause essen, damit wir alle Feindschaft untereinander beenden.' Ein Friedensmahl, an dem alle teilhaben sollten! Nun hoffen wir, dass die beiden Dörfer Ultam und Wasaltek, die noch im Kriegszustand leben, diese Gelegenheit ergriffen haben, um miteinander Frieden zu schließen."

Familienzuwachs

Klaus: „Der Öl-Boykott der Araber trifft uns hier hart. Indonesien hat zwar genügend eigenes Erdöl, aber kaum eigene Raffinerien. So wird das Erdöl nach Japan geliefert und dort verarbeitet. Danach kann Indonesien sein eigenes Öl – jetzt in Form von Benzin - wieder zurückkaufen, natürlich um ein vielfaches teurer. Nun, da Japan zur Zeit auch weniger Öl von den Arabern bekommt, haben die Japaner die Benzin-Zufuhr bzw. -Rückfuhr nach Indonesien gedrosselt. Infolgedessen hat die MAF so wenig Flugbenzin, dass nur noch die dringlichsten emergency-Flüge geflogen werden. Das bedeutet für uns, dass schon seit vier Wochen keine Lebensmittel und sonstiger Cargo eingeflogen worden ist. Aber für solche Fälle sind wir gewappnet. Denn wenn man so wie wir von den Flügen abhängig ist, ist es geradezu Pflicht eines jeden, einen genügend großen Vorrat anzulegen, um solche Situationen überbrücken zu können."

Erika: „Mitte Januar (vor drei Wochen) kam das letzte Flugzeug und brachte uns wieder Gäste, ein befreundetes Ehepaar aus Deutschland. Als die Geburt des Babys nahte, schlugen wir ihnen vor, zu unserem Außenposten Wali zu gehen, dort könnten sie ein Lehrerhaus allein bewohnen. Sie wollten am 05.02. losmarschieren. Am 05.02. sollte auch das vorläufig letzte Flugzeug nach Angguruk kommen. Und am 05.02. wurde in aller Frühe unsere Hanneke im Krankenhaus von Angguruk geboren. Als sie bei mir auf dem Bauch lag und abgenabelt wurde, landete das Flugzeug. Es flog aber nocheinmal weg, um eine Patientin zu holen und um etwa 9:00 Uhr wiederzukommen. Klaus ging mit dem Bündelchen nach Hause, wo er von Oma, Susanne und Katja sehnlichst erwartet wurde. Hanneke kam mit Wärmflasche ins Bettchen, und Klaus und Mutter machten sich an die Arbeit, um schnell die Anzeigen auszufüllen. Umschläge hatte ich vorher schon beschrieben und frankiert, so dass sie es tatsächlich schafften alle Anzeigen auszufüllen, bis das Flugzeug mit einer Missionarsfamilie aus Pass Valley wiederkam. Während Dr. Vriend die neuangekommene Patientin untersuchte, wartete der Pilot. Er sollte die Familie gleich wieder mitnehmen. In der Zeit als die Frau untersucht wurde, wurde ich von Klaus und dem Patientenehemann mit der Bahre nach Hause getragen. Klaus knipste in aller Eile einen Film voll, und ein Telegramm wurde auch noch verfasst. Das Flugzeug flog los, unsere Gäste packten ihre Sachen und marschierten nach Wali, und dann war Ruhe, das heißt, eigentlich nicht, denn wir hatten den ganzen Tag Besuch. Ich war sowieso viel zu aufgekratzt zum Schlafen."

Ich weiß noch, wie Katja und ich links und rechts neben Oma auf dem Sofa saßen, als sie uns das Baby zeigte, das Papa gerade nach Hause gebracht hatte. Sie reichte uns die Hanneke mal nach links und mal nach rechts, denn wir wollten unsere Schwester auch halten. Ganz vorsichtig nahmen wir sie in den Arm und bewunderten sie. Später ging ich in den Garten und pflückte für Mama ihre Lieblingsblumen, Cosmea, suchte eine Vase und stellte den Strauß neben ihr Bett auf die Kiste, die als Nachttisch diente. Jeden Tag, solange sie im Bett lag, bekam sie frische Blumen von mir.
In dieser Zeit regnete es ständig, und unsere Wäsche – insbesondere Hannekes Windeln – wurde einfach nicht trocken. So zog Papa schließlich mehrere Wäscheleinen quer durch die Küche, um die Wäsche über dem warmen Ofen zu

trocknen. Oma kümmerte sich um Haus und Hof, während Mama obendrein noch krank im Wochenbett lag.

Klaus: „Die Flugsituation ist wegen des Benzinmangels nach wie vor katastrophal. Deswegen hatte Hannelore Roth einige Jungen zu Fuß nach Apahapsili geschickt, um die Post für Panggema und Angguruk zu holen. Nach sechs Tagen kam sie heute hier an. Die schönste Nachricht war, dass es Helmut Bentz wieder gut geht und dass Bentzens zurückkommen und vielleicht schon in zwei Wochen hier sein werden."

Klaus: „Ich versuche es gerade mit Kaninchenzucht. Ich habe zur Zeit fünf Weibchen und zwei Springer (Böcke). Alle fünf Weibchen haben im Januar geworfen - insgesamt 24 Häschen. 22 davon habe ich schon an die Yali weitergegeben, weil ich

Der vier Meter hohe Hügel beim Bau der Landebahn in Kosarek muß abgetragen werden.

denke, dass dies eine gute Fleischzufuhr für die Yali ist. Für Kaninchen gibt es hier viel zu fressen."

Die Kaninchenzucht scheiterte letztlich daran, dass die Kaninchen von wilden Hunden gerissen wurden. Selbst in den Ställen waren sie vor ihnen nicht sicher. Mein Vater versuchte es danach mit Rassehühnern und das war ein großer Erfolg. Die Hühner setzten sich durch. Sie waren nicht nur eine Fleischzufuhr als Ergänzung zum Schwein, sie lieferten auch Eier, eine wichtige Nahrungsergänzung für die Yali. Die Hühner schlafen nachts in den Bäumen und sind damit vor den Hunden sicher. Heute findet man überall in den Dörfern freilaufende Hühner. Wir hatten ein großes Gehege hinten im Garten, wo die Hennen in Ruhe ihre Eier ausbrüten konnten und wo sie mit ihren Küken Schutz fanden. Ich habe immer gerne meinem Vater beim Füttern der Hühner geholfen.

Klaus: „Vor zwei Wochen haben wir wieder mit der Bibelschule begonnen. Etwa 26 Jungen aus Angguruk, Panggema und Poronggoli sind aufgenommen worden. Eigentlich wollten wir nur 15 haben, aber der Andrang war so groß. Alleine sieben Jungen haben wir, die sowohl die Angguruk- als auch die Kosarek-Sprache sprechen. Das wird eine Hilfe sein für die Arbeit in Kosarek und dem neuen Gebiet.
Der Unterrichtsplan sieht wie folgt aus: Jeden Morgen von 8:00 bis 9:30 Uhr gebe ich Indonesisch, da es wichtig ist, dass die Yali ihre offizielle Landessprache lernen. Ich bin gerade dabei, eine Grammatik für Yali zu schreiben, die Indonesisch lernen wollen. Diese wird sofort mit den Bibelschülern erprobt und verbessert. Sie wächst im Grunde mit dem jetzigen Unterricht heran. Danach gibt von Montags bis Mittwochs Mofu biblischen Unterricht (Markus Evangelium) und Donnerstags und Freitags Nauw (Bücher Mose). Arnod,

Samuel und ich geben dann noch jeden Tag Schreib- und Leseunterricht. Den wird aber später Erika übernehmen. Jedenfalls macht es uns und den Jungen viel Spaß! Und bei all diesen Helfern und Lehrkräften habe ich dann doch noch genug Zeit für die übrige Arbeit, auch wenn ich jetzt öfter mal eine Nachtschicht einlegen musste.
Ich muß sagen, dass wir hier viel Freude erleben. Wir haben ein sehr gutes Verhältnis zu den Yali. Von ihnen kann man lernen, Mensch zu sein. Das Verhältnis zu den Yali ist uns immer der Maßstab. Solange das Verhältnis gut ist, meinen wir richtig zu liegen. Wir haben auch ein gutes, ja freundschaftliches Verhältnis zu den Küstenmitarbeitern, zu den Evangelisten Nauw und Mofu und zu Pastor Sawen."

Erika: „Diesmal melden wir uns aus dem heißen Jayapura. Seit September schon hockte ich stetig in Angguruk, seit November schon hatte ich ziemlich starke Zahnschmerzen, konnte aber nicht zum Zahnarzt, weil wir zunächst am laufenden Band Besuch hatten, danach auf das Baby warteten und dann dieses erst etwas kräftiger werden musste. Nun sind wir aber mit Mann und Maus, sprich mit Oma und Baby, rausgeflogen. Alle anderen zum Vergnügen, ich um mich quälen zu lassen. Aber trotz wahnsinniger Hitze und Millionen Moskitos genieße ich unseren Aufenthalt hier.
Wir haben großes Glück. Zuerst wohnten wir zwei Tage in Sentani im Gästehaus der MAF, wo wir Familie Bentz trafen. Die Wiedersehensfreude war groß! Nachdem sie die beiden ältesten Kinder ins Flugzeug zur Schule nach PNG gesetzt hatten, flogen sie nach Apahapsili weiter. Wir wohnen nun in Jayapura, wo das holländische Ehepaar Vish - von deren Tochter wir uns den Namen ‚Hanneke' stibitzt haben – ein sehr schönes, gemütliches Haus hat. Vish sind

Baden am Tuluk mit Katja, Enny und vielen anderen.

zu einer Tagung weg und überließen uns ihr Haus und auch ihre beiden Hausmädchen, so dass ich weder putzen, noch waschen, noch spülen, noch kochen muss, ja, ich setze mich sogar zu jeder Mahlzeit an den gedeckten Tisch! Ferien über alles!"

Erika: „Bentzens hatten wieder viel Aufregung. Helmut hörte am Radio, dass in PNG ein Flugzeug der dortigen Missionsgesellschaft auf dem Weg von Lae nach Wau abgestürzt sei. Das ist genau die Strecke, die die Bentz Kinder an genau diesem Tag mit eben diesem Flugzeug fliegen sollten. Große Not: waren die Kinder in der Maschine? Es dauerte fünf Tage, bis sie erfuhren, dass sich ‚nur' der Pilot und eine Frau mit ihrem Kind an Bord befunden hatten. Alle drei waren tot. Schrecklich! Martin und Heidi Bentz hatten, da sie mehrmals umsteigen mussten, dieses Flugzeug knapp verpasst."

Grippe Epidemie

Erika: „Auf dem Rückflug von Jayapura nach Angguruk haben wir hier in Apahapsili Halt gemacht, um Familie Bentz zu besuchen, die schon eine Woche wieder hier ist. Wir wollten nur übers Wochenende bleiben, da rief Dr. Vriend uns über Funk. In Angguruk sei die Flu, die Grippe, ausgebrochen, und wir sollten lieber in Apahapsili bleiben. So ist nur Klaus zurückgeflogen. Oma, die Kinder und ich bleiben noch eine Woche hier."

Klaus: „Die Grippe-Epidemie, die wir gewöhnlich als Hongkong-Grippe bezeichnen, hat uns hart getroffen. Etwa 20 Menschen sind im Bereich Angguruk schon gestorben. Die Grippe kam von Wamena herüber und hat sich über ganz Yalimo ausgebreitet. Gott sei Dank schwächt sie sich hier schon ab. Früher sind bei solchen Epidemien Hunderte von Yali gestorben. Dr. Vriend konnte noch nicht einmal helfen, da er selber im Bett lag.
Heute habe ich über Markus 8, 31-35 gepredigt. Ich sagte den Yali: Wenn wir Jesus nachfolgen, dürfen wir nicht denken, dass wir vor Not und Krankheit geschützt seien. Jesus selber musste Leid, Schmerz und Tod erfahren. Und in seiner Nachfolge bleibt uns das auch nicht erspart. Wer jetzt von Euch sagt, was nützt mir die *Allah wene*, wenn ich doch krank werden oder sterben muss, der hat die Botschaft noch nicht begriffen. Jesus nachfolgen heißt ‚sein Kreuz auf sich nehmen', und diese Krankheit ist jetzt unser Kreuz, das wir tragen sollen, das wir auch gemeinsam tragen wollen. Anschließend haben

wir Abendmahl gefeiert. Ich hoffe, dass sie alle gestärkt, getröstet und ermutigt nach Hause gegangen sind. Es steht in SEINEN Händen."

Klaus: „Der Grippe-Epidemie sind im Bereich Angguruk, Panggema, Poronggoli, Kosarek und Apahapsili inzwischen mehr als 100 Menschen zum Opfer gefallen. Diese Krankheit gab es hier früher nicht. Sie ist aus der ‚zivilisierten' Welt eingeschleppt worden. Noch sind die Yali nicht genügend resistent gegen den Virus. In dieser Situation ist deutlich geworden, dass das Krankenhaus in Angguruk nicht genügend Arznei zur Verfügung hatte, um so helfen zu können, wie wir es uns gewünscht hätten. Zum anderen ist das völlige Fehlen eigener Yali-Krankenpfleger in den weit entlegenen Dörfern erschreckend zu Tage getreten. Schwester Trijntje war zwar pausenlos im Einsatz, auch in den Außendörfern. Aber was ist eine noch so gute Krankenschwester, gemessen an so vielen weitentlegenen Dörfern? Jetzt, nach mehr als zwei Monaten, scheint die Epidemie überwunden zu sein.
Natürlich war das eine große Prüfung für die junge Yaligemeinde. In Angguruk gab es einige Leute, angeführt von Häuptling Kolubak, die die sofortige Taufe aller noch Ungetauften forderte, offenbar in der irrigen Annahme, die Taufe könne vor Krankheit und Tod schützen. Dieses fetischistische Taufverständnis – leicht zu verstehen im Rahmen der traditionellen Interpretationsweise von Leben, Krankheit und Tod – ruft uns zu verschärfter Wachsamkeit auf. Die Theologie des Kreuzes ist für die Yali schwer zu verstehen, besonders wenn das Kreuz für sie konkret wird.
Anderenorts sagten einige Yali: ‚Weil wir unsere Fetische verbrannt haben, deswegen kam diese Krankheit'. Wieder

Schwester Trijntje mit Krankenpfleger Paulus in der Poliklinik, Angguruk

andere: ‚Weil wir noch nicht – oder noch nicht alle – Fetische verbrannt haben, deswegen sind viele von uns gestorben'. All diese Stimmen bringen zum Ausdruck, dass noch sehr viele Yali mitten im Prozess des Umdenkens sind, sich und die Umwelt neu zu verstehen."

„First Landing" in Kosarek

Erika: „Wir haben besonderen Grund zu danken, denn am 30. April (1974) war die erste Landung in Kosarek. In der vorangegangenen Woche war Klaus in Apahapsili zu einer Besprechung, wo ihn die Nachricht erreichte, dass wieder Krieg in Kosarek herrschte. Leute aus Ultam hatten zwei Leute aus Wasaltek getötet. Das war für Klaus ein Zeichen, hinzulaufen, um zu sehen, ob er vielleicht schlichten helfen kann. Am Samstag, 27.04. liefen Helmut Bentz und Klaus von Angguruk los. Für Klaus war es der fünfte lange und beschwerliche Marsch nach Kosarek. Helmut ging mit um gegen Frambösie[5] zu spritzen und um den Flugplatz abzunehmen – er hatte schon einmal eine Landebahn gebaut - und die erste Landung zu beantragen."

Klaus: „Am 19. April lauerten Männer aus Ultam Leuten aus Wasaltek auf, als diese im Wald Nüsse suchten. Zwei der Wasaltek Leute wurden getötet, drei andere konnten fliehen. Die Leute aus Ultam sind zu Weihnachten nicht nach Angguruk gekommen. Sie haben auch das Fleisch von dem ‚Weihnachtsrind', das die anderen mit nach Hause trugen, nicht angenommen. Offenbar haben sie damals schon beschlossen, zwei Wasaltek Leute zu töten, um eine alte Rechnung zu begleichen. Wir hatten gehofft, diese Rechnung könne auf friedlichen Wege durch Bezahlung von Schweinen geregelt werden, doch die Ultam-Leute wollten lieber auf

5 Frambösie ist ein Tropengeschwür, eine Art Aussatz, ähnlich Lepra, kann aber mit Penicillin geheilt werden.

ihre Weise mit Blut und Menschenleben verrechnen. Der Regierungsbeamte von Angguruk wollte diesen Fall mit Hilfe der Polizei regeln, was ohne weiteres Blutvergießen wohl kaum möglich gewesen wäre, aber dies konnten wir bisher verhindern. Wir hoffen auf Kühlung der Gemüter, zumal die Zahl der Toten auf jeder Seite jetzt ausgeglichen zu sein scheint.

Am 27. April liefen Helmut Bentz und ich nach Kosarek. An diesem Tag schossen Ultam-Leute eine Frau aus Noromas bei der Feldarbeit an. Wir konnten diese Frau mit Penicillin spritzen, so dass sie jetzt wieder wohlauf ist. Wir haben keine Erklärung dafür, warum diese Frau beschossen wurde. Leider konnten wir bisher nicht mit den Ultam-Leuten reden. Sie haben sich völlig in ihr Dorf zurückgezogen.

Bei dieser Gelegenheit prüften wir die Landebahn und erbaten von der MAF die ‚first landing'. Ich war schon über ein halbes Jahr nicht mehr dort gewesen und wusste nicht genau, wie weit die Arbeit am Strip fortgeschritten war. Helmut wollte aber auf keinen Fall wieder zurücklaufen. Doch uns sank das Herz in die Hose, als wir den Strip maßen: nur 330 Meter lang, und 400 sollten es sein zur ersten Landung. Ohne Hoffnung gaben wir die Daten an den Chefpiloten durch, und wider Erwarten sagte er uns für den nächsten Tag eine erste Landung zu. Meine Freude kann sich nur der recht vorstellen, der schon fünfmal nach Kosarek gelaufen ist.

Am 30. April landete Mike Papa Lima, die Cessna 180, um etwa 9:00 Uhr in Kosarek. Aus allen Dörfern (außer Ultam) kamen die Yali herbei und freuten sich mit uns über diese gut gelungene erste Landung. Sie schossen ein grosses Schwein, das der Häuptling von Wahe stiftete, um diesen historischen Tag zu feiern. Wir durften uns ins Flugzeug setzen und einige

‚take-offs' und ‚landings' mitmachen. Der Pilot lobte den Flugplatz und sagte uns trotz der Kürze weitere Landungen zu. Darüber freuten wir uns natürlich sehr, und mit verstärkten Kräften arbeiten die Kosarek-Leute weiter an dem Strip. Leider verunglückte der Pilot einige Tage später bei der Landung in Homejo. Ein anderer Pilot überschlug sich bei der Landung auf einem neuen Strip, weil eine Bodenwelle nicht ausgeglichen war. Ein weiteres Flugzeug wurde generalüberholt, sodass drei Cessnas mit einem Mal ausfielen. Menschen kamen glücklicherweise nicht zu Schaden, doch aufgrund dieses Engpasses stoppte die MAF alle weiteren Flüge nach Kosarek. Ich habe dafür vollstes Verständnis. Die MAF kann kein Risiko mehr eingehen und dadurch die Versorgung aller anderen Stationen gefährden. Wir aber arbeiten weiter an der Landebahn. Allerdings müssen wir dabei einen vier Meter hohen Hügel abtragen. In etwa zwei Monaten werden wir die gewünschte Länge erreicht haben. Dann können die Flugzeuge mit voller Last landen und starten."

Die „first landing", die erste Probelandung, ist immer eine spannende und riskante Sache. Die kleinste Unebenheit konnte schon den Propeller kosten. Aber auch größere Gefahren lauern auf die Piloten. In den 50er und 60er Jahren wurden in der Regel die Landebahnen zuerst vom Boden aus kontrolliert – und zwar von den Piloten selber. Später wurde das nicht mehr so oft gemacht. Man vertraute den erfahrenen Missionaren und dem eigenen Urteil aus der Luft. Auch die Landebahn in Angguruk wurde damals vom Piloten selber „abgenommen". Als Vriend und Zöllner mit der Landebahn fertig waren, marschierte Vriend den ganzen Weg zurück nach Wamena, um den Piloten alle Daten zu übermitteln und um eine „first landing" zu bitten. Beide Piloten waren

sich einig, dass sie im Fall von Angguruk einen „ground check", eine Bodeninspektion, machen sollten. Also musste unter den Piloten die leidige Frage geklärt werden: wer geht? In Fall Angguruk zog Chefpilot Dave Steiger den Kürzeren, da sein Kollege Bob Johanson ein Problem mit dem Bein hatte. Vriend brachte Steiger nach Angguruk, und Steiger berichtete später, dass dieser Marsch – und er hatte wahrlich viele hinter sich - für ihn der anstrengendste und längste war. Unterwegs nach Angguruk musste Vriend in einem Dorf eine Blinddarm-Operation vornehmen und bat Steiger, ihm zu assistieren. Dieser sagte, er mache ja sehr viele verrückte Dinge, aber das wäre dann doch des Guten zuviel. Vriend fand andere Helfer und die Operation verlief gut. Steiger befand den Strip in Angguruk für gut und Johanson konnte problemlos landen. Den Rekord für den längsten Trek überhaupt in der Geschichte der MAF im Bergland von Irian Jaya hält allerdings Pilot Ed Ulrich, der von Homejo bis nach Ilaga trekken musste, um dort eine Landebahn abzunehmen. Der Trek dauerte 13 Tage! Je mehr Pisten es wurden, desto kürzer wurden dann die Entfernungen zueinander.
Nicht immer verliefen Erstlandungen reibungslos. Nachdem zum Beispiel ein erfahrener Missionar den Strip in Homejo für gut befunden hatte, setzte Ed Ulrich zur Landung an. Kurz bevor das Flugzeug zum Stillstand kam, gerieten die Räder in eine weiche Stelle und steckten fest. Das Flugzeug, das so plötzlich angehalten wurde, hob sein Hinterteil und klippte in aller Seelenruhe um. Es kam niemand zu Schaden, außer dem Flugzeug, das erst einmal abgeschrieben wurde. Der Pilot musste zurücklaufen. Kurze Zeit später entstand eine Notsituation, die die MAF zwang, noch einmal in Homejo zu landen. Die Kapauku an den Wisselseen (etwa zwei- bis drei Tagesmärsche entfernt) hatten die dortige Missionsstation überfallen. Nun hieß es, sie seien unterwegs nach Homejo, um auch diese Station zu überfallen. Missionar Cutts, der es noch nicht geschafft hatte, die weichen Stellen in der Landebahn zu beseitigen, hatte sie zumindest schon mit

weißen Fähnchen markiert. Pilot Steiger kam mit einem kleineren, leichteren Flugzeug (Pathfinder), da er nicht riskieren wollte noch eine Cessna zu verlieren. Der Boden war noch nicht ausgebessert und die umgekippte Cessna lag noch am oberen Ende der Landebahn. Als er im Landeanflug die vielen Fähnchen sah - so berichtet Mrs. Steiger in ihrem Buch *Wings over Shangri La* - war ihm klar, dass er nicht alle meiden konnte. Aber die Landung klappte diesmal trotzdem. Als die Missionare sahen, dass sie im Ernstfall evakuiert werden konnten, beschlossen sie erst einmal zu bleiben. Die Station wurde nie überfallen.
Ein andermal prüfte Pilot Pablo den Strip in Seinma und sagte seinem Kollegen Steiger, er könne landen. Die Landebahn lag so, dass das obere Ende direkt am Abgrund lag, dahinter stieg ein Berg an. Steiger setzte zur Landung an, als ihn in letzter Sekunde ein Windstoß anhob. Er konnte nicht mehr abdrehen, setzte auf den letzten 100 Metern der Landebahn auf und kam nicht schnell genug zum Stehen. Der Abgrund kam immer näher. In letzter Sekunde riß er das Flugzeug herum und machte eine 180° Drehung. Pablo, der hilflos zusehen musste, wie sein Kollege auf den Abgrund zuraste, musste sich erst einmal setzen, doch Steiger sagte trocken: „That's O.K., Pablo. Any landing you walk away from is a good one.“[6] Kein Grund zur Aufregung, es war ja nichts passiert. Die Landebahn in Seinma wurde, nachdem dies noch einmal passierte, kurze Zeit später geschlossen.
Als Steiger die Landebahn in Mulia abnahm, machte sein Kollege Boggs die erste Landung. Nachdem er gelandet war und sich die Landebahn genauer anschaute, ging er entsetzt zu seinem Kollegen und beschwerte sich, dass dieser ihn nicht gewarnt hatte, dass die Landebahn so kurz war, kaum 200 Meter. Da antwortete Steiger lediglich: „No way was I walking out.“ Er wollte auf keinen Fall den fünftägigen Trek

---

6 Übersetzung: Das ist in Ordnung, Pablo. Jede Landung, bei der man davonkommt, ist eine gute Landung.

zurück nach Karubaga machen.[7] Später bekam die MAF Helikopter und vereinfachte damit erheblich die Bodeninspektion.
Das waren schon „verrückte“ Typen, diese Piloten. Besonders die Piloten der ersten Stunde. Von ihnen war nur noch Pablo da, als wir kamen. Jemand sagte einmal über MAF-Piloten in Papua: „Sie sind entweder verrückt oder sie sind Helden“. Ich meine: sie sind beides. Wenn sie nicht so verrückt wären, würden sie es nicht in Papua aushalten. Die zerklüfteten Berge, das unberechenbare Wetter, die riskanten Landebahnen und die Menschen verlangen ihnen viel ab. Sie riskieren täglich ihr Leben, um anderen zu helfen. Und sie laufen zur Topform auf, wenn es darum geht, Menschen aus Notsituationen zu retten. Weil sie so waren und noch immer so sind, sind sie Helden. Sie waren die großen Helden meiner Kindheit, und sie sind es noch heute. Ohne ihren Einsatz wäre Missionsarbeit nicht möglich. Und sie leisten ihren Beitrag mit einer Leidenschaft und Freude, die ich sonst nirgendwo erlebt habe. Als mich Pilot Kevin Lynne 2007 nach Angguruk flog, schaute er zu mir herüber, grinste über beide Backen und sagte mit Inbrunst: „I have the best job in the world, I wouldn't want to do anything else“[8]. Er freue sich jeden Tag wieder auf das Fliegen und darauf, Gott zu dienen und den Menschen Gutes zu tun, sagte Kevin.

---

7 Steiger, E. Janet, Wings over Shangri La (1995)

8 Übersetzung: Ich habe den besten Job der Welt. Ich würde nichts anderes machen wollen.

Das Drama von Nipsan

Klaus: „Ich muss Euch leider von schrecklichen Ereignissen in Nipsan berichten. Missionar K. gründete vor einigen Jahren die Station Nipsan, die etwa acht Stunden Fußmarsch östlich von Kosarek liegt. Missionar K. arbeitet für eine holländische Missionsgesellschaft, die ebenfalls in Yalimo tätig ist und deren Mutterstation Pass Valley nahe dem Pass ins Balim-Tal gelegen ist. In Nipsan hat K. nur sehr schlecht Kontakt zu den Einwohnern gefunden. Es kam öfters zu bedrohlichen Situationen, in denen Missionar K. Polizei und Emergency-Flüge anforderte. Seit einem Jahr ist Familie K. auf Heimaturlaub, und ein Evangelist aus Biak (Küsten-Papua) leitet den Posten. Junge Männer aus Pass Valley, der Mutterstation, halfen ihm dabei. Wir wissen nicht, was sich in den Herzen der Nipsan Leute an Aggressionen angestaut hat, jedoch müssen sie unbändig zornig gewesen sein, um das zu tun, wovon ich nun der Reihe nach erzählen will.
Am 14. Mai rief mich mittags Kosarek über Funk: ein Pass Valley-Junge[9] sei auf der Flucht von Nipsan in Kosarek angekommen. Er sei angeschossen. Die Nipsan-Leute hätten alle Jungen aus Pass Valley getötet. Er habe gerade noch fliehen können. Sofort fragten die Missionare der Mutterstation Pass Valley eine Polizeipatroille für Nipsan an. Ein Flugzeug der MAF startete noch am gleichen Tag. Es konnte jedoch nicht landen, da die Nipsan-Leute den Flugplatz mit großen Steinen und Baumstämmen verbarrikadiert hatten.

9 Mein Vater spricht gerne von „Jungen“, gemeint sind aber, auch im weiteren Verlauf, junge Männer.

Das Flugzeug kreiste ganz niedrig über der Station und meldete: ‚Der ganze Posten ist völlig zerstört, alle Gebäude – Kirche, Wohnhäuser, Ställe – sind niedergebrannt. Leute in Brustpanzern laufen mit Pfeil und Bogen herum und beschießen das Flugzeug'. Wie sollte die Polizeipatroille dorthin gelangen? Wir konnten nicht verwehren, dass für diese Aktion unser Strip in Kosarek gebraucht wurde. Am 15. Mai wurden zwölf Militärs nach Kosarek abgesetzt, von wo aus sie nach Nipsan aufbrachen.

Unsere große Sorge galt den Kosarek-Leuten. Welche Rolle hatten sie bei dem Überfall gespielt? Waren sie beteiligt? Hatten sie auch von den getöteten Pass Valley-Jungen gegessen und sich damit nach altem Brauch mit den Nipsan-Leuten verbrüdert? Wie würden sie sich unseren Angguruk-Jungen gegenüber verhalten, die noch immer letzte Arbeiten am Strip ausführten? Neun unserer Jungen wurden vom Militär als Träger erbeten und auch einige Kosarek-Leute begleiteten den Trupp. Würden sie heile zurückkommen? Mich brannte es, so schnell wie möglich nach Kosarek zu kommen zu unseren Leuten, aber die MAF weigerte sich, mich einzufliegen, weil sie die Situation für zu gefährlich hielt. Sie hatten kein Verständnis dafür, dass ich dort sein musste, wo unsere Leute in Not waren.

Am 16. Mittags kamen die Soldaten in Nipsan an. Zwar stellten sich die Nipsan-Leute zum Kampf, aber gegen Schnellfeuerwaffen und Handgranaten hatten sie keine Chance. Nach wenigen Stunden war das Flugfeld geräumt, und das Flugzeug konnte landen. Als Erster war Helmut Bentz mit Chefpilot Clen dort, denn sie hatten der Polizei die Versorgung mit Lebensmitteln zugesagt. Helmut berichtete, was er dort an Grausamen fand. Den Kopf des

Evangelisten aus Biak hatten die Leute in die Mitte des Flugplatzes gelegt, ein weiterer Kopf und verschiedene Körperteile waren in der Gegend verstreut und auf den Zaun gespießt. Alles war verwüstet und verbrannt, Kühe, Schafe, Kaninchen und Menschen aufgegessen. Alles, was einst von Pass Valley stammte, war restlos vernichtet. Von dem angeschossenen Mann, der weiter von Kosarek nach Angguruk lief, bekamen wir den ersten Tatsachenbericht. Am Samstag, den 11. Mai hatten Nipsan-Leute einige Pass Valley-Jungen zum Essen eingeladen. Aber anstatt dass sie etwas zu essen bekamen, wurden sie gegessen. Nachdem die Nipsan-Leute auf diese Weise schon viele Pass Valley-Leute aus dem Weg geräumt hatten, kreisten sie die Station ein, töteten die dort Verbliebenen und steckten alles in Brand. Zwar hat der Evangelist noch versucht, die Leute mit dem Gewehr in Schach zu halten, was wohl aber die Lage noch verschlechtert hat. (Welch eine Ironie! Ein Evangelist, ein Bote des Evangeliums des Friedens, mit dem Gewehr in der Hand!) Unser Zeuge hat versucht, mit Frau und Kind zu fliehen, aber man erschoß Frau und Kind an seiner Seite. Er allein konnte entkommen. Eine andere Frau konnte das Massaker mit vier Pfeilen verwundet dadurch überleben, dass sie in ein Erdloch kroch und sich mit Dreck und Erde zudeckte. Fünf Tage und Nächte verbrachte sie dort ohne Essen und Trinken und kam erst hervor, als das Flugzeug gelandet war. Am gleichen Tag flogen die verletzte Frau, unsere Angguruk-Jungen und die Kosarek-Leute wieder aus Nipsan heraus. Nur zwei mussten auf Anordnung des Militärs dort bleiben, um als Dolmetscher zu dienen.
Inzwischen tauchten am 19. und 20. jeweils ein Pass Valley-Junge in Kosarek auf, so dass sich die Zahl der Getöteten auf

13 verringert hat. Die Motive zu diesem gut vorbereitetem Angriff sind noch nicht ganz klar, aber es scheint, dass die ‚Entführung' einer Nipsan-Frau der Auslöser war. Auch wissen wir inzwischen, dass Pass Valley-Jungen im Januar einen Nipsan-Mann erstochen haben. Und unsere Kosarek-Leute sagen mir, dass die Pass Valley-Jungen auch Schweine gestohlen hätten, Gartenland weggenommen und die Nipsan-Leute geschlagen hätten. Sie scheinen sich als ‚Herrenmenschen' aufgeführt zu haben. Das alles hat wohl das Maß des Hasses so voll werden lassen, dass die Nipsan-Leute rasend wurden. Wer kann es ihnen verübeln?!
Dieses erschütternde Ereignis löste nun auch in Angguruk große Unruhe aus. Die Häuptlinge und *Penatuas* versammelten und berieten sich. Sie waren in Sorge um die Söhne in Kosarek und forderten, dass sie sofort zurückkämen. Häuptling Kolubak in Angguruk und Evangelist Barnabas in Kosarek sprachen am Funk miteinander. Kolubak forderte, dass alle sofort nach Hause kämen. Barnabas antwortete: ‚Ich bleibe! Unser Vater hat gesagt, dass das unser ‚Missionsgebiet' ist. Ich bin gekommen, um den Leuten hier die *Allah wene* zu bringen. Ich bleibe hier.' Kolubak entgegnete: ‚Dann muss aber wenigstens Polizeischutz nach Kosarek.' Darauf Barnabas: ‚Ist unser Vater Zöllner mit Polizei zu uns gekommen? Nein, nur mit dem Evangelium. Ich habe keine Angst. Ich bleibe.' Zwei weitere Evangelisten entschieden sich ebenfalls zu bleiben. Man muss sich vorstellen, gegen den ausdrücklichen Willen ihrer Väter wollten unsere jungen ‚Missionare' im jetzt wieder gefährlichem Gebiet bleiben. Wir waren gerührt und froh über ihren Glauben und Mut. Doch die Angguruk-Leute waren nicht beruhigt. Stundenlang haben wir in der Kirche diskutiert. Zwar waren hinterher die

meisten für Bleiben, aber Kolubak mit wenigen Anderen war dagegen. Deshalb brach ich am 21. mit Freiwilligen nach Kosarek auf, um die Situation an Ort und Stelle zu prüfen und mit den Leuten zu reden.
Ich fand die Lage in Kosarek völlig normal und beschloss, bis zu unserer Abreise nach Jakarta, zu bleiben. Es war keiner dort, der nach Hause wollte. Doch die Regierung wollte es anders. Der Kommandant in Nipsan befahl: ‚Alle sofort von Kosarek nach Angguruk zurück!' Auch unsere Kirche GKI wollte, dass ich so schnell wie möglich zurückginge. Da fühlte ich mich ziemlich alleingelassen. Es blieb uns keine Wahl. Doch vorher riefen wir noch alle Männer von Wasaltek, Noromas, Wahe und Homboka zusammen und sagten ihnen, dass wir gehen müssten, weil die Polizei es befohlen habe.
Was dann geschah, bleibt mir unvergesslich. Mit Tränen in den Augen sagten sie: ‚Ihr dürft nicht gehen. Ihr sollt bei uns bleiben. Wir haben nichts mit den Nipsan-Leuten zu tun. Wenn Nipsan-Leute euch bedrohen, werden wir euch beschützen.' Zur Demonstration stellten sie sich mit Pfeil und Bogen auf und schlossen uns in ihrer Mitte ein. Wir waren zu Tränen gerührt über diese Freundschaftsbekundung. Das hätten alle sehen müssen, die unseren Rückzug forderten! Aber es half nichts. Es war ein Befehl.
Dann sagten sie: ‚Ja, wollt ihr denn wirklich für immer von uns gehen? Warum? Haben wir nicht Schweine von euch gegessen und ein Rind?' Das bedeutet soviel wie: ‚Haben wir nicht eure Freundschaft angenommen? Gilt das etwa nichts? Zählt das jetzt nicht mehr?' Wir machten ihnen klar, dass wir gestern nicht gekommen seien, um heute wieder zu gehen. Wir würden wiederkommen. ‚Wir wollen ja nicht

gehen. Wir müssen.' ‚Ja, dann soll aber wenigstens Barnabas bleiben!' Und Obsobe, Häuptling von Wasaltek, demonstrierte uns, wie er Barnabas mit seinem Körper decken würde, dass ihm kein Leid geschehen könne. Da wussten wir, was die Polizei und die GKI nicht wissen konnten: dass wir in Kosarek in der Freundschaft der Yali geborgen sind. Nicht Waffengewalt und Angst, nicht Macht-demonstration und Überlegenheit, sondern das Vertrauen der Yali, ihre Freundschaft, ihre Liebe, ist unser Schutz. Das weiß auch Barnabas. Deswegen entschied er sich zu bleiben. Mit ihm blieben noch zwei weitere Evangelisten und ein *Penatua* in Kosarek zurück.

Schweren Herzens traten wir den Heimweg an. Aber wir waren auch froh und gestärkt durch das, was wir in den wenigen Stunden in Kosarek erlebten. Ein Häuptling aus Noromas sagte noch: ‚Habt Ihr uns nicht von Jesus erzählt? Meint ihr, wir hätten das nicht gehört? Wir haben es verstanden!' Ja, Jesus ist schon in Kosarek, und das Werk seines Geistes kann allen Schwierigkeiten zum Trotz nicht verborgen bleiben. Als wir von der Höhe hinter Serekasi zurückblickten, sahen wir, dass die Kosarek-Leute selber am Strip weiterarbeiteten. Ob sie uns sagen wollten, dass die Arbeit in Kosarek nicht nur unsere, sondern auch ihre Sache ist?!"

Zurück in Angguruk war Häuptling Kolubak immer noch nicht zufrieden. Er war wütend, weil nicht alle zurückgekehrt waren. Am nächsten Sonntag stand er im Gottesdienst auf und schwor, solle auch nur ein Angguruk-Junge in Kosarek getötet werden, so werde er Papa umbringen.

Klaus: „Von Nipsan hörten wir inzwischen, dass das Militär fünf Leute erschossen und sehr viele verwundet hat. Sie

konnten aber keine Leute fangen. Alle sind geflohen. Das ganze Tal ist ausgestorben. Das Militär hat die verlassenen Dörfer niedergebrannt. Es wird wohl Monate dauern, bis die Menschen zögernd zurückfinden.
Wie konnte das alles geschehen? Nicht nur unter uns GKI Mitarbeitern hat K.'s Methode der Machtdemonstration, die auf aus Angst geborene Autorität baut, Unbehagen und Abscheu hervorgerufen. Diese Vorgehensweise K.'s ist sicher eine der Ursachen des Dramas. Auf der anderen Seite das Fehlverhalten der Pass Valley-Leute in Nipsan, die sich dort als die Herren und nicht als die Diener aufgespielt haben. Welche Rolle hat der Evangelist in diesem Konflikt gespielt? Uns gibt der Fall Nipsan Anlass, unsere eigene Praxis zu überprüfen und darauf zu achten, dass wir in neue Gebiete nur solche Leute entsenden, die die Botschaft von dem Herrn verstanden haben, der seinen Jüngern die Füße wusch.
Die Gefahr liegt nahe, dass die Yali, die die Botschaft kennen, sich über die erheben, die noch unwissend sind. Auch wird es gut sein, nicht zu viele ‚Gastarbeiter' von den Mutter-stationen in neue Gebiete zu senden, damit keine ‚Subkultur' entstehen kann. Leute vom Ort sollten stärker herangezogen und mit in die Verantwortung genommen werden. Sie müssen verstehen lernen, dass es ihre Sache ist, die da getrieben wird.
Ich bin so froh, dass einige Kosarek-Leute zur Yali-Konferenz in Apahapsili gekommen waren. Da mussten sie einfach sehen und spüren, dass sie mit zu der großen Yali-Familie gehören, dass sie mit von der Partie sind, Yali unter Yali[10], nicht mehr aber auch nicht weniger.'

10 Die Menschen in Kosarek sind keine Yali, sondern gehören dem Stamm der Mek an. Aus Gründen der Einfachheit und anfänglichem Unwissen werden sie hier als Yali bezeichnet.

Missionar K.'s Methoden waren meinen Eltern ein Dorn im Auge, denn er bestätigte mit seiner Art der Missionierung das Vorurteil, das die meisten Menschen beim Wort „Mission" empfinden. Das Vorgehen des Militärs haben meine Eltern ebenfalls verurteilt, doch es war ihnen damals nicht möglich, sie offen zu kritisieren, weder direkt noch in ihren Briefen, denn die Post wurde zensiert. In beiden Fällen riskierten sie Landesverweis. Das Eingreifen der Polizei, das oft nicht verhindert werden konnte, verlief selten unblutig. Meine Mutter schrieb bezüglich Nipsan: „Die Polizei räumte dort als erstes den Strip, zündete die Häuser der „Übeltäter" an und erschoß jeden, der sich zeigte. So folgte dem Blutvergießen nur noch mehr Blutvergießen."
Die Papua mussten schmerzhaft lernen, dass sie ihren Streit und ihre Probleme nicht mehr alleine und auf ihre Weise lösen konnten. Darauf waren sie nicht vorbereitet und mussten Strafen wie Folter und Gefängnis kennenlernen, die sie vorher nicht kannten. Besonders die Folter war für sie die größtmögliche Kränkung. Wer waren diese Menschen, die plötzlich auftauchten und sie bestraften? Vergeltung war etwas, das nur die Gegenpartei verübt, nicht aber Fremde.

Von Patienten und Kavalieren

Erika: „Wir hatten eine schöne Urlaubszeit mit Oma und Baby auf Java und Bali, von wo aus wir Oma ins Flugzeug nach Deutschland setzten. Aber mit großer Sehnsucht flogen wir dann zu Susanne und Katja nach Apahapsili. Und denkt nur, wie sie uns begrüßten: ‚Tante Erika und Onkel Klaus'! Vier Wochen lang wurde so von uns geredet, das hat sich bemerkbar gemacht. Sie haben eine schöne Zeit bei Familie Bentz verbracht. Nun sind wir wieder in Angguruk und das Leben läuft wieder normal. Unter normal verstehe ich auch, dass wir wieder Besuch haben, nämlich die Schwestern Hanna und Martha aus Polimo. Hanna wurde von Dr. Vriend operiert. Martha pflegt Hanna."

Ich kann mich noch erinnern, wie sich Hanna bei uns in „Omas Zimmer" von der schweren Operation erholte. Mama kochte ihr in den ersten Tagen einen Brei aus weichen Haferflocken, Wasser und Milchpulver, den wir Kinder liebten, Hanna aber nicht. Wir nannten ihn „Tante-Hanna-Brei", und so heißt der Haferflockenbrei bei uns noch heute. Mama schickte uns mit unserer Schüssel Brei ans Bett von Tante Hanna, um sie zum Essen zu ermuntern. Sie hatte keinen Appetit, und wir versuchten unser Bestes, sie zum Essen zu bewegen, waren aber nicht sehr erfolgreich. Auch ohne „Tante-Hanna-Brei" erholte sie sich schließlich, und beide Schwestern flogen wieder zurück nach Polimo.

Erika: „Tagsüber kann ich mich über Langeweile nicht beklagen. Wenn ich morgens mit allen Kindern, mit Frühstück und Betten fertig bin, muss ich in die Bibelschule zum Lese- und Schreibunterricht. Danach wieder Hanneke versorgen, Essen kochen, Mittagessen, Hanneke, Wäsche etc., Abendessen und Kinder zu Bett! Diese Woche haben wir zudem jeden Tag ein Flugzeug, meist nur mit Patienten, aber das bedeutet für mich besonderer Funkdienst."

Erika: „Susanne (fast 5) und Katja (3) sind den ganzen Tag mit Paulus, Abele und Agus draußen auf der Landebahn. Sie haben entdeckt, wie sie sich von ihren Kavalieren schieben lassen können. Mit dem Dreirad sausen sie oben vom Strip runter. Die armen Buben schieben sie den ganzen Tag wieder rauf, werden allerdings gut mit Brot und Bananen von Suse versorgt und dürfen gelegentlich auch selbst fahren."

Erika: „Der schöne Holzfußboden in unserem Haus wird überall faul und man bricht ein. Mutter machte den Anfang und krachte im Nähzimmer ein. Sie riss sich das Schienbein übel auf, die Wunde heilte trotz täglicher Umschläge und Verbände nicht und wurde zum Tropengeschwür. Sie ertrug es aber tapfer. So haben wir nun den ganzen schönen Fußboden im Haus herausgerissen. Von unten war das Holz pitschnass, und die tragenden Balken waren faul. Nun ist alles mit Steinen aufgefüllt, und sobald wir Zement bekommen, soll Zementfußboden rein. Nur im Wohnzimmer bleibt der Holzboden. Wir sind vorübergehend in die zwei Gästezimmer gezogen und fühlen uns wie auf Urlaub. Nur darf uns jetzt keiner besuchen kommen!"

Klaus: „In der nächsten Woche gehe ich wohl zum letzten Mal zu Fuß nach Kosarek, um die Landebahn endgültig fertigzustellen. In Kosarek kommt es immer wieder zu Schießereien zwischen Ultam- und Wasaltek-Leuten. Vor einer Woche erst wurde wieder ein Mann aus Ultam erschossen. Dieser Konflikt ist für unsere Arbeit sehr belastend. Wir können nur ganz behutsam vorgehen, um Friedensmöglichkeiten zu suchen. Wir dürfen uns aber nicht einmischen, denn damit würden wir unsere neutrale Haltung aufgeben und uns selber in Gefahr bringen. Das Evangelium des Friedens hat schon in Kosarek Früchte getragen und wird auch sie erreichen."

Erika: „400 Meter Landebahn sind schon fertig, 50 müssen noch fertig werden. Heute rief Klaus über Funk, 100 Leute von Kosarek seien gekommen, um mitzuhelfen. Ich rechne mit drei Wochen, bis die Landebahn fertig ist. Mit jedem ‚drop' schicke ich ihm Brot und Hühnchen, damit er bei Kräften bleibt."

Papa beim Stripbau in Kosarek

Erika: „Nachdem ich zwei Wochen alleine in Angguruk die Stellung gehalten und Klaus – hoffentlich – würdig vertreten habe, beging ich letzte Woche ‚Fahnenflucht', das heißt, ich flog mit den Kindern zu unseren Freunden nach Apahapsili. Klaus wirkt in Kosarek mit Schippe und Dreck. Er schickte mir einen Brief, in dem er schrieb, dass sie von morgens 5:30 bis abends 17:30 Uhr Erdarbeiten verrichten und er schon seine Hände kaum noch bewegen kann. Inzwischen haben sie die Landebahn auf die nötige Länge von 450 Meter gebracht. Heute oder morgen will er von Kosarek loslaufen, zwei Tage bis zu einem neuen Platz am Yaholi, wo er einen neuen Strip ausmessen will (Welarek), und dann drei weitere Tage bis Apahapsili, wo wir ihn in Empfang nehmen und verwöhnen wollen. Wir freuen uns, wenn wir ihn heil wiederhaben. Susanne und Katja zählen schon die Nächte, die sie noch schlafen müssen. Ich bin immer froh, wenn ich ihn am Funk sagen höre, dass es ihm gut geht."

Erika: „Unseren standesamtlichen Hochzeitstag feierten wir am *Kali Wol,* dem Fluss von Apahapsili. Die Jungen haben ein *Seni* gemacht mit Huhn, *sak* (Pandanusfrucht), Süßkartoffeln, Bohnen und *suburu inggila* (Blätter der Süßkartoffel). In der Zeit, als das Essen garte, haben die Kinder gebadet und wir uns auf den großen Steinen gesonnt. Hanneke saß vergnügt am Rand in ihrem Stühlchen. Als der herrliche Duft anzeigte, dass das Essen fertig war, setzten wir uns alle in die Runde ums Essen, samt Hanneke, und futterten. Du (Oma) hättest die Kinder sehen sollen: vom Haaransatz bis zu den Zehenspitzen rot von der roten Sauce der Pandanus. Tüchtig reingehauen haben wir alle, hatten danach wieder ein Bad nötig und kamen nachmittags so richtig wohlig müde wieder auf der Station an.

Klaus ist seit vier Tagen wieder bei uns. Er kam mit langem Bart, aber wohlgemut und topfit aus Kosarek an. Nun sollte er sich erstmal etwas ausruhen, aber das liegt ihm nicht. Es drängt ihn nach Angguruk, wo wieder viel Arbeit auf ihn wartet."

Erika: „Nächste Woche fliegen wir wieder nach Apahapsili zu einer VEM-Konferenz, zu der auch Pastor Schekatz und der neue Direktor der VEM kommen. Da werden hoffentlich Dinge der Zukunft besprochen, z.B. wie die VEM sich das denkt, wenn im Sommer 1975 Roths und Bentz endgültig nach Deutschland gehen, wie Klaus dann alle Posten verwalten, dazu den neuen Strip in Welarek bauen und die Eröffnung des neuen Gebietes (Gilika) vornehmen soll.
Ein Mensch kann ja nun mal nicht überall sein! Dringend brauchen wir einen Mann, der landwirtschaftlich fit ist, der Pagai leiten und die Transmigration unserer Leute in tiefer gelegene Gebiete wie Welarek vorbereiten und überwachen könnte. Letzteres ist ein dringendes Problem geworden. Zur Zeit herrscht große Hungersnot, die Yali essen nur alle zwei Tage Süßkartoffeln, dazwischen wird gehungert. Sie bestellen zwar fleißig ihre Gärten, aber der Boden ist so karg, das bebaubare Land zu wenig und der Menschen zu viel. Es müssen einfach einige umziehen in Gebiete, in denen keine Menschen wohnen, in denen es aber genug fruchtbares Land gibt, das heißt Yaholi abwärts von Welarek bis hin zu Pagai. Aber das alles kann nicht einer und dazu noch ein Laie machen."

Zurück aus dem Heimaturlaub

Im Dezember 1974 flogen wir, nach drei Jahren in Irian, das erste Mal in den Heimaturlaub. Da ich mich an diesen Besuch in Deutschland kaum erinnern kann – er spielte keine große Rolle für mich, abgesehen vom Wiedersehen mit der Familie – möchte ich hier nicht weiter darauf eingehen.

Erika: „Der Empfang durch unsere Yali bei der Rückkehr von unserem Heimaturlaub war so herzlich und freudig, wir waren sofort wieder in ihrer Mitte und von Zuneigung umgeben. Wir gehen jeden Tag mindestens einmal *Seni* essen. Auch die Küstenmitarbeiter brachten alle etwas zur Heimkehr: Gemüse, Kartoffeln, Obst, Blumen, Hühner, ich war richtig gerührt. Am Freitag habe ich dann alle zum Essen eingeladen. Ich rechnete mit 23 Personen, aber es kamen 36! Bei vier Schweinepfoten, vier Hühnern und Unmengen Reis wurden trotzdem alle satt. Es war ein sehr gemütlicher Abend in vertrauter Runde.
Alles ist unverändert hier. Susanne und Katja fanden sofort ihre alten Freunde. Ich habe sie an all diesen Tagen fast nur zu den Mahlzeiten und abends gesehen, wenn sie um 18:00 Uhr todmüde ins Bett fielen. Die beiden fühlen sich pudelwohl. Hanneke war erst ein wenig fremd den Leuten gegenüber, aber inzwischen untersucht sie schon draußen die nähere Umgebung auf eigene Faust."

Klaus: „Wir haben hier einen guten Start in den zweiten Term. Die Yali haben sich aufrichtig über unsere Rückkehr gefreut. Als Zeichen ihrer Freude und Freundschaft schlachteten sie uns 27 Schweine, dazu Hühner und Kaninchen. Nun denke ja niemand, die hätten wir alleine gegessen! Bezahlen mussten wir zwar allein, aber mitgegessen haben sie alle. Obwohl wir diese ‚Gastgeschenke' gut bezahlen müssen, ist es doch eine große Ehre, wenn einem ein Schwein geschlachtet wird."

In der Tradition der Yali folgt auf jedes Gastgeschenk ein entsprechenden Gegengeschenk, das heißt, schlachtet mir einer ein Schwein, dann muss ich dieser Person irgendwann auch ein Schwein schlachten. Die Yali wissen ganz genau, wem sie noch Schweine schulden und von wem sie noch welche zu bekommen haben. Da wir Weißen aber keine Schweine besitzen, können wir sie Ihnen nicht als Gegengeschenk „wiedergeben". Also hat es sich eingebürgert, dass die Yali in unserem Fall Geld statt Schweine im Austausch bekommen.

Erika: „Wir haben einen neuen Hausjungen: Nakai."

Ich möchte diesen einen Satz dazu nutzen, endlich auch unsere „Hausjungen" vorzustellen. Erst kam Tasman in unserem ersten Jahr zu uns ins Haus, dann kam Nakai dazu und später Tasmans kleiner Bruder Gerson. Alle drei betrachte ich als meine Brüder. Sie gingen morgens in die kleine Dorfschule und halfen Mama nachmittags im Haushalt beim Spülen, Brot backen, Putzen und Kinderverwahren. Sie wohnten in einer Yali-Hütte in der Nähe unseres Hauses und schliefen oft auch bei uns im Haus. Bis heute ist eine starke Verbundenheit da, und wir freuen uns immer, wenn wir uns sehen. Sie gehören zu unserer Familie. Tasman und Gersons Mutter begrüße ich mit *nisinga,* meine Mutter.
Tasman und Gerson studierten später an der Theologischen Hochschule in Abepura, Nakai machte eine Ausbildung zum Schreiner. Später kam noch mein Kindheitsfreund Abele dazu. Auch ihn unterstützten meine Eltern bei der Ausbildung, und auch er wurde mein *nowe,* mein großer

Bruder. Wenn ich ihn ärgern will, sage ich *not* zu ihm, kleiner Bruder. Da wir fast gleich alt sind, er aber nicht genau weiß, wann er geboren wurde, könnte er rein theoretisch jünger sein als ich. Wahrscheinlich ist er aber etwa ein Jahr älter als ich und mag es nicht, wenn ich ihn „kleiner Bruder" nenne, obwohl in seinem Pass als Geburtsjahr 1974 steht. Da hat er sich mindestens fünf Jahre jünger gemacht, als er ist!

Erika: „Hanneke (1½ Jahre) ist bei jedermann wegen ihrer Freundlichkeit beliebt. Jedem Yali geht sie entgegen, streckt die Hand aus und sagt: ‚wah, wah'. Zudem trägt sie ein Grasröckchen (ich spare mir dadurch Wäsche und Windeln), so dass alle begeistert über das kleine Yalimädchen sind. Sie rennt den ganzen Tag draußen herum. Oft nimmt Tasman sie mit, dann sitzt sie bei den Jungen in der Hütte und ißt gebackene Süßkartoffeln. Sie spricht schon fließend Indonesisch, was sie von Tasman lernt."

Tasman mit seinen Schwestern Hanneke und Aneke

Auf der Station wurde inzwischen hauptsächlich Indonesisch gesprochen, da es meinem Vater wichtig war, dass die Yali ihre offizielle Landessprache lernten, denn sie gab ihnen die Möglichkeit, sich über die Grenzen ihres Tales hinaus zu verständigen. Jede weiterführende Ausbildung der Yali würde Kenntnisse der Indonesischen Sprache voraussetzen. So lernten die Yali bereits in der Grundschule in Angguruk Indonesisch.

Klaus: „In der letzten Woche war ich für drei Tage in Kosarek. Da hatten gerade die Leute von Wasaltek einen Ultam-Mann erschossen und in Stücke gehauen. Wenn die beiden Dörfer doch nur Frieden machen wollten! Hier in Angguruk ist alles so friedlich und dort, nur drei bis vier Berge entfernt, laufen sie alle noch schwer bewaffnet mit Pfeil und Bogen herum. Die Leute von Wahe und Noromas halfen mir beim Herrichten des Hausplatzes. Wir sind jetzt dabei, das erste Haus in Kosarek zu bauen. Da können Ohnesorges, die neuen Kollegen, die wir in Kürze erwarten, erst einmal einziehen."

Familie Ohnesorge, die im Frühjahr 1976 nach Irian kam, ging doch nicht, wie zunächst geplant, nach Kosarek, sondern nach Apahapsili, wo Burkhard an der Bibelschule unterrichtete. Nach Kosarek ging erst Jahre später im Mai 1979 die Familie Heeschen.

Erika: „Nächste Woche fliegen wir nach Apahapsili, um Wiedersehen und gleichzeitig Abschied von Familie Bentz zu feiern. Helmut fliegt schon am 19. Juni nach Deutschland, da bleibt nicht mehr viel gemeinsame Zeit. Margret fliegt erst Ende Juli, weil sie auf die Schulferien warten muss. Diese letzten Wochen kommt sie dann mit Gabi, der Jüngsten, zu uns."

Ich erinnere mich an einen Abend, an dem ich auf der Suche nach meiner Schwester Katja durchs Haus lief und und sie schließlich im Wohnzimmer fand, wo sie mit Gabi Bentz am Esstisch saß. Vor ihnen lag eine große Anzahl verschiedenster Tabletten auf dem Tisch verstreut. Sie hatten sich einen Stuhl unter den Medizinschrank an der Wand geschoben, die Tabletten herausgeholt und lutschten deren süße rote Beschichtung.

Sie luden mich ein mitzuessen. „Die schmecken gut", versuchten sie mich zu überreden. Ich war bei ihrem Anblick sofort alarmiert, wollte sie aber nicht verschrecken und sagte daher desinteressiert und gelangweilt: „Nee, keine Lust!" Ich drehte mich um, ging langsam zur Tür, schloss sie und machte mich dann sofort auf die Suche nach Mama. Ich fand sie und Margret Bentz in der Küche bei der Vorbereitung des Abendessens. „Katja und Gabi lutschen Tabletten. Dürfen sie das?", fragte ich. Sofort sprangen die Mütter auf, liefen ins Wohnzimmer, sahen die vielen Tabletten, packten ihr jeweiliges Kind und rannten über die Landebahn zum Krankenhaus. Keiner wusste, wieviele Tabletten es waren. Katja lallte immer wieder „Sieben" und Mama meinte unter den Tabletten ein starkes Schmerzmittel gesehen zu haben. Dr. Vriend sagte daraufhin, wenn es wirklich sieben wären, hätten sie keine Chance.

Schließlich kam mein Vater mit der Bestätigung, dass es zwar wirklich sieben Dragees wären, sie aber nur angelutscht seien. Somit hatten sie zumindest eine Chance. Die Mütter sollten ihre Kinder über das Waschbecken der Poliklinik halten und ihnen immer wieder den Finger in den Hals stecken. Sie sollten ihnen außerdem immer wieder kaltes Wasser in den Nacken schütten und sie wach halten. Auf keinen Fall durften sie einschlafen. So verbrachten sie eine kalte Nacht auf dem Fußboden der Poliklinik. Nach langen, angstvollen Stunden gab Dr. Vriend am Morgen schließlich Entwarnung und sie durften nach Hause zurückkehren.

Ein neuer Arzt

Klaus: „Am Montag kommt der neue Arzt nach Angguruk. Vriends gehen nach Wamena in den Regierungsdienst. Dr. Vriend wird im dortigen Krankenhaus arbeiten."

Erika: „Dieses Jahr haben wir meinen Geburtstag ganz im Stillen gefeiert, denn die Stimmung war nicht nach Einladung und Feierei angetan. Es war der letzte Tag von Dr. Vriends Wirken in Angguruk. Tags darauf kam die neue Arztfamilie – Gert und Marga Scheepstra mit den beiden Söhnen Cornelis (2½ Jahre) und Wynand (10 Monate) - und alles wurde etwas kompliziert. Aus Rücksicht auf die Gefühle des alten Doktors, wagte niemand, außer uns, die Neuen richtig freudig zu begrüßen und ihnen beizustehen.
Vriends flogen ab, und am selben Tag zogen Scheepstras in Vriends Haus. Tagelang half Margret Bentz beim Putzen und Herrichten des Hauses, ich nahm alle Kinder und lud Scheepstras morgens, mittags und abends zum Essen ein. Mit unserer Wäsche, Geschirr, Decken und Gardinen haben sie es sich inzwischen schon etwas gemütlich gemacht. Gert musste sich schnell und ohne Hilfe mit dem Krankenhaus vertraut machen.
Zu allem Unglück sind sie noch krank geworden, alle vier hatten Durchfall und fühlten sich völlig elend. Ich half, wo ich konnte: mit dem Versorgen der Kinder, Brotbacken, Teekochen und so weiter. Aller Anfang ist schwer, aber ihnen wurde er noch schwerer als nötig gemacht. Gert musste in den ersten paar Tagen schon drei schwere Operationen

machen, bei denen ihm Leute und Instrumente noch völlig fremd waren. Dazu noch der Ärger mit der Elektrizität, die Wasserturbine steht ihm jetzt schon richtig im Hals. Jeden Tag sitzen wir zusammen, denn er weiß ja vieles noch nicht, angefangen bei der Stationsordnung bis hin zum Bedienen des Funks für das ‚medical sked', wenn die anderen Posten ihn per Funk um Rat fragen. Und doch wird er schon jeden Tag gefordert – ohne Patientenkarteien und mit mangelhaften Sprachkenntnissen."

Klaus: „Wir haben in der neuen holländischen Arztfamilie Gert und Marga Scheepstra gute Freunde gefunden. Sie sind mit bewundernswertem Elan an die Arbeit gegangen und wir sind dafür dankbar, dass Dr. Scheepstra mit der präventiv-medizinischen Arbeit in den Dörfern anfangen will. Dazu gehören für ihn auch der Unterricht in Hygiene und Sauberkeit und einfachem medizinischen Wissen für den Hausgebrauch. Dabei sollen sich unsere Evangelisten als Multiplikatoren betätigen, die das Gelernte dann in den Dörfern verwirklichen."

Mit Scheepstras endete die Ära der Wasserturbine und es begann die Ära des Dieselgenerators. Obwohl nicht so umweltfreundlich, war er jedenfalls verlässlich. Er stand in einer Hütte am unteren Ende der Landebahn, wohin Gert jeden Abend um 18:00 Uhr ging, um ihn anzulassen, und um 21:00 Uhr um ihn abzustellen. Wenn der Generator am Tag ansprang, wussten wir, dass Gert gerade operierte.
Ich erinnere mich noch, wie Gert das erste Mal gefragt wurde, ob er auch Augen operieren könne. Er hatte es noch nie getan, aber es handelte sich um eine Notsituation, und er bestellte den Patienten nach Angguruk. Er bat Papa, zwei Schweineaugen zum „Üben" zu besorgen. Der erste Versuch misslang, der

Flugzeuge (Typ Cessna) der MAF im Bergland unterwegs.

oben: *vor unserem Haus ist immer viel los, besonders an Weihnachten.* unten: *mein Vater setzt eine Spritze gegen die Frambösie-Wunde auf der Hand des Mannes.*

oben: *(li.) Hanneke bei einer Taufe, (re.) Begrüßung am Wegesrand.*
unten: *erster Besuch in Kosarek, meine Mutter im Gespräch mit Barnabas (Mitte) und anderen.*

oben: *Mein erster Schultag: ich (in blau) verabschiede mich von Katja und Freundin Enny. Links die Piloten Jerry und Pablo.*
unten: *Yali-Männer in unserem Wohnzimmer.*

oben: (li.) *Hanneke auf dem Markt zur Pandanus-Saison.*
(re.) Familienfoto 1979. unten: *Weihnachtstanz 1973 mit Oma.*

oben: *mein Vater beim Unterricht in der Bibelschule, ich höre zu.*
unten: *(li.) Helmut Bentz spritzt Penicillin, (re.) Gert Scheepstra in der Poliklinik in Pagai, Simon Kabak schaut zu und lernt.*

oben: *Seni vor unserem Haus. Links im Bild: Gert und Marga Scheepstra, rechts: Mama und Hanna Keßler, stehend: Arnod Mohi.*
unten: *der kleine Laden.*

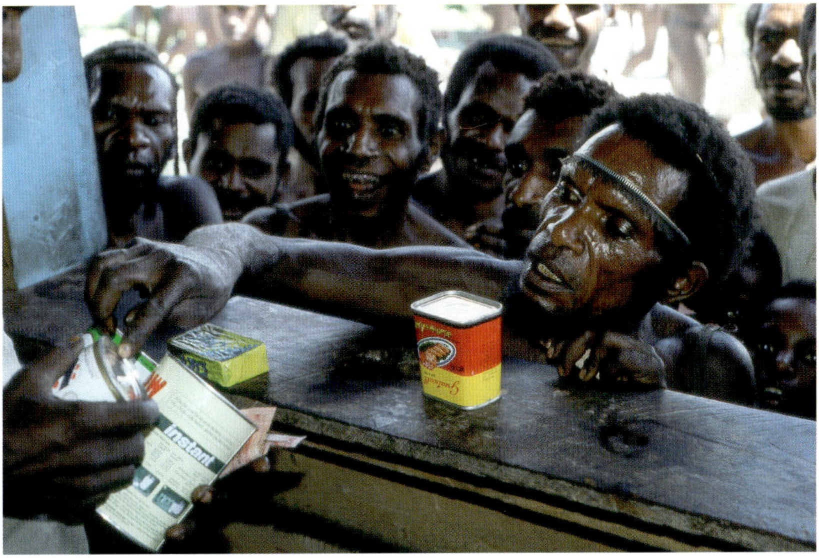

Seni: Frauen legen Süßkartoffel in die Kochgrube.

zweite gelang, immerhin 50% Erfolg. Danach operierte er den Patienten, während alle anderen Postenmitarbeiter in der Bibelschule saßen und für den Erfolg beteten. Unsere Gebete wurden erhört, die Operation gelang. Im Laufe der Zeit wurde er Spezialist für Augenoperationen (Grauer Star), und Patienten kamen von weither zu ihm.
Meine Mutter bat Gert einmal, bei einer ganz normalen Entbindung dabei sein zu dürfen. Sie hatte bereits drei Kinder bekommen und wollte eine Geburt auch mal als „Zuschauer" erleben. Das erste Mal, als Gert sie rief, wurde aus der ganz normalen Geburt ein Kaiserschnitt, bei dem Mama und Marga assistierten. Beim zweiten Mal - „diesmal wird's wirklich eine normale Geburt" – war das Becken der Frau zu eng, und das Kind saß im Geburtskanal fest. Es konnte weder vor noch zurück. Für einen Kaiserschnitt war es zu spät. Da nahm Gert eine Säge und sägte das Schambein durch. Er öffnete das Becken und holte das Kind heraus, während Mama die Taschenlampe hielt, da es gerade keinen Strom gab. Mutter und Kind ging es gut, aber Mama beschloss, dass sie genug von Geburten hatte. Die Yali kamen instinktiv nur dann zu Geburten ins Krankenhaus, wenn sie Komplikationen befürchteten.
Das Krankenhaus war auch unser Retter in der Not. Wie oft rannten meine Eltern mit einem von uns Kindern unterm Arm über die Landebahn ins Krankenhaus! Einmal spielten wir vorm Haus Fangen. Eine holländische Familie mit zwei Kindern war zu Besuch, und der Junge, etwa in meinem Alter, verfolgte mich gerade, als ich schreiend einen Haken schlug und direkt auf die Schaukel zulief. Es war zu spät, um auszuweichen, so hielt ich das Hindernis fest, lief hindurch und ließ dann die Schaukel wieder los. Sie schwang zurück und traf den Jungen direkt auf der Nase. Er fing sofort zu schreien an, und seine Mutter, die alles vom Fenster aus gesehen hatte, kam aus dem Haus gerannt. Sie fing sofort an, mich zu beschimpfen während sie hilflos bei ihrem Sohn stand. Papa schnappte sich den Jungen und rannte mit ihm

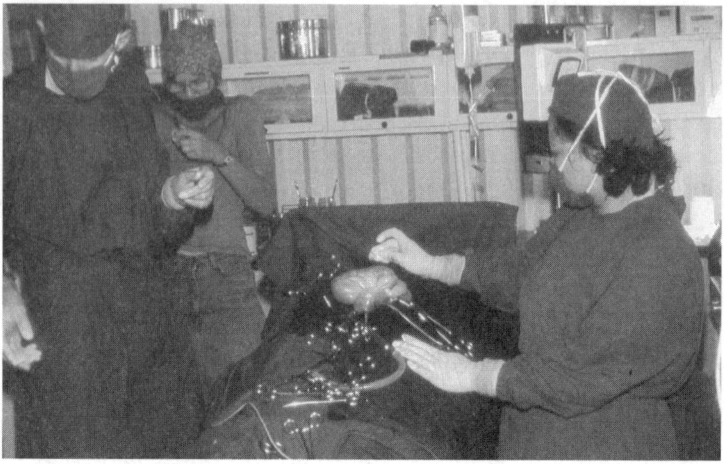

Dr. Scheepstra bei einer Operation, Marga Scheepstra und eine indonesische Krankenschwester assistieren.

zum Krankenhaus, wir anderen alle hinterher. Während Gert den Nasenbeinbruch operierte, saßen wir anderen alle bei Scheepstras im Haus und warteten auf den Ausgang der Operation. Meine Eltern kümmerten sich um die aufgelöste Mutter, und nur Marga sah, wie hundeelend es auch mir ging. Sie kam herüber und sagte: „Es ist nicht schlimm, der Junge wird wieder gesund. Mach Dir keine Vorwürfe! Du hast es ja nicht mit Absicht getan." Wie gut es tat, dass wenigstens einer das sah! Die Operation verlief erfolgreich, von dem Bruch war später nichts mehr zu sehen.
Wieder war es Katja, die das nächste Mal ins Krankenhaus gebracht wurde. Wir hatten in der Nähe der kleinen Schreinerei gespielt und waren dann hineingegangen, um den Handwerkern eine Weile zuzuschauen. Schließlich machten sie Feierabend, stellten die Hobelmaschinen ab und gingen nach Hause. Eine Maschine lief noch länger nach, und Katja versuchte sie mit dem Finger zu stoppen. Sie zog sofort den Finger zurück und hielt ihn hoch.
Die Fingerkuppe hing am Finger herunter und wurde nur noch

von einem kleinen Fetzen Fleisch gehalten. Der ganze obere Teil war abgeklappt. Sie starrte auf den Finger und sagte nichts. Ich dachte noch: „Warum schreit sie nicht", als sich ihr Gesicht wie in Zeitlupe von Erstaunen über Entsetzen zu Schmerz verzog und sie schließlich wie am Spieß brüllte. Mama kam angerannt und im Nu waren sie im Krankenhaus, nur war Gert diesmal leider gerade nicht in Angguruk. Ein Yali-Krankenpfleger nähte die Kuppe mehr schlecht als recht an, und so hat Katja noch heute einen klumpigen rechten Zeigefinger. Jedesmal wenn Gert den Finger sah, schüttelte er betrübt den Kopf und sagte: „Warum war ich bloß nicht da!"

Erika: „Hier in Angguruk war in den letzten vier Wochen mit Scheepstra Ankunft und dem Abschied von Margret Bentz schrecklich viel los. Meine erste große Besucherwelle ist abgeflaut. Klaus ist auch weg und ich bin mit den Kindern und Siegfried Zöllner, der zu Besuch ist, allein. Da lassen wir fünfe gerade sein mit Kochen und Tischdecken, denn ich bin es so leid. Klaus kommt in fünf Tagen mit Ruth und Ulli Bodenmiller zurück, die er in Sentani in Empfang nimmt, womit wir dann die nächste Besucherwelle bekommen."

Klaus: „Mitte Juli (1975) hatten wir unsere diesjährige Yali-Konferenz. Wir wählten Panggema als Konferenzort, weil wir Evangelist Mofu, der nach der endgültigen Heimreise von Familie Roth die Leitung der Station übernommen hat, den Rücken stärken wollten. Gleichzeitig wollten wir den Yali demonstrieren, dass die Arbeit eben nicht mit dem weißen Mann steht und fällt, sondern genauso gut mit einem Papua-Evangelisten weitergeht. Es war wieder einmal ein fröhliches Beisammensein der Yali aus dem gesamten Yalimo Gebiet. Da wurde viel geredet und diskutiert, gesungen und gebetet,

gelacht und gestritten und - Fußball gespielt. Es wurden viele Fragen des Gemeindelebens diskutiert. Es ging unter anderem um die Kollekte – gab es bisher nur die Süßkartoffel-Kollekte, so wollen sie jetzt auch die Geldkollekte einführen – und um einige wichtige Gemeindezuchtregeln, wie den Ausschluß vom Abendmahl und den Taufaufschub für Leute, die sich etwas zuschulden kommen ließen. Das Wichtigste war jedoch die Diskussion um eine spezifisch yalische Eheschließung. Hier merkte man wieder einmal, wie die Yali-Gemeinde auf der Suche nach Formen für ihr Gemeindeleben ist. Es wäre ja naheliegend, dass sie die Form der Eheschließung von den Küstengemeinden übernehmen, aber die ist ihnen zu fremd und würde auch kaum in ihr Leben einzufügen sein. So hat die Bibelschule in Angguruk die Aufgabe übernommen, eine Form der yalischen Trauung zu erarbeiten.
In Panggema haben wir auch die Prüfung der Bibelschüler des dritten Kurses abgehalten. 15 Schüler bestanden die Prüfung und arbeiten jetzt in den Dörfern als Evangelisten. Am 1. September haben wir mit dem vierten und voraussichtlich letzten Kurs begonnen."

<u>Klaus:</u> „Im August war ich zusammen mit Pastor Sawen und einigen Regierungsleuten in Pagai. Pagai ist im allgemeinen als Ort unseres landwirtschaftlichen Unternehmens am großen Mamberamo-Fluss bekannt. Es liegt 20 Flugminuten nördlich von Angguruk. Wir haben uns in Pagai als Landvermesser betätigt, und das Ergebnis war, dass uns die Regierung ein Gebiet von 50 mal 60 Kilometer für landwirtschaftliche Zwecke und für eventuell notwendig werdende Transmigration der Berglandbevölkerung überschreiben will.
Die missionarische Arbeit in Pagai ist auch sehr erfreulich.

Die Halbnomaden und Jäger von Pagai haben sich zu einer kleinen Dorfgemeinde zusammengeschlossen. An einem Abend kamen wir zu einem Gottesdienst mit ihnen zusammen. Hinterher sagte mir einer der Häuptlinge: ‚Es wird nicht mehr lange dauern, dann werden wir auch unsere Fetische wegwerfen.' Unsere beiden Evangelisten Simon Kabak und Eduard Warnaris tun dort in Pagai einen guten und wichtigen Dienst. Simon ist zur Zeit in Angguruk zu einem medizinischen Lehrgang bei Dr. Scheepstra. Danach soll er neben der Schul- und Evangelisationsarbeit auch die Kranken in Pagai versorgen.
Wir arbeiten jetzt in Pagai mit einem Chinesen zusammen, der dort Fische fängt. In erster Linie wird er die Fische, die gesalzen und getrocknet werden, zu einem festen Preis pro Kilo an uns verkaufen. In jedem Monat bekommen wir jetzt zwei bis drei Flugzeuge voll Fische. Die Yali sind ganz verrückt nach diesen Salzfischen. Sie sparen ihr Geld, damit sie Fische kaufen können, sobald das Flugzeug sie bringt. Ich habe schon eine ganze Flugzeugladung Fische an einem Tag verkauft! Man kann sich kaum klarmachen, wie enorm hilfreich diese Fische für die Ernährung und Gesundheit der Yali sind."

Frieden in Kosarek

Erika: „Letzte Woche hat das erste Dorf in Kosarek, Serekasi, seine Fetische verbrannt. Siegfried, Klaus, Ulli Bodenmiller und Hans-Martin Thimme flogen nach Kosarek und sind anschließend zu Fuß zurückgekommen. Thimme als auch Bodenmiller haben unterwegs abgebaut. Während letzterer mit viel Schokolade den Weg doch noch auf eigenen Füßen schaffte, musste Thimme den halben Weg getragen werden. Also Hochachtung vor Klaus, der das neunmal hin- und zurückgelaufen ist!"

Ulli Bodenmiller erzählt die Geschichte folgendermaßen: die Nacht vor der Fetischverbrennung schliefen sie in einem Männerhaus in Serekasi. Ulli konnte nicht schlafen und hatte fatalerweise in seiner Verzweiflung kurz vor Tagesanbruch noch zwei Schlaftabletten genommen. Entsprechend war er den ganzen Tag über benommen und „völlig durch den Wind", während er mit der Filmkamera herumlief und die Fetischverbrennung filmte.

Am Nachmittag des gleichen Tages liefen sie weiter Richtung Angguruk. Ulli lief mit einigen Yali los, während Papa und die anderen zurückblieben, um noch mit einigen Leuten zu reden. Irgendwann unterwegs ist Ulli einfach zusammengeklappt. „Ich konnte mich nicht mehr bewegen, war vollkommen paralysiert, habe aber alles um mich herum wahrgenommen. Ich konnte nur nicht reagieren. Es war wie eine Art Wachkoma. Ich sah die Gesichter der erstaunten Yali, die sich über mich beugten, und hörte, wie sie miteinander redeten und diskutierten."

Etwa anderthalb Stunden lag Ulli dort, bis Papa auftauchte. Immer noch konnte sich Ulli nicht rühren, und so luden ihn

drei Yali auf ihre Köpfe und gingen einer hinter dem anderen, Ulli wie ein lebloses Schwein auf ihren Köpfen festhaltend, den Weg weiter. Papa erzählte Ulli später, die Männer hätten ihn tatsächlich für tot gehalten und hatten darüber diskutiert, was sie mit ihm machen sollten. Ein Vorschlag war: zerteilen und essen.
Durch die ständige Verlagerung seines Gewichts beim Tragen, kam Ullis Kreislauf wieder in Gang, und er kam langsam wieder zu sich. Schließlich machte er sich bemerkbar, indem er dem Yali, der seinen Kopf hielt, in die Ohren kniff. Er ließ sich absetzen und schaffte den Rest des Weges wieder auf eigenen Füßen. Ein Yali hatte allerdings die Gruppe um Ulli, während er benommen am Boden lag, verlassen und war nach Angguruk geeilt. Völlig außer Atem erzählte er Mama, dass Ulli tot sei. Ullis Frau Ruth stand direkt neben meiner Mutter und fragte sie, was der Mann gesagt habe. Mama wiederholte es, fügte aber gleich hinzu, sie glaube nicht, dass es stimme. Nichts konnte jedoch Ruth davon überzeugen, dass ihr Mann nicht tot sei. Bis die Gruppe schließlich am anderen Tag erschöpft, aber heil in Angguruk ankam, war Ruth vollkommen mit den Nerven fertig.

Klaus: „Die Arbeit in Kosarek geht mit beängstigendem Tempo vorwärts. Beängstigend, weil ein Dorf nach dem anderen die Fetische verbrennen will und wir der Meinung sind, dass die Menschen noch nicht genügend im Glauben verwurzelt sind, um einen solchen Schritt tun zu können.
Am 2. August hat das Dorf Serekasi als erstes Dorf im Kosarek Tal die Fetische verbrannt. Dieses Dorf hat besonders engen Kontakt zu Angguruk. Serekasi bildet mit den Dörfern Telampela und Pintewalikmu eine große Dorfgemeinschaft. Im Hauptdorf Serekasi verwahren sie ihre heiligen Netze und die wichtigen Sabalhä-Fetische, lange bemalte Bretter, die das Wachstum der Süßkartoffel und den Schweinesegen

verursachen sollen. Noch nie habe ich so viele Fetische bei einer Verbrennung gesehen wie in Serekasi. Abends zuvor schliefen wir noch unter den Tabu-Netzen im Männerhaus, die über unseren Köpfen am Dach aufgehängt waren. Am anderen Tag warfen die Leute von Serekasi ihren alten Glauben mit den Netzen ins Feuer. Leider ist es uns nicht gelungen, auch nur eine von sechs Sabalhä vor den Flammen zu retten. Sie mussten alle verbrannt werden.

Diese Verbrennung war ein wichtiges Fest. Zwar gab es auch hier ein Männerhaus, dessen Bewohner noch zweifelten und sich ängstigten, dennoch merkte man den Leuten an, wie froh sie waren, von diesen Fetischen und Zaubersachen frei zu sein. Es war beeindruckend, wie sie die Netze vor der versammelten Menge hochhielten, ihre Bedeutung bekanntmachten, ihre Nichtigkeit erklärten und gleichzeitig die Kraft der *Allah wene* bezeugten und dann die Netze ins Feuer warfen. Yali von allen Dörfern Kosareks waren zu dieser Fetischverbrennung erschienen - nur die Leute von Ultam, die sich noch immer im Kriegszustand mit Wasaltek befinden, blieben fern. Alle sahen und erlebten dieses Glaubenszeugnis der Bewohner von Serekasi, und wahrscheinlich gab ihnen das soviel Mut, dass sie nun alle ihre Fetische verbrennen wollen.

Bei dieser Gelegenheit bekundeten die Männer von Wasaltek uns gegenüber, dass sie keinen Krieg mehr mit Ultam wollten. Sie wollten jetzt Frieden, damit sie in Ruhe ihre Gärten bestellen und die *Allah wene* hören könnten. Daraufhin unternahm am 28. August Evangelist Nauw einen Versuch, Ultam und Wasaltek zu einem Friedensschluss zu verhelfen. Nauw war dauernd zwischen beiden Dörfern unterwegs. Immer wenn er am Flugplatz zwischen den Dörfern vorbeikam, gab er einen kurzen Lagebericht nach Angguruk durch oder fragte um Rat. Am dritten Tag schien der Friede machbar zu sein. Ultam forderte fünf Schweine für den letzten getöteten Jungen. Wasaltek war bereit zu zahlen. Das Friedensfest sollte am Montag, dem 8. September, offiziell in Anwesenheit des Regierungsbeamten, gefeiert werden. Der Regierungsbeamte war schon informiert worden und wollte zusammen mit Vertretern der Polizei nach Kosarek kommen. Nauw kam am 1. September von Kosarek nach Angguruk zurück. Noch am gleichen Abend wurde ihm eine Tochter geboren.

Am 2. September morgens rief unser Handwerker aus Kosarek ganz aufgeregt über Funk, Leute aus Ultam hätten in der Frühe eine Gruppe aus Wasaltek angegriffen, die sich im Fluss badete, und zwei von ihnen schwer verwundet. Unser Evangelist Barnabas war unter ihnen und kam mit knapper Not davon. Glücklicherweise landete zum gleichen Zeitpunkt, als wir die Meldung bekamen, ein Flugzeug in Panggema, das wir sofort um Hilfe baten. Nauw und ich flogen nach Kosarek, um zu retten, was noch zu retten war. Jedenfalls schien dieser Friedensversuch gänzlich in die Brüche gegangen zu sein.

Der Pilot kreiste über Ultam. Da sahen wir, wie sich die kämpfenden Parteien gegenüberstanden und mit Pfeil und Bogen beschossen. Auch Leute von Noromas hatten sich jetzt in den Krieg eingemischt und halfen Wasaltek. Kaum waren wir gelandet, war Nauw auch schon verschwunden. Er war mutig und entschlossen aufs Kampffeld geeilt, um die streitenden Parteien auseinanderzubringen. Inzwischen brachte das Flugzeug die zwei Verwundeten ins Krankenhaus.

Ich wartete am Flugplatz auf einen Bericht von Nauw, aber weder Nauw noch ein Bericht kamen an. Ich hörte aber, dass Nauw die Kämpfenden getrennt und nach Hause geschickt habe und selber nach Ultam gegangen sei. Ich machte mir große Sorgen um ihn. Was würden die Leute von Ultam mit ihm machen, wie ihn empfangen?
Inzwischen kamen noch mehr Verletzte zum Flugplatz. Ich verband sie und gab ihnen Spritzen. Einer hatte einen Pfeil tief in der Brust sitzen und stöhnte fürchterlich, er müsse sterben, er müsse bestimmt sterben. Das Flugzeug war inzwischen weit weg, es war schon spät am Tag, und so konnte ich ihn nicht mehr ins Krankenhaus fliegen lassen. Da stimmten seine Frauen schon um ihn den Totengesang an. Es war beängstigend! Immer wieder forderten sie, ich solle das Flugzeug holen. Als ich sagte, das ginge nicht, da sollte ich den Pfeil herausoperieren. Dr. Scheepstra hatte aber am Funk gesagt, es sei besser, der Pfeil bliebe bis zum anderen Tag drin, dann wollte er ihn im Krankenhaus herausholen. Schließlich brachten sie den Angeschossenen in eine andere Hütte, holten ihre Medizinmänner und operierten den Pfeil selber heraus. Dabei sangen sie ihre Heil- und Behandlungslieder, schmierten den Kranken mit Lehmerde ein und flochten ihm das ganze Kraushaar voll mit weißen Blüten. Die ganze Behandlung dauerte knapp drei Stunden.
Erst spät abends erhielten wir eine Nachricht von Nauw, er sei noch in Ultam. Er wolle dort bleiben und die Leute überreden, bei ihm zu bleiben und nicht wegzulaufen, wenn die Polizei komme. In dieser Situation hatten wir keine andere Wahl gehabt, als den Regierungsbeamten zu informieren, da er sich bereits für das Friedensfest bereitmachte. Er kam am anderen Tag mit vier Polizisten nach Kosarek geflogen. Mir

war angst und bange, wenn ich daran dachte, was bei diesem Polizeieinsatz wohl herauskommen würde, da die Polizei im allgemeinen hier sehr schnell und kurzerhand Leute erschießt.
Nachdem die Polizei gelandet war, bat ich diese Regierungsleute erst einmal zu einer Lagebesprechung in das halbfertige Haus, das wir gerade bauen. Wiederholt bat ich die Polizei, nicht zu schießen, wenn das eben zu vermeiden wäre. Und in einem gemischten Kreis, bestehend aus einem Katholiken, zwei Protestanten, einem Moslem und einem Hindu, der der Kommandant der Gruppe war, beteten wir für den Frieden und für einen guten Verlauf der Patrouille. Dann machten wir uns auf den Weg nach Ultam. Ich lief schnell voraus, um die Ankunft der Polizei zu melden und den Leuten zu sagen, dass sie sich nicht vor der Polizei zu fürchten brauchten, wenn sie ruhig blieben.
Wie froh war ich, als ich Nauw umgeben von den Männern von Ultam auf dem Dorfplatz stehen sah – sie waren alle unbewaffnet! Dieser Evangelist hatte wirklich in dieser Situation großes geleistet. Es stellte sich heraus, dass viele nicht einverstanden gewesen waren, dass der letzte Tote nur mit fünf Schweinen bezahlt werden sollte. Sie wollten lieber schnell vorher noch einen Wasaltek-Mann erschießen. Und so war es dann gekommen, dass sie den Angriff auf die Badenden gemacht hatten. Jetzt, wo sie vier Wasaltek-Leute ‚schwer' verwundet hatten, waren sie zum Frieden bereit. Die Polizei sammelte alle Pfeile und Bögen und die Brustpanzer ein, die zum Flugplatz gebracht wurden. Dann wurden auch alle Waffen in den Dörfern Noromas, Wahe, Wasaltek und Homboka einkassiert. Alle Dörfer wurden zum Friedensfest am nächsten Tag bestellt.

Am anderen Morgen kamen dann die Leute von Ultam mit vier Schweinen, die Leute von Wasaltek brachten ebenfalls vier Schweine. Es war eine große Menschenmenge, die sich zum Friedensfest auf dem Flugplatz eingefunden hatte. Aus allen Dörfern Kosareks waren sie gekommen. Ich fand es großartig von der Polizei, dass sie sich nicht in die Friedensverhandlungen einmischte, sondern es den zwei streitenden Parteien überließ, eine Friedensregelung zu finden. Man einigte sich darauf, dass ein großes Schwein an den Bruder des zuletzt erschossenen Ultam-Jungen gezahlt werden sollte. Damit war Ultam zufrieden, da sie ja noch nach Nauws Friedensvermittlung den Angriff gemacht hatten.

Jetzt erst ermahnte der Kommandant die Kosarek-Leute, nie wieder Krieg zu führen, sondern alle Streitigkeiten friedlich zu regeln. Wenn sie damit nicht selber fertig würden, dann sollten sie zu Evangelist Nauw gehen, der ihnen helfen würde, bis die Regierung einen eigenen Posten in Kosarek eröffne (was zum Glück nie geschah!). Wer aber jetzt noch einmal Krieg anfinge, den würden sie erschießen wie Schweine. Darauf erschoß die Polizei mit ihren Gewehren die acht Schweine, die zum Friedensfestessen gebracht worden waren, um auf die Leute Eindruck zu machen und sie abzuschrecken.

Danach kochte Ultam vier Schweine für Wasaltek und Wasaltek vier Schweine für Ultam. Am Nachmittag, als die Schweine gar waren, fand die traditionelle Friedenszeremonie statt, wobei die Leute von Wasaltek das *wam unu* (besondere Stücke vom Schweinehals) der Schweine von Ultam und die Leute von Ultam das *wam unu* der Schweine von Wasaltek aßen. Jeder Mann und initiierte Junge bekam davon ein

kleines Stück und bekundete damit seine Freundschaft. Dann versammelten wir uns zum Gottesdienst auf dem Flugplatz. Nauw hielt die Predigt. Er schleppte einen schweren Baumstamm an, der ihm ungespielt arg zu schaffen machte und unter deren Last er keuchte. Er machte den Kosarek-Leuten klar, dass sie sich mit einer solchen Last dauernd abgerackert haben. Sie hieß Krieg, Angst, Hunger und Schuld. Diese Last hätten sie jetzt mit dem Friedensfest abgeworfen. Aber sie trügen noch eine andere Last, von der sie auch befreit werden könnten: die Angst vor den Geistern, den Fetischen und den Zaubersachen. Nur wenn sie die *Allah wene* hörten und auch verstünden, könnten sie auch davon frei werden. Anschließend wurden die eingesammelten Pfeile und Bögen feierlich verbrannt.
Am anderen Tag flog die Polizei wieder ab. Wir waren froh und erleichtert, dass alles so gut und ohne Blutvergießen verlaufen war. Ich glaube, der Frieden wird halten, denn tags darauf arbeiteten die Leute aus Ultam und Wasaltek Seite an Seite gemeinsam am neuen Hausplatz, als hätten sie nie miteinander Krieg geführt.
Zwei Tage später gingen Nauw und ich noch in das Dorf Meine. Als wir dort ankamen, sahen wir ein großes Feuer, in dem wir nur noch die letzten Reste der Meine-Fetische erkennen konnten. Wir hatten den Leuten geraten, die Fetische noch nicht zu verbrennen. Da haben sie erst gar nicht auf uns gewartet, sondern ohne uns die Fetische verbrannt. Sie wollten sich von uns nicht daran hindern lassen, ihre Netze ins Feuer zu werfen. Was früher war, es geht vorbei in Kosarek. Neues ist im Werden!“

Von Besuchern und Forschern

Klaus: „Drei Monate war Siegfried Zöllner hier in Angguruk. Fast alle Dörfer konnten wir zusammen besuchen. Zweieinhalb Monate lang hat Zöllner in der Bibelschule Evangelisten, *Penatua* und Bibelschüler in einem Auffrischungskurs unterrichtet. Auch hat er uns einige wichtige biblische Kapitel übersetzt. Daneben hat er eine Menge Material für seine Dissertation über die Religion der Yali gesammelt. Er war ständig von alten Medizinmännern umgeben, die ihm die alten Heilgesänge auf Tonband sangen und ihm von der alten Religion der Yali erzählten. Auch viele Volkslieder, Mythen, Märchen, Sagen und Erzählungen konnten erfasst werden. Wir sind sehr froh, dass Zöllner die ganze Fülle des Materials gesammelt hat, so dass es der Nachwelt erhalten bleibt."

Erika: „Zur Zeit läuft wieder ein neuer Bibelschulkurs. Leider habe ich eine schreckliche Zeit morgens von 7:00 bis 8:00 Uhr für den Lese- und Schreibunterricht. Da heißt es für die ganze Familie erbarmungslos um 6:00 Uhr aufstehen. Dann ist es noch kalt - und im Bett so warm! Wenn ich um 8:00 Uhr zurückkomme, trinke ich meine zweite Tasse Kaffee, bespreche die anstehende Hausarbeit für den Tag mit den Hausjungen und verziehe mich dann mit Susanne ins Schulzimmer, in dem wir uns zwei Stunden vergnügen. Unser Schulzimmer ist noch nicht fertig, wir brauchen noch Tisch und Stuhl, Tafel und Pinwand. Ich wollte auch noch nicht vor ihrem 6. Geburtstag anfangen, aber sie verlangte so danach, dass wir jetzt irgendwas erstmal machen."

An den Unterricht mit Mama kann ich mich noch gut erinnern. Mit „Ulli Fehlerteufel" habe ich schreiben gelernt und mit LÜK rechnen und schreiben geübt. Mama hatte eine Handpuppe, die immer mit mir sprach. Besonders gerne übte ich das große Schreibschrift-H. Die vielen Schnörkel fand ich toll. Später muss meine Begeisterung für das Lernen mit Mama nachgelassen haben, denn ich wurde unkonzentriert und wollte lieber in eine „richtige" Schule gehen.

Erika: „Ein kurzer Nachmittagsgruß. Es ist so friedlich hier, alle Kinder spielen draußen auf dem Flugplatz: die männliche Yali-Jugend spielt Fußball und die Frauen sitzen am Rand und sehen zu. Ich kann alles von meinem Schreibtisch am Fenster sehen. Ein paar Sonnenstrahlen kommen noch durch die Wolken, heute abend wird es sicher wieder regnen, und wir warten auf Familie Usior (Lehrerfamilie mit fünf Kindern) und Familie Nauw (Evangelistenfamilie mit zwei Kindern), die mit uns Kaffee trinken wollen. Mein Kuchen ist gut gelungen, da werden die Kinder gleich wie die Wölfe drüber herfallen."

Erika: „Ich komme so selten mal raus - morgens Schule und nachmittags Hausarbeit und Hanneke - so dass Marga Scheepstra und ich neulich bei Vollmond abends um 10:00 Uhr auf den Berg gelaufen sind. Das war sehr schön, Margas erster Gang da hinauf, taghell und nicht so heiß. Als wir um 11:30 Uhr erschöpft und durchgeschwitzt wieder bei uns ankamen, erwartete uns Klaus schon mit Butterbroten und eingeschmuggeltem Bier, eine seltene Kostbarkeit!"

Erika: „Klaus ist heute zu einer Konferenz nach Wamena geflogen, ich fliege nächste Woche mit den Kindern nach

Polimo, wo wir Klaus treffen. Wir wollen eine Woche bei den Schwestern Hanna und Martha in Polimo bleiben, denn ihr neues Haus ist nun fertig und wartet auf die Installationsarbeiten durch Klaus."

Wie froh war Mama, als Hanna und Martha endlich umzogen, denn ihr altes Haus war rattenverseucht. Das Haus war Mamas persönlicher Albtraum über den sie gerne erzählt. Kaum war das Licht abends aus, da hörte man die Ratten kreuz und quer durchs Zimmer laufen. Mama steckte sich das Moskitonetz fest unter ihre Matratze, damit ja keine Ratte an sie herankäme. Das gleiche tat sie bei uns Kindern. Wenn Hanneke nachts wach wurde und schrie, war es für Mama ein schwerer Angang, die Füße aus dem Netz zu strecken und zu Hannekes Bettchen zu gehen. Sie fürchtete, im Dunkeln auf eine Ratte zu treten oder gar von einer Ratte gebissen zu werden. Den Weg zum Bad versuchte sie nachts unter allen Umständen zu meiden und ermahnte uns vorm Schlafengehen, die Blase ja gründlich zu entleeren!

Ich möchte diese Geschichte nutzen, um ein paar Worte über den Posten Polimo zu sagen, der bisher nur am Rande erwähnt wurde. Polimo liegt am östlichen Ende des Balim-Tals, etwa 25 Kilometer von Wamena entfernt, dort, wo sich das Tal zuspitzt und der Balim-Fluss sich einen Weg durch die hohen Berge suchen muss. Der in Wamena träge dahinfließende Fluss wird hier wieder reißend und gefährlich. Hanna und Martha begannen dort am Ufer des Flusses im Dorf Kurima ihre Arbeit. Sie bauten eine Poliklinik und kümmerten sich besonders um die Frauen und Kinder. Oberhalb von ihnen auf einem Plateau lag das Stück Land, auf dem sich heute die Station Polimo befindet. Auf der anderen Seite des Flusses, genau gegenüber von Polimo, lag die Station Seinma der amerikanischen Missionsgesellschaft CAMA. Die Landebahn von Seinma musste bereits kurz nach ihrer Eröffnung wieder geschlossen werden, da wegen der unberechenbaren Windverhältnisse zwei Landeanflüge fast missglückt wären. Polimo war ein idealer Platz für eine Landebahn. Die Missionare von Seinma fragten den Häuptling von Polimo, ob sie dort eine Landebahn bauen dürften. Er lehnte es ab. Kurze Zeit später erlaubte er es den Schwestern Hanna und Martha. Seine Begründung: „Ich mag eben diese beiden Frauen." Und so, wegen ganz persönlichen Empfindens, nahm GKI und nicht CAMA Einzug in Polimo.

Klaus: „Die Vorweihnachtszeit ist in vielen Dörfern hier zur Taufzeit erwählt worden. Wir konnten an den letzten Sonntagen 650 Yali taufen. Jetzt gibt es in Angguruk knapp 2000 getaufte Christen. Noch viele andere wollen in den nächsten Wochen zur Taufe kommen. In den Dörfern des Ubahak-Tales – ich berichtete davon, wie ich 1972 mit Zöllner dorthin ging, um die Bibelschüler zu besuchen, die

Steven Manufandu (li.) und Naftali Nauw (re.) im Gespräch mit einem Kosarek-Mann

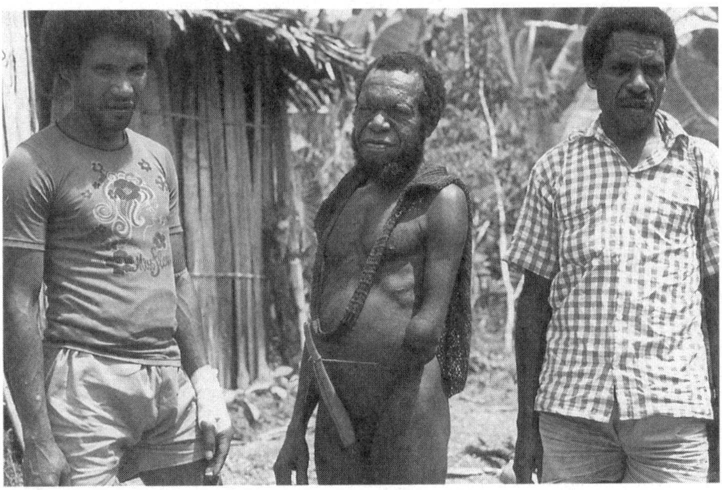

dort Pionierarbeit leisteten – werden im Januar die ersten Taufen gefeiert werden."

Erika: „Wir hatten ein wunderschönes Weihnachtsfest. Wieder waren 3000 - 4000 Yali am ersten Weihnachtstag hier, haben auf dem Strip getanzt und Gottesdienst mit Abendmahl gefeiert. Zweieinhalb Stunden saßen wir in der prallen Sonne auf dem Strip und hörten auf Gottes Wort! Abends wurde es dann gemütlich in unserem Heim mit ‚Tannenbaum', Geschenken und Liedern.
Wir hatten das Ehepaar Demberger zu Besuch. Er ist als Pastor der VEM in Sumatra. Wir hatten sie im letzten Jahr besucht, als wir von unserem Heimaturlaub zurückkehrten. Es war so schön! Wir hatten nette Gespräche, viel, viel Spaß, viel gesungen und mit den Kindern gebastelt. Es war eine fröhliche Zeit. Sie brachten einen Riesenkorb mit Geschenken mit, sehr zur Freude unserer Kinder. Scheepstras hatten wir auch viel hier, denn Marga litt doch über Weihnachten arg an Heimweh, weinte viel, und war sehr unglücklich.
Mit Dembergers flogen wir für einen Tag und eine Nacht mit Kind und Kegel nach Kosarek, um auch dort Weihnachten zu feiern. Auch dort kamen einige hundert Menschen zum Gottesdienst. Vor zwei Monaten schickten wir den jungen Evangelisten Steven Manufandu dorthin; denkt Euch, er hatte schon die Weihnachtsgeschichte in die Kosarek-Sprache übersetzt und eine Predigt ausgearbeitet. Wir waren überrascht und erfreut. Für uns war der Tag sehr eindrucksvoll, besonders die befriedeten Leute nebeneinander im Gottesdienst zu sehen, die vor kurzem noch im Krieg miteinander lebten. Zwei große Schweine wurden für uns geschlachtet, und es gab ein großes *Seni*. Die Kinder haben das Zigeunerleben (sieben Mann auf zwei Matratzen)

prima mitgemacht. Das einzig Dumme war, dass es im noch unfertigen Haus kein Klo gab, wir mussten alle auf Hannekes Töpfchen gehen, und das in einem Haus mit vielen Menschen und noch keinen Türen. Wir haben es aber alle von der humorvollen Seite genommen."

Das Töpfchen war natürlich nur für nachts gedacht. Ansonsten hockte man sich draußen in die Büsche. Einmal – so erzählte meine Mutter - mussten Renate Demberger und Mama dringend austreten, aber es war draußen stark am Regnen. Während sie noch beratschlagten, was sie nun tun sollten, bot sich ein Musikwissenschaftler, der ebenfalls zu Besuch war, an, ihnen den Schirm zu halten. Er hatte es so unschuldig gemeint, wie er es gesagt hatte, aber die beiden Frauen brachen in Lachen aus und lehnten dankend ab.
Der Musikwissenschaftler war nach Angguruk gekommen, um die Gesänge der Yali aufzunehmen. Er war ein sehr netter Mensch und gern gesehener Gast, aber leider auch ein ziemlicher Pechvogel. Immer wenn er unterwegs war, passierte etwas. Sein Tonband ging kaputt oder Ähnliches. Als er nach Tuluk Ikma ging, um die Gesänge der dort tanzenden Yali aufzunehmen, bemerkte er, als er sein Tonbandgerät aufbauen wollte, dass das Band sich unterwegs abgerollt hatte. Er hatte eine Spur von Angguruk bis Tuluk Ikma gelegt. Trotz all dieser Pannen, gelang es ihm, viele traditionelle Gesänge für die Nachwelt zu erhalten.
Er war nicht der einzige Wissenschaftler, der zu uns kam. Einige der deutschen Forscher, die sich in Eipomek niedergelassen hatten, waren bei uns zu Gast. Zu ihnen gehörten Wulf Schiefenhövel und der Linguist Volker Heeschen, der später für die VEM in Kosarek arbeiten sollte. Es kamen viele interessante und außergewöhnliche Menschen bei uns vorbei, Wissenschaftler oder einfach Sammler. Die einen suchten in den Urwäldern nach seltenen Orchideen, die anderen sammelten Schmetterlinge oder Käfer. Ich werde nie

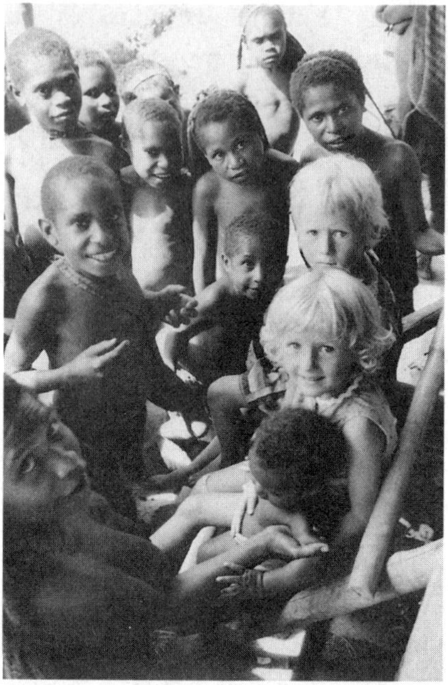

Katja und ich werden von den Kindern in Kosarek bestaunt. Wir sind die ersten weißen Kinder, die sie sehen.

vergessen, wie mich der Anblick der aufgespießten Insekten geekelt hat. Fangen und essen – ja, aber aufspießen? – einfach nur so zum Vergnügen! – nein, das konnte ich nicht verstehen, das war brutal.

Als Siegfried Zöllner gerade zu Besuch in Angguruk war, wollte dieser mit einigen Angguruk-Leuten nach Eipomek fliegen, um mit den Wissenschaftlern dort die Sprachunterschiede zwischen den Mek und den Yali zu vergleichen. Meine Mutter – so erzählte sie – wollte mal wieder raus aus ihrem Talkessel und fragte, ob sie denn mitkommen könne. Sie wollte dieses Eipomek, das Zentrum der Forschungen einmal sehen. Die Forscher, die oft auf die Missionare nicht gut zu sprechen waren, wollten keine Forschungen in schon „besetzten" Gebieten vornehmen. Dort seien die Lebensgewohnheiten schon verfälscht. Sie fanden ein noch unberührtes Tal, bauten dort eine Landebahn und nannten es zunächst X-Valley, da

sie dem Ort keinen Namen geben wollten. Später wurde es in Eipomek umbenannt.
Meine Mutter erwartete einen Posten wie Angguruk oder zumindest wie Poronggoli vorzufinden, aber als sie aus dem Flugzeug stieg, musste sie sich ihren Irrtum eingestehen. Neben der Landebahn gab es lediglich ein Lagerhaus, sonst nichts. Die Forscher waren verstreut in den umliegenden Dörfern und lebten dort in Zelten oder kleinen Hütten. Mama, Siegfried und die Yali mussten zusammen zwischen den Vorräten im Lagerhaus schlafen, sich selber mit dem, was sie dort vorfanden verköstigen und sich das Heu auf dem Boden zum Schlafen mit den Mäusen teilen. Es war wieder Mamas Aufgabe für viele Menschen irgendwie über einem Petroleumkocher etwas Einfaches zu kochen. Das war nicht ganz das, was meine Mutter erwartet hatte!
Als sie sich am nächsten Morgen fertig machte, um mit den Männern zu den Forschern aufzubrechen, sagte Zöllner, so könne sie nicht gehen. Gemeint waren ihre Schuhe. Sie hatte die Schuhe an, die sie normalerweise in Angguruk trug. Keiner hatte ihr gesagt, dass sie hier besonderes Schuhwerk brauche. Zöllner gab ihr ein Paar seiner Gummistiefel, die ihr natürlich viel zu groß waren, und sie zogen los. Schon bald wusste sie, warum sie Gummistiefel brauchte: sie versank bis zu den Waden in Morast und Schweinemist. Mit jedem Schritt musste sie die Gummistiefel festhalten, um sie nicht im Morast zu verlieren. Das war sehr mühselig. Bald verlor sie den Anschluss und sah die Männer in der Ferne verschwinden. Sie kam einfach nicht voran. So hatte sie sich das wirklich nicht vorgestellt!
Als sie die Männer kaum noch sah, stieg langsam Panik auf. Verzweifelt setzte sie einen Fuß vor den anderen und schaute dabei immer nach unten. Plötzlich verstellten einige Frauen ihr den Weg. Sie gestikulierten und redeten auf sie ein und machten mit der Hand eine abwehrende Geste. Eine Frau nahm sie bei der Hand und führte sie einen ganz anderen Weg entlang. Sie hätte fast ein *usama*, einen Tabu-Bereich,

betreten. Das war neu für sie, dass sie als Frau nicht überall entlanggehen durfte. In Angguruk waren die Zeiten längst vorbei.
Irgendwann erreichte sie die Hütte der Forscher und lernte Wulf und Grete Schiefenhövel kennen, die später öfter nach Angguruk kamen. Sie war erschrocken zu sehen, dass die tatsächlich nur in einem Zelt wohnten. Aber andererseits lebten die Forscher meist nur für einige Wochen oder Monate am Stück hier, um dann zu Hause die zusammengetragenen Materialien auszuwerten. Warum also eine feste Behausung bauen? Auch wollten die Forscher die Menschen nicht beeinflussen. Darüber konnte Mama nur lachen, denn ihre pure Anwesenheit war schon Einfluss! Ob nun Holzhaus oder Zelt, das war für die Einheimischen Jacke wie Hose, das machte keinen Unterschied für sie.
Um baden zu können, mussten Schiefenhövels zu einem Fluss hinabsteigen, der ein gutes Stück entfernt war und in dem Mama, als sie sich dort sauber machen wollte, auch prompt einen der Gummistiefel verlor. Auf dem nun noch anstrengenderen Rückweg zum Lagerhaus mit nur einem Gummistiefel sagte Zöllner: „So haben die Wege in Angguruk früher auch ausgesehen. Die Zeiten kennt ihr gar nicht mehr!"
Auf meine Frage, warum sie denn früher keine ordentlichen Wege angelegt hätten, sagte Mama, dass die Yali Angst vor Veränderungen hatten, Angst davor, durch irgendeine Tat die Geister zu erzürnen. Daher wurde nie etwas verändert. Erst als sie den alten Glauben ablegten, fingen sie an, richtige Wege zu bauen, die eine Kuppe hatten, so dass das Wasser abfließen konnte. Außerdem bauten sie Steinwälle, die den Schweinen den Weg versperrten. So konnten diese nicht mehr die Wege kaputt machen und sie als Toilette benutzen. Dies war eines der ersten Hygiene-Maßnahmen, die Zöllner in die Wege geleitet hatte. Später kamen die dringenden Ermahnungen meines Vaters dazu: „Pflanzt Bäume entlang eurer Wege. Ihr braucht sie nicht nur als Schattenspender,

sondern um die Erde fest-zuhalten, damit sie bei Erdbeben nicht abrutscht. Für jeden Baum, den ihr fällt, pflanzt zwei neue!"

Mama war froh, als die Männer mit ihren Untersuchungen fertig waren und sie wieder nach Hause konnte. „Wenn ich darauf vorbereitet gewesen wäre, dann wäre es etwas anderes gewesen, aber auf dieses Abenteuer war ich einfach nicht gefasst. Und ich wollte doch nur mal raus und woanders ausspannen!"

Als ich 2007 wieder zu Besuch in Angguruk war, wollte ich eine Drei-Tages-Tour in das Ubahak-Tal machen, um in Pinij das heilige Haus von Tula und den heiligen Inalik Wasserfall zu sehen. Ich bin schon zuvor bis nach Wali, dem ersten Dorf im Ubahak-Tal, gekommen und konnte mich an einen schönen, breit angelegten Weg erinnern, der von Schatten spendenden Bäumen gesäumt war, und freute mich schon auf diesen schönen ersten Teil des Weges. Meine Überraschung war groß, man konnte nicht einmal mehr erahnen, dass es jemals einen solchen Weg gegeben hatte. Der Weg war nur noch ein schmaler Pfad, auf dem man gerade einen Fuß vor den anderen setzen konnte, auf der einen Seite der Abgrund, auf der anderen Seite der Berg.

Da es in der letzten Zeit viel geregnet hatte, stand ich oft knöcheltief in Matsche und Schweinemist, da die Schweine wieder frei herumliefen. Es ging entweder über rutschigen Stein oder loses Geröll abwärts oder entsprechend steil aufwärts. Oft musste ich mich im Gras festhalten oder auf allen Vieren klettern. Die wenigen Schritte geradeaus waren ein Balanceakt um den tiefsten Morast herum. Das Vorwärtskommen war äußerst mühsam und ich konnte mir zum ersten Mal vorstellen, was meine Mutter in Eipomek durchgemacht hatte.

Aber zurück zu den Forschern. Einmal hatten Scheepstras zwei Forscher einquartiert, die gerade von Eipomek kamen.

Sie stanken entsetzlich, so, als hätten sie seit Wochen kein Wasser mehr gesehen. Am nächsten Tag kam Marga zu meiner Mutter und sagte, sie hielte es nicht mehr aus, das ganze Haus stinke schon, und die beiden zeigten keine Ambitionen zu baden. Also überlegten sie zusammen, was zu tun sei. Am folgenden Morgen lag ganz dezent ein Stück Seife vor der Tür des Gästezimmers.
Aber es gibt nicht nur lustige Geschichten über Wissenschaftler. Es befanden sich unter ihnen auch schwarze Schafe. Einer, so erzählt Papa, kam einmal aus dem Ubahak-Tal zurück, wohin er eine Wanderung gemacht hatte. Er zeigte Papa stolz den kostbaren Muschelschmuck, den er einem Yali abgekauft hatte. Das war in der ersten Zeit, als das Geld in Angguruk gerade eingeführt war und die Yali noch nicht richtig mit Geld umgehen konnten. Papa fragte den Wissenschaftler, was er denn dafür bezahlt habe. Der Preis, den er nannte, war so extrem niedrig, dass Papa wütend wurde. Als Wissenschaftler wusste der Mann, was die Ethnographika wert waren und nutzte die Unwissenheit der Yali schamlos aus. Papa bestellte den Vorbesitzer des Schmuckstücks nach Angguruk, erklärte ihm und allen Umstehenden seinen Wert und brachte den Wissenschaftler dazu, doch noch einen fairen Preis zu zahlen.
Am liebsten aber erzählt Papa die Geschichte vom Anthropologen, der über die Berge nach Angguruk kam, denn dieser hat sozusagen den Vogel abgeschossen:

Geschichte: Vom Anthropologen

Eines Tages kam ein Anthropologe, der von Wamena über die hohen Berge getrekkt war, in Anguruk an. Allerdings kam er nicht zu Fuß an, sondern wurde getragen. In Waniyok, einen Tagesmarsch von Angguruk entfernt, waren seine Füße inzwischen so wund, dass er die letzte Strecke nicht mehr laufen

konnte. So haben seine Dani-Träger und einige Yali aus Waniyok den Mann, der doppelt so schwer war wie sie selber, abwechselnd getragen und am Krankenhaus in Angguruk abgesetzt. Er war in keiner guten Verfassung, und seine Füße waren nur noch rohes Fleisch.
Die Dani-Träger, die den Antropologen schon seit Wamena begleiteten, erzählten mir, dass der Mann in einem Dani-Dorf, in dem sie übernachtet hatten, aus Spaß einen Penisköcher angezogen habe und sich damit zusammen mit den Dani fotographiert habe. Die Dani fanden das nicht lustig, sondern im Gegenteil sehr peinlich und entwürdigend. Zu allem Überfluss hat der Mann auch noch mit seiner Poleroid-Kamera Fotos von sich und den Dani gemacht und sie verteilt.
Später kamen die Träger wieder zu mir. Sie waren inzwischen bezahlt worden und hatten Geldscheine bekommen, die sie nicht kannten. Sie wollten nun von mir wissen, wieviel das Geld wert war, und zeigten mir die Scheine. Ich war sprachlos! Der Anthropologe hatte seinen Trägern zur Entlohnung Monopoly-Geld gegeben! Diese Männer hatten nicht nur sein Gepäck sechs Tage lang getragen, sie hatten auch ihn selbst getragen und ins Krankenhaus gebracht. Und er hat sie mit Monopoly-Geld und rostigen Rasierklingen abgespeist! Ich wurde rasend vor Wut. Ich bestellte sofort ein Flugzeug, setzte den Mann hinein und sagte ihm, er solle sich nie wieder blicken lassen. Zuvor musste er natürlich die Träger ordentlich entlohnen!

Warum wir sterben müssen

Die Yali haben Angst vor den Geistern, und viele ihrer Rituale dienen der Besänftigung und Vertreibung von Geistern. Sie werden aus den Dörfern verjagt, und Barrieren werden errichtet, um die Rückkehr der Geister in das Dorf zu verhindern. Wenn ein Mensch stirbt, dann verlässt sein Geist, *hime,* den Körper während der Einäscherung und lebt fortan am Ort der Geister. Der *hime* wird der Weg in die Wälder gewiesen, wo es ein Leben führen kann wie die Menschen. Die Geister können sich aber auch in Tiere verwandeln. Gerade das Baumkänguruh, aber auch Vögel und Schlangen können Geister der Verstorbenen sein.
Der Geist eines Menschen, der getötet worden ist, heißt *kina* und ist besonders gefährlich. Er sucht nach seinem Mörder und führt anschließend seine Verwandten zu ihm, damit diese ihn rächen können. Um sich gegen das *kina* seines Opfers zu schützen, muss ein spezielles Ritual durchgeführt werden. Lediglich besonders wichtige Menschen werden nicht eingeäschert, sondern in den Bäumen bestattet, so dass ihr Geist im Dorf bleibt und sie beschützt. Totenköpfe dieser Ahnen hängen in oder an den Männerhäusern. Früher haben Menschen und Geister zusammengelebt, und es gab keine unsichtbare Welt, keine Welt der Toten.

Mythe: Von den Geistern

(A) Früher kamen einmal alle Menschen und alle Geister zusammen. Die Menschen standen weit unten am Flussufer, oberhalb in Richtung des Waldes standen die Geister. Die Menschen waren sehr wenige, die Geister aber viele. Da ließ plötzlich

jemand aus der Mitte der Menschen einen Pfiff ertönen. Da sagten die Geister: „Was haben wir mit euch zu schaffen!" Und verschwanden im Wald und ließen uns Menschen zurück. Wäre nicht gepfiffen worden, so gäbe es keinen Wald, in dem Geister wohnen, sondern nur Menschen. Wir würden als Menschen mit den Geistern zusammen wohnen. Aber damals sagten die Geister: „Ihr könnt uns in der Gestalt von Baumkänguruhs jagen, erlegen und kochen, aber wir werden euch auch töten und kochen." Darum sperren wir da, wo es in den Wald geht, die Wege ab. Wir haben Angst, dass sie, die Geister, die doch schon in der Überzahl sind, noch jemand von uns wegholen.

(B) Die Kona-Leute kamen von dort unten flussaufwärts und hatten einen Mann im Baumgrab bestattet. Ein Mann stieß die Leiche mit dem Fuß vom Baum herab. Der Leichnam fiel auf die Erde und wurde wieder lebendig. Er kam ins Dorf Kona, da sagte eine Mutter zu ihrem Kind: „Sag zu ihm ‚ein Mann, ein Mann'!" Doch als sie ihn sahen, sagte der Sohn nicht „ein Mann, ein Mann", sondern „ein Geist, ein Geist!" Da kehrte er wieder um und ging weg. Weil er „Ein Geist" gesagt hat, sterben die Menschen, sie werden verbrannt, und wir sehen sie nie wieder.

Jeder muss sterben, um in das unsichtbare Reich der Geister zu gelangen. Einmal gab es die Chance, unsterblich zu werden, aber diese Möglichkeit wurde vertan. Und das kam so: Es sollte einen Wettlauf geben zwischen der *wese* Schlange und

dem Nashornvogel, damit diese den Menschen ihre jeweilige Nachricht überbrächten. Die Nachricht, welche zuerst bei den Menschen ankäme, sollte fortan Bestand haben. Die Nachricht der Schlange hieß „meine äußere Haut, deine äußere Haut“, was bedeutet, dass der Mensch sich seiner alten Haut entledigen und sich wie eine Schlange „häuten“ und erneuern könne. Die Schlange brachte das ewige Leben. Die Nachricht des Vogels war ein Schrei der Trauer. Er brachte den Tod. Man würde sich fortan zum Zeichen der Trauer mit weißer Erde einschmieren, so, wie der Nashornvogel weiß mit schwarzen Federn war. Es war nicht abzusehen, wer das Rennen gewinnen würde, denn die *wese* Schlange konnte fliegen. Aber dann intervenierte die *kaliye* Schlange, die nicht fliegen konnte, aber die größte Schlange von allen war. Sie beharrte darauf, dass es ihre Aufgabe und ihr Vorrecht sei, zu den Menschen zu gehen. Natürlich war der Vogel schneller als die schleichende Schlange, und daher müssen die Menschen sterben. Seit jenem Tag kann auch die *wese* Schlange nicht mehr fliegen.
In den heutigen christlichen Schnitzereien und Wandmalereien tauchen oft Vogel und Schlange wieder auf. Das Kreuz bildet oft das Zentrum dieser Darstellungen, darum herum wird die Welt der Yali mit ihren Hütten, Pfeil und Bogen und Schweinen dargestellt. Darüber befinden sich neben dem Kreuz Vogel und Schlange. Die Aussage dieser Bilder ist folgende: Jesus Christus hat den Tod besiegt und damit ist das Wettrennen zwischen Vogel und Schlange doch noch zu Gunsten der Menschen ausgegangen. Der Vogel hat schließlich verloren. Der Tod ist überwunden.

Klaus: „Erschüttert wurden wir alle, als wir hörten, dass der *Penatua* Lot sich in den Fluss gestürzt habe. Tags zuvor hatte er mit seiner Frau Streit gehabt, weil sie im Festtrubel (Weihnachten) ihre kleinen Schweinchen im Stich gelassen und sich bei den Tanzenden eingereiht hatte. Evangelist

Arnod hatte versucht, die beiden wieder miteinander zu versöhnen, was ihm wohl auch gelungen war. Doch dann stritten sie sich wieder um eine Pandanusfrucht, die Lot ihr brachte, die sie jedoch nicht annehmen wollte. Beleidigt, enttäuscht und erzürnt lief er zum Fluss und ertränkte sich. Darauf forderte die Familie von Lot Bezahlung seitens seiner Frau. Einige Freunde Lots wollten sogar die Frau mitsamt ihren vier Töchtern in den Fluss werfen, denn sie suchten ausschließlich bei ihr, die fürwahr ein streitsüchtiges Weib mit böser Zunge ist, die Schuld. Jedoch, es gibt einen Konferenzbeschluß, nach dem für alle, die sich in den Fluss stürzen, keine Bezahlung mehr geleistet werden soll. Es war nämlich von alters her Brauch, dass besonders Frauen in den Fluss gingen, um sich an ihren Ehemännern zu rächen. In einem solchen Fall musste der Mann an die Familie der Frau Schweine bezahlen.

Die Konferenz in Panggema 1975 verurteilte diesen Brauch, der eine regelrechte Erpressung des Ehepartners darstellt. Auch wir sind der Meinung, wenn keine Bezahlung mehr geleistet zu werden braucht, wird Selbstmord in den meisten Fällen sinnlos und uninteressant. Alle Streitfälle sollten zukünftig untereinander und zusammen mit den Häuptlingen friedlich geregelt werden. In diesem Fall kommt es nun darauf an, den Konferenzbeschluß von Panggema, den ja die Yali selber gefasst hatten, in Kraft treten zu lassen. Es bedurfte tagelanger Diskussionen, die weit über Angguruk hinausgingen, um die Gemüter zu beruhigen und diesen Beschluß durchzusetzen. Es war ein tagelanges Ringen bis endlich klar war: Für Menschen, die sich das Leben nehmen, wird nicht mehr bezahlt. Wer Schwierigkeiten hat und nicht zu seinem Recht kommt, wird ermutigt und aufgefordert,

Mein Vater im Gespräch.

bei den *Penatuas*, Evangelisten, Häuptlingen oder bei uns Rat und Hilfe zu holen.
Häuptling Kolubak verlangte während dieser Auseinandersetzung den Aufschub der für 1. Januar geplanten Taufe in Angguruk. ‚Gut', sagten wir. ‚Wir verschieben die Taufe, aber nicht, weil Lots Frau keine Schweine bezahlt, sondern weil ihr Lots Frau und Töchter in den Yaholi werfen wolltet.'
Als dann am 1. Februar die Taufe stattfinden sollte, gab es ein neues Problem. Gewöhnlich taufen wir in einem Seitenarm des Yaholi unterhalb der Station. Am Freitag vor der Taufe sah ich, wie die Angguruk Leute zwischen den Dörfern Helalimpini und Tuluk Ikma ein neues Taufbecken stauten. Auf meine Frage warum sie denn dort und nicht am Yaholi taufen wollten, sagte man mir, der *Penatua* Ananias habe gesagt, alle, die sich jetzt im Yaholi taufen ließen, würde der Totengeist Lots beeinflussen, sich auch in den Fluss zu stürzen.

Nun, in gewisser Weise ist solches Denken ja verständlich bei den Yali, in deren Leben der Geist der Toten eine so dominierende Rolle spielte. Aber sollte dieses Denken nicht inzwischen überwunden sein, besonders bei den *Penatua* und aktiven Mitarbeitern? In einem Gespräch mit Ananias wurde dann auch gleich deutlich, dass er eigentlich nicht mehr an die Existenz dieser machtergreifenden Totengeister glaubt. Aber manchmal bricht doch noch das Alte hervor, wird plötzlich wieder lebendig und muss wieder neu bewältigt werden.

Die Täuflinge ließen sich dann doch im Yaholi taufen. Vorher mussten sie jedoch Stellung nehmen zu den konkreten Themen: Tod, Selbstmord, Angst vor den Geistern der Toten, Bekenntnis zu Gott. Bei der anschließenden Abendmahlsfeier hielt Ananias eine bemerkenswerte spontane Predigt. Es war mehr ein Bekenntnis der Schuld, dass er einen Moment vergessen habe, dass die *hime*, der Geist der Toten, ja in Christus überwunden, befriedigt, ein zu Hause bei Gott gefunden habe. Da zeigt sich wieder ein Element lebendiger Gemeinde: es werden in ihr nicht nur Fehler gemacht, sie werden auch bekannt und verarbeitet, wodurch sie Anlaß zu neuer Besinnung geben."

Kinderparadies

Erika: „Wir haben seit neuestem einen ‚Swimmingpool' hinterm Haus, das heißt einen Wassertank von den Schwestern aus Polimo, den sie nicht mehr brauchten. Die Kinder sind ganz verrückt am Plantschen und am Schwimmen. Das Wasser geht ihnen bis über den Bauch. Mit unsern Dreien, Scheepstras Beiden, den fünf Kindern von Kuijts (Besucher) und Susannes Freundin Enny ist hier immer viel Trubel. Alle Kinder spielen von morgens bis abends nur bei uns. Hier scheint es immer noch am schönsten zu sein."

Für uns Kinder war das Wunderbarste unsere Spielhütte. Sie stand hinten im Garten und war genauso gebaut, wie eine richtige Yali-Hütte, mit einer Ausnahme: gegenüber dem Eingang befand sich statt der Holzbretter eine Glasscheibe und ein großer Stein. Das Glas ließ zum Spielen mehr Licht in die Hütte und der Stein sollte uns ermöglichen, bei Feuer das Glas einzuschlagen. Es war nämlich unmöglich, uns das Feuermachen zu verbieten. Eine Yali-Hütte ohne Feuer, war keine richtige Hütte! Und es gab für uns Kinder nichts Schöneres als Süßkartoffeln aus der Vorratskammer zu stibitzen, im Feuer zu backen und dazu die gefangenen Insekten zu essen. Kein in der Küche gekochtes Essen konnte besser schmecken – außer Kuchen vielleicht.
Ich kann mich erinnern, dass Papa öfter nachts mit uns Kindern in der Hütte schlief. Wir lagen dicht beieinander in Schlafsäcke gehüllt auf der oberen Schlafetage und Papa erzählte uns Gute-Nacht Geschichten. Diese machten uns eigentlich immer eher wach als müde. Er erzählte von seinen Abenteuern, von Wildschweinen und gruseligen Höhlen und auch vom Krokodil.

Geschichte: Vom Krokodil

Als ich im Dorf Baitanissa (Waropen Atas) am großen Fluss beim Bau einer Landebahn half, wurde ich fast von einem Krokodil gefressen. Und das kam so: es war sehr heiß, denn die Station befand sich im Tiefland, und wir schwitzten sehr. So wollten wir, nach der Arbeit zum Fluss zu gehen und uns abzukühlen. Als wir am Fluss saßen, beschloss ich, ein Stück flussaufwärts zu gehen und mich von der Strömung wieder abwärts treiben zu lassen. An einer geeigneten Stelle ging ich ins Wasser, schwamm zur Mitte des Flusses und ließ mich von der Strömung treiben.

Als ich in die Nähe meiner Kameraden kam, hörte ich sie plötzlich schreien und rufen. Sie sprangen auf, fuchtelten mit den Armen, zeigten auf das Wasser hinter mir und riefen: „Ein Krokodil, ein Krokodil!" Sie machten einen höllischen Lärm. Ich rief ihnen zu, sie sollten sich wieder beruhigen, das Krokodil werde mir nichts tun, und ließ mich einfach weiter treiben. Meine Freunde hörten aber nicht auf zu schreien, und schließlich verjagte der Lärm das Krokodil. Ich kam ans Ufer, und dort erzählten sie mir, dass erst vor ein paar Tagen ein Junge ganz in der Nähe auf eine Kokospalme am Ufer geklettert sei. Er fiel herunter, landete im Wasser und tauchte nicht mehr auf. Sein Vater sah dies und sprang hinter ihm her, und auch er tauchte nicht mehr auf. Sie wurden vom Krokodil gefressen.

Ich kannte nur die Krokodile am Mamberamo, einem Fluss ganz in der Nähe von diesem, und das waren keine menschenfressenden Krokodile. Hier befanden wir uns allerdings näher am Meer, und so gab es hier auch Meereskrokodile, die Menschen angriffen, was ich aber nicht wusste. Das Geschrei meiner Freunde und die Tatsache, dass ich mich ruhig weiter treiben ließ, anstatt mich zu bewegen, haben mir das Leben gerettet.

Erika: „Schwester Trijntje geht Ende Januar in Heimaturlaub, da wollte sie vorher noch Ennys Schicksal regeln. Sie hat Enny seit der Geburt großgezogen. Nun werden wohl Scheepstras Enny adoptieren. Marga hat schon mit Schulunterricht angefangen – sie ist ja so alt wie Susanne und inzwischen deren dickste Freundin. Cornelis und Wynand sind auch froh, Enny zur Schwester zu bekommen."

Yali-Frauen gebären in der Regel etwa fünf bis sechs Kinder im Laufe ihres Lebens. Selten überleben mehr als die Hälfte. Sobald ein Kind geboren ist, darf der Mann seine Frau für mindestens drei bis vier Jahre nicht mehr „anrühren", denn wenn sie vorher wieder schwanger wird, hat das zuerst geborene Kind keine Überlebenschance. Die Kinder müssen bis sie etwa vier Jahre alt sind Muttermilch bekommen, da die Kindersterblichkeit aufgrund der kärglichen und unausgewogene Ernährung sehr hoch ist. In Zeiten von Hungersnöten, in denen selbst die Erwachsenen nur jeden zweiten Tag etwas essen, ist die Muttermilch oft die einzige Rettung der Kinder. Und doch stirbt jedes zweite Kind noch bevor es zehn Jahre alt ist.
Bekommt eine Frau Zwillinge, dann ist das ein großes Problem, denn zwei Babys können nicht ernährt werden. So wird das Schwächere von beiden in den Fluss geworfen, damit wenigstens eines überlebt. Die Yali erklären sich das mit den Zwillingen folgendermaßen: Zwillinge entstehen

Enny und ihre Zwillingsschwester

dadurch, dass der Mann, nachdem die Frau ihn von der Schwangerschaft unterrichtet hat, weiterhin mit ihr geschlafen hat. Daher ist der Beischlaf während der Schwangerschaft absolut verboten, und die Geburt von Zwillingen ist eine Schande für den Mann. Heute gibt es die Möglichkeit, zusätzliche Milch im Krankenhaus zu bekommen, damit beide Kinder überleben können.

Meine Freundin Enny war ein solches Zwillingskind. Sie wäre in den Fluss geworfen worden, denn sie war das schwächere der beiden Kinder, wenn die Mutter nicht wegen Komplikationen bei der Geburt ins Krankenhaus gekommen wäre. Die Eltern konnten sie nicht versorgen und so nahm Trijntje Enny zu sich und zog sie groß.

Enny blieb gut ein Jahr bei Scheepstras und wurde schließlich von der indonesischen Krankenschwester Jeanne, die lange in Angguruk gearbeitet hat, adoptiert. Alle Beteiligten empfanden das als die beste Lösung. Schwester Jeanne nahm Enny mit in ihre Heimat Sulawesi, wo Enny bei ihr im Krankenhaus aufwuchs. Trijntje blieb weiterhin ihre zweite

Mutter. Als Enny älter wurde, verbrachte sie oft die Ferien bei Trijntje, die nach Ablauf ihres Vertrags mit der ZNHK ein paar Jahre in Holland verbrachte, dann aber wieder nach Irian zurückkehrte, wo sie im Auftrag der VEM bis zu ihrer Pensionierung 2002 in Polimo arbeitete.
Im Alter von 15 Jahren traf Enny bei einem Besuch in Angguruk ihre Zwillingsschwester zum ersten Mal. Ihre Eltern hatten Enny zu einem *Seni* in ihr Dorf eingeladen. Wir lebten inzwischen in Deutschland und waren gerade auch auf Urlaub in Angguruk und begleiteten sie. Das Treffen war sehr emotional, aber es war schwierig, eine wirkliche Brücke zueinander zu finden. Sie lebten in völlig unterschiedlichen Welten. Heute ist Enny die kräftigere der beiden Zwillinge. Die unterschiedliche Lebensweise und Ernährung hat sich auf Physiognomie und Wachstum der beiden ausgewirkt. Enny ist die erste und bis jetzt einzige Yali-Frau, die Medizin studiert hat und Ärztin geworden ist. Sie ist nach ihrer Ausbildung in Sulawesi nach Papua zurückgekehrt.

Erika: „Dieser Brief wird einen langen Fußmarsch zurücklegen, bevor er ins Flugzeug geladen werden kann. Unser Flugplatz wurde nämlich langsam sehr schlecht, und die Piloten ermahnten uns, etwas daran zu tun. Nun wurde schon wochenlang am oberen Teil gearbeitet, was den Flugverkehr nicht störte, aber jetzt ist der untere Teil dran, dort, wo die Flugzeuge aufsetzen, da musste natürlich der Flugverkehr eingestellt werden. Große Steine wurden erst auf die Mitte der Bahn gelegt, damit der Untergrund wieder hart ist, darauf eine Schicht Erde, dann darauf kleine Kieselsteine, die die Leute unten aus dem Fluss hochholten. Ein beschwerlicher Abstieg und ein noch beschwerlicherer Aufstieg mit bis zu 30, 40 kg Steinen im Netz. Die Netze werden gewogen und nach Kilo bezahlt, bevor sie ausgeschüttet werden. So wird die Landebahn jetzt wieder schön hart und gleichmäßig, aber in der Zwischenzeit kann zwei Wochen lang kein Flugzeug kommen. Klaus steht den ganzen Tag draußen und schuftet am Strip. Susanne (6 Jahre) läuft auch fleißig zum Fluss, zum *Tuluk*, und bringt bei jeder ‚Fuhre' bis zu vier kg Steine im Kopfnetz. Sie will Geld verdienen und auf eine Taschenlampe sparen."

Die erste Gelegenheit für uns Kinder, Geld zu verdienen mussten wir doch ausnutzen. Allerdings ging es uns mehr darum, bei dieser großen Aktion mitzumachen. Wir gingen nicht, wie alle anderen, zum Yaholi, das war dann doch zu anstrengend, sondern sammelten unsere Steine am Tuluk, der auf halber Strecke zum Yaholi unterhalb des Plateaus floss. Meine Freundinnen machten alle mit und so quatschten und sammelten wir und liefen immer wieder rauf und runter und lieferten stolz unsere Netze ab.
Ich weiß nicht mehr, wie oft wir zum Tuluk liefen, aber wir waren konzentriert bei der Sache und gaben nicht auf. Es fühlte sich nicht an wie Arbeit, wir machten uns einen Spass daraus. Ich habe keine Ahnung, ob das Geld für die Taschenlampe gereicht hat, ich weiß nicht einmal mehr, wofür ich das Geld haben wollte. Ich kann mich nur noch daran erinnern, dass wir Steine geholt haben.

Gilika

Erika: „Klaus ist jetzt zurück vom Versuchstrip ins neue Gebiet Gilika. Aber der Reihe nach. Es ging los mit einem Familienwochenende in Kosarek, aus dem eine Woche wurde, weil das Flugzeug wegen schlechten Wetters nicht kommen konnte. Das Essen ging uns aus, und jedermann lief in dreckigen Klamotten, weil nichts trocken wurde.
Von Kosarek flog ich mit den Kindern schließlich doch noch nach Angguruk, während Klaus von dort in zwei Tagen nach Welarek lief. Er wollte zuerst den Strip in Welarek mit einem Trupp von 60 Mann zur ersten Landung fertig machen, dann ins neue Gebiet laufen und auf dem Rückweg von dem eben geöffneten Strip in Welarek nach Angguruk fliegen.
Nichts von alledem klappte. Zunächst kam Klaus mit eitrigen Wunden und verrenktem Knie (Miniskus) in Welarek an und schied damit für den Erkundungsmarsch aus. Dann waren von den 60 Mann schon 30 nach Angguruk und Apahapsili gelaufen, weil sie Hunger hatten, denn wegen des schlechten Wetters hatte die Lebensmittelversorgung aus der Luft nicht geklappt. Der Strip war auch noch längst nicht so gut wie man es uns gesagt hatte, von erster Landung keine Rede, nur von Schuften mit Spaten und Schubkarren. Dann brach der letzte treue Rest - insgesamt 34 Mann - ins neue Gebiet auf."

Klaus: „Im Vorfeld dieses Erkundungsmarsches, hatte ich mit den Evangelisten Nauw und Steven Manufandu einen Rundflug über das Gebiet gemacht, um einen neuen, kürzeren Weg von Welarek nach Gilika zu finden, da uns der normale

Weg über Benebanal wegen bestehender Feindschaft versagt blieb. Für den neuen Weg musste erst eine Hängebrücke über den Yaholi gebaut werden. Als am Abend vor dem Abmarsch mein Knie immer noch schmerzte und ich mit elastischem Verband herumhinkte, verboten mir meine Mitarbeiter mitzugehen. Am Samstag, 27.03.76 zogen sie dann los. Sie nahmen nur wenig Gepäck mit, um im Fall eines Angriffs nicht zuviel zurücklassen zu müssen."

Erika: „Die Brücke am Yaholi ist einen halben Tagesmarsch von Welarek entfernt und bis Gilika ist es vom Fluss ein guter Tagesmarsch, deshalb hatten die Leute in Gilika nichts vom Bau der Hängebrücke bemerkt. Von Welarek bis Gilika läuft man also insgesamt anderthalb Tage, allerdings kann man von Welarek hinsehen. So verabredeten sie, ein Feuerzeichen mit zwei Feuern zu geben, wenn sie in Gilika angekommen und gut aufgenommen seien.
Klaus saß mit Fernrohr und Fernweh in Welarek und sah ihnen nach. Wir in Angguruk waren beruhigt, dass Klaus nicht mitging. Am zweiten Tag sah man kein Feuerzeichen, allerdings war das Wetter schlecht. Es gab viele Wolken, vielleicht konnte man es nicht sehen ...?"

Nalik: „Am Samstag sind wir neun Stunden gelaufen. Wir übernachteten im Wald in der Nähe des Gartengebiets von Gilika. Am Sonntagmorgen war alles nebelig. So kamen wir im Schutz des Nebels nahe an das Dorf heran. Dann war der Nebel weg. Im Gartengebiet sahen wir einen Steinhaufen und aufgeschichtetes Holz. Das war ein Zeichen der Gilika-Leute, welches bedeutet, dass sie jeden Eindringling kochen und essen wollten. Viele von uns bekamen Angst und wollten zurück. Nauw und Ware aber wollten unbedingt weitergehen. Wir haben bei den Steinhaufen gebetet und sind weitergegangen."

Erika: „Kurz vor dem Dorf, das auf einer Bergkuppe lag und mit einem hohen Zaun eingezäunt war (völlig ungewöhnlich), trafen sie im Gartengebiet zwei alte Männer und sprachen sie an. Nalik, der schon lange in Welarek auf Vorposten ‚sitzt', um Kontakte aufzunehmen, konnte schon etwas die Sprache, so übernahm er hier das Kommando. Die Männer reagierten nicht, auch nicht als sie ihnen Buschmesser zum Friedensgeschenk anboten, sondern liefen vielmehr schnell ins Dorf, um die Männer zu alarmieren.
Unsere Leute legten die mitgebrachten Geschenke einfach hin. Sie sahen, wie die Frauen aus dem Dorf verschwanden, wie die Männer in ihre Panzerbrust stiegen und mit Pfeil und Bogen bewaffnet umherliefen und ausschwärmten. Unsere Leute blieben aber trotzdem noch dort. Dann kam der Häuptling des Dorfes auf sie zu und sprach Nalik an: ‚Nalik, Du weißt, dass wir euch nicht haben wollen. Warum seid ihr gekommen? Wir haben schon alles vorbereitet, euch zu kochen. Seht, Steine und Holz sind da, Süßkartoffeln sind fertig, kommt nur her, wir haben schon lange kein Schwein (Menschenfleisch) gegessen.'
Als darauf die ersten Pfeile auf Nalik geschossen wurden, rief dieser: ‚Leute rennt, rennt!' Ein jeder warf seinen Kram (Kleider, Eßwaren, sogar den Fotoapparat des Lehrers) hin und rannte um sein Leben, während hinter ihnen die Männer ausschwärmten, um sie abzufangen. Nun war der Weg nur ein Trampelpfad, da musste jeder sehen, wie er vorankam und sich einem Weg durch den Urwald schlagen. Ein jeder rannte also vor sich hin, stolperte, fiel und rannte weiter. Die Leute von Gilika, die nichts von der neuen Brücke und dem

Schleichweg wussten, rannten zu dem normalen Hauptweg, um sie dort von vorne abzufangen. Sie warteten vergebens!"

Nalik: „Als die ersten Pfeile flogen sind wir um unser Leben gerannt. Aber die Gilika-Leute liefen nicht hinter uns her. Sie dachten wir seien von Benebanal gekommen und wollten uns den Weg abschneiden. Wir aber liefen zum Fluss zurück. Das war unsere Rettung."

Erika: „Nach drei Stunden Laufen kamen die ersten unserer Leute an der Brücke an (sonst ein ganzer Tag!) und warteten. Man zählte die Ankommenden - waren alle da? Oder hatten die Gilika-Leute doch noch einen erwischt? Der Lehrer von Apahapsili war schon etwas älter, ein Küstenevangelist war nicht so gut zu Fuß, auch ein junger Vikar, der zum Praktikum bei uns ist, tat sich schwer. Nach langem Warten trudelten doch alle 34 Mann heil und ohne größere Wunden an der Brücke ein. Große Erleichterung!
Der Hunger war nach der Aufregung groß, aber die Lebensmittel waren ja weggeworfen. Sie schickten einen jungen Mann direkt nach Welarek, um Klaus zu berichten und um Essen für den nächsten Tag zu bitten. Wie gut, dass dieser Junge nach Welarek kam! Klaus hatte schon Gerüchte gehört (woher die immer sofort kommen, weiß der Kuckuck!), dass sie angegriffen und vier Leute getötet und gegessen seien. Er war in größter Sorge. Nun kam die gute Nachricht: alle waren unversehrt zurück!"

Klaus: „Mit verabredeten Rauchzeichen wollten wir uns verständigen. Am Sonntag warteten wir dann Stunde um Stunde auf dieses Zeichen. Mit dem Fernrohr saßen wir da und schauten uns die Augen aus. Dann kam abends um

21:30 Uhr die schreckliche Nachricht: unsere Jungen seien angegriffen und vier namentlich genannte Jungen seien getötet und gekocht worden. Der Bibelschüler Abnayuk, einer der 34 Teilnehmer der Expedition, war im Dauerlauf acht Stunden bis zum Dorf Pisanggo gelaufen, von wo aus er die Hiobsbotschaft von einem anderen Jungen nach Welarek bringen ließ. Er hatte die Gruppe am Fluss verlassen, als noch vier Leute fehlten und dachte, sie wären verloren.
Da saßen wir nun in Welarek ohnmächtig und erschrocken und beteten und bangten um unsere Freunde. Um 1:00 Uhr nachts kam dann die erlösende Nachricht: alle seien heil über die Brücke gekommen. Am anderen Tag trafen dann alle in Welarek ein: todmüde, hungrig, angeschlagen, aber lebendig!"

Erika: „Ein jeder sagte: ‚Nur gut, dass der *Pendeta* (Pastor) nicht mit war. Der hätte mit seinem kaputten Knie nicht schnell genug rennen können.' Auch so eine Verletzung kann Führung sein!
Das ganze Unternehmen war gescheitert: der Strip war nicht zur ersten Landung bereit, die Kontaktaufnahme hatte auch nicht geklappt, also musste die Mannschaft von Welarek nach Angguruk laufen. Nach ein paar Tagen Ruhe wollten sie samstags früh aufbrechen und Sonntagabend in Angguruk ankommen. Am Freitag aber hörte ich sie schon nicht mehr am Funk und machte mir meine Gedanken: aha, vielleicht laufen sie bereits und kommen schon Samstag an? Also habe ich am Samstag eine schöne Hühnersuppe gekocht, einen Rinderbraten gemacht, alles vorbereitet und gewartet.
Marga saß den ganzen Nachmittag bei mir. Wir waren so aufgeregt. Um 16:30 Uhr rief jemand: ‚Der Bapak Nauw ist da. Die anderen kommen auch noch!' Da wollten wir Klaus

empfangen und gingen den Strip hinunter. Dort kam uns der nächste entgegen mit der Nachricht, der Bapak sei unten am Yaholi. Kurzentschlossen kletterte Gert den Berg hinunter, um Klaus unten in Empfang zu nehmen. Aber da sahen wir Klaus schon in der Ferne einen anderen Weg hochkommen. Die beiden verpassten sich und Gert lief umsonst hinunter und wieder herauf.

Wir sahen an Klaus' Gang, dass er völlig fertig sein musste, so langsam und schwerfällig ging er sonst nie. Es wurde inzwischen schon dunkel, als er endlich oben am Strip ankam, ganz blaß, tiefliegende Augen, dunkle Ränder und ‚groggy'. 21 Stunden waren sie immer durchgelaufen, zweimal hatten sie etwas gegessen!

Bei uns war sein erster Weg unter die Dusche, der zweite sollte ins Bett aber das war unmöglich, Klaus wurde so von Krämpfen geschüttelt, dass er am Wandern bleiben musste. Das gesunde und zu sehr belastete Bein krampfte, der Rücken, alles krampfte, es dauerte eine ganze Zeit, bis es sich etwas beruhigt hatte.

Dann kam unser Vikar an - es war schon stockfinster - der schlotterte nur so und konnte vor Erschöpfung kaum sprechen. Da habe ich ihn erstmal ins Haus geholt und abgespeist. So nach und nach trafen alle Teilnehmer in Angguruk ein, ich verteilte, was ich an Eßbarem hatte, und dann konnte jeder mal wieder gründlich schlafen.

Später kamen Scheepstras zu uns. Gert gab Klaus eine Spritze zur Entkrampfung. Wir aßen das vorbereitete Essen und erzählten. Dabei ging es Klaus auch langsam besser. Er machte sich Luft durch Erzählen (wir in Angguruk wussten ja noch keine Einzelheiten), aß gut und war wieder zu Hause und unter Freunden.

Die Kinder waren froh, den Vater zurückzuhaben. Sie klebten Pflaster auf seine Schrammen und ich stand in Freude natürlich nichts nach. Ja, das war schon eine Aufregung!"

Klaus: „Inzwischen können wir uns die Ursache der Feindschaft erklären. Nach der Vernichtung der Missionsstation Nipsan ist ein verletzter Pass Valley-Evangelist mit einem Pfeil im Bauch nach langem Umherirren im Wald in Gilika angekommen. Zu der Zeit waren auch einige Nipsan-Leute auf der Flucht vor der Polizei in Gilika. Diese haben den Zuflucht suchenden Jungen kurzerhand getötet und gegessen. Inzwischen sind sehr viele Nipsan-Leute nach Gilika umgezogen, und so ist es kein Wunder, dass diese Menschen vorerst keinen Kontakt mehr mit der Mission haben wollen. Es gilt nun zu warten, bis wir vielleicht in ein bis zwei Jahren einen neuen Versuch wagen können."

Zurück zum Alltag

Erika: „Die letzten zwei Tage war eine Frau hier zum Nähunterricht mit der Nähmaschine. Sie schafft es einfach nicht, ein Gespür fürs Treten der Fußpedale zu bekommen. Da kommt Susanne (6) herein, setzt sich zum Spaß auch mal an die Maschine und näht wie ein Profi. Ich habe ihr Garn eingezogen, und dies ist ihr erster Probelappen (im Päckchen an Oma beigefügt). Anschließend nähte sie einen Beutel für Schuhe oder Spielzeug. Später kam Katja dazu, wollte auch mal probieren und siehe, es klappte sofort. Und diese Frau näht nun schon den zweiten Tag nur vor und zurück."

Kurze Zeit später nähte ich bereits Kleider für meine Puppen. Ich glaube, ich habe bisher den Eindruck vermittelt, als hätte ich ausschließlich draußen im Dreck gespielt. Das tat ich tatsächlich gerne und oft, aber ich konnte auch stundenlang ruhig mit der Puppe spielen oder handarbeiten. Oft saß ich an den Abenden im Wohnzimmer und stickte, nähte oder häkelte, was ich mit fünf Jahren bereits konnte, während Mama neben mir saß und strickte. Mit sechs Jahren lernte ich dann auch das Nähen mit der Nähmaschine. Auch saß ich oft stundenlang vorne im Garten und fädelte die Blüten des Wandelröschens auf Grashalme auf und machte daraus Ketten.

Erika: „Gerade ist Klaus für drei Tage mit Gert Scheepstra in Pagai. Sie wollen Patienten untersuchen, aber auch das Schweine-, Fisch- und Krokodilfleisch, auf Trichinen prüfen."

Erika: „Jetzt war ich ein halbes Jahr wieder ununterbrochen

in Angguruk und hatte mal Sehnsucht nach dem Meer, dem Markt und den Läden an der Küste. Über Ostern gehen auch Scheepstras an die Küste, und wir wollen mal gemeinsam ausgehen. Margas Bruder und Schwester kommen zu Besuch und wir wollen sie an der Küste in Empfang nehmen."

Erika: „Wir haben wieder drei aufregende und anstrengende Wochen hinter uns. Zunächst flogen wir mit Scheepstras und Margas Geschwistern nach Apahapsili, weil Klaus Bretter sägen und Gert in der Poliklinik Yalifrauen Spiralen zur Geburtenverhütung einsetzen wollte. Es waren fünf schöne gemütliche Tage; abends haben wir lange Canasta gespielt.
Montags flogen dann Scheepstras mit dem ersten Flug nach Angguruk zurück. Wir wollten den zweiten Flug nehmen, doch das Wetter zog sich zu. Der zweite Flug klappte nicht mehr, wir mussten bleiben. Mittags hörten wir, dass Marga krank sei. Am nächsten Morgen dann war es so schlimm mit ihr geworden – sie hatte die ganze Nacht erbrochen, so dass sie austrocknete und Infusionen brauchte – dass Gert, der nicht genau wusste, was es war, so schnell wie möglich mit ihr nach Papua Neuguinea wollte. Pilot Pablo brachte uns nach Angguruk, und mit demselben Flugzeug flogen Gert und Marga weg, Marga mit Infusionen am Arm und auf der Bahre liegend. Sie bekamen in Wamena ein anderes Flugzeug, das sie nach PNG brachte.
Da saßen wir nun mit Margas verstörten Geschwistern und den Kindern. Außerdem war noch ein Arzt aus Holland da, ein Sekretär der ZNHK, der Scheepstras besuchen und mit ihnen ihre Arbeit besprechen wollte. Der blieb dann eben bei uns. Nach zwei Tagen flogen alle Besucher wieder ab, ohne vorher genaue Nachricht von Margas Zustand bekommen zu haben. Uns erreichte nur ein Telegramm, dass

Ich fädele Blüten des Wandelröschens zu einer Kette auf. Die Schnur ist ein langer Grashalm.

die Untersuchungen noch andauerten und Gert und Marga sicher noch zwei Wochen bleiben müssten.

Als der Sekretär der ZNHK und Margas Geschwister weg waren, zogen die drei Kinder zu uns. Das war ein Fest für die Kinder! Ich musste schon ein strenges Regime führen, um nicht durchzudrehen. Cornelis und Wynand hatten schrecklichen Durchfall. Jeden Morgen nasses Zeug, beide in die warme Duschwanne, tagsüber bis zu zehnmal Windeln wechseln, ich kriegte bald einen sch.... Komplex!

Zu meinen nun sechs Kindern bekamen wir noch Besuch von Herrn Schekatz und Herrn Werth von der VEM. Auch der Sekretär der ZNHK kam wieder. Er wohnte zwar nicht bei uns, aß aber hier.

Wider Erwarten meldeten Scheepstras ihre baldige Rückkehr. Marga hatte einen Nierenstein, der glücklicherweise ohne Operation abgegangen war. Da habe ich schnell ihr Haus saubergemacht, Betten bezogen, Brot und Plätzchen gebacken. Damit Marga sich nicht gleich in die Arbeit stürzen musste, habe ich alle noch drei Tage lang zum Essen eingeladen (18 Mann!).

Um das Maß vollzumachen, kamen noch Hanna und Martha aus Polimo im ‚medical emergency'. Martha war so krank, dass Hanna Angst bekam. Sie wurde hier untersucht: Malaria tropica, welches die schlimmste Sorte von Malaria ist. Sie kamen also noch dazu, und ich wusste kaum noch, wo mir der Kopf stand. Die Kinder wurden immer vorgefüttert und früh zu Bett gebracht, während abends lange gesessen und geredet wurde. Ich war so erschöpft, dass ich zweimal im Sessel eingeschlafen bin.

Nun sind die Besucher wieder abgeflogen, die Kinder wieder zu Scheepstras zurück – jedenfalls nachts, spielen tun sie doch immer hier – Klaus ist mit Hanna, Schekatz und Werth an die Küste geflogen, um dort mit Baute und Thimme eine VEM-Konferenz abzuhalten. Das Haus ist leer, die Verpflichtungen sind weg und meine Reaktion ist große Müdigkeit und Schwunglosigkeit. Ich wollte eigentlich unsere Liege neu beziehen, denn der Stoff geht überall kaputt, ich sollte die Segeltuchsessel waschen, ich sollte Susannes Schulsachen fertig machen, ich sollte Briefe beantworten, ich sollte .... und bringe es zu nichts."

Vielleicht sollte ich noch erwähnen, dass meine Mutter zu dem Zeitpunkt im 7. Monat schwanger war.

Erika: „Hans-Dieter Baute fliegt nun auch in zwei Wochen nach Hause. Seine Arbeit hat Klaus auch noch übernommen, er vertritt nun drei Pastoren und einen Verwaltungsmann. Wenn Klaus übermorgen von der Küste zurückkommt, ist

Tasman (re.) und Gerson in unserer Küche.

er drei Tage hier, dann geht er nach Poronggoli zur Yali-Konferenz, dann nach Eipomek, Apahapsili, Pagai, Kosarek, ...Vielleicht ist er wenigstens zur Geburt mal hier!“

„Ich breche Dir die Süßkartoffel"

Klaus: ‚Unsere diesjährige Yali-Konferenz war eine sehr gute Konferenz, bei der deutlich wurde, dass die Yali immer selbständiger werden und die Themen der Tagesordnung selber setzten. Sie sind fähig, verantwortlich, engagiert und diszipliniert, zu diskutieren und Entscheidungen zu treffen. Wichtigster Punkt war diesmal die Erarbeitung und Einführung der christlichen Eheschließung. Sie soll folgendermaßen verlaufen: Der kirchlichen Trauung geht die Zustimmung der Familie und die Bezahlung für die Frau (Brautpreis) voraus. Danach erbitten die jungen Leute und ihre Familien die Trauung in der Kirche. Sie findet im sonntäglichen Gottesdienst statt. Es werden die entsprechenden biblischen Stellen verlesen und eine kurze Ansprache gehalten. Sodann werden konkrete Fragen zuerst an den Mann und dann auch an die Frau gestellt, die sie frei zu beantworten haben, etwa: Weißt du, dass diese deine Frau wie du ein Kind Gottes ist? Dass Gott sie dir anvertraut? Willst du für sie und für deine Kinder fleißig den Garten bestellen, so dass sie keinen Hunger leiden müssen? Willst du sie lieb haben und sie vor diesen deinen Brüdern als deine Frau annehmen? Auch wenn diese deine Frau später ‚verwelkt', wirst du ihr trotzdem treu bleiben und zusammen mit ihr alt werden? Wenn deine Frau keine Kinder bekommt, wirst du sie dann nicht verstoßen und eine andere nehmen?

Ähnliche Fragen, die das Leben und die Pflichten der Frau betreffen, werden auch an sie gestellt. Danach fragt der Evangelist: ‚Welchen Sinn hat es, dass ihr jetzt zusammen

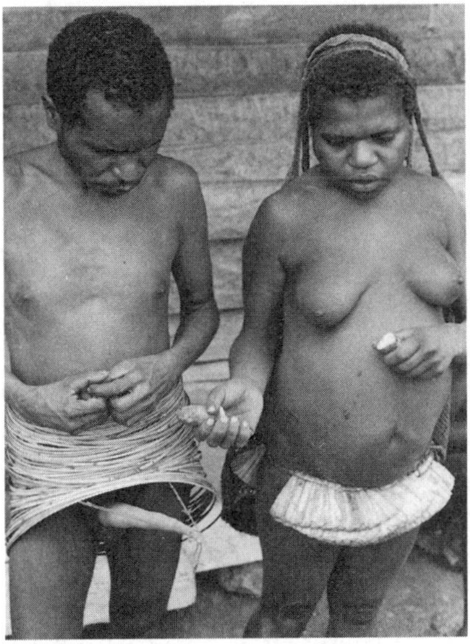

Die neue Yali-Hochzeit: die Frau bricht dem Mann die Süßkartoffel.

eine Süßkartoffel eßt?‘ Darauf spricht die Frau zum Mann: ‚Ich breche dir, meinem Mann, die Süßkartoffel als Zeichen dafür, dass ich für dich sorgen will.‘ Mit diesen Worten bricht sie ihm ein Stück der Kartoffel ab und übergibt es ihm. Danach sagt der Mann: ‚Ich gebe dir, meiner Frau, die Süßkartoffel, weil auch ich für dich sorgen will.‘ Nach diesem traditionellen Jawort tauschen sie die Süßkartoffelhälften aus und essen sie auf.

Schon in der alten Yali-Gesellschaft ging die Initiative zum Beginn des gemeinsamen Zusammenlebens von der Frau aus. Sie lud den Mann zum Süßkartoffelessen ein und bekundete damit ihren Willen, fortan in ehelicher Gemeinschaft mit dem Mann zu leben. Dieses Element wollten die Yali in der kirchlichen Eheschließung als symbolisches Zeichen aufnehmen und erhalten.‘

Erdbeben!

Erika: „Erdbeben! Wir haben das bisher stärkste Erdbeben hier erlebt. Es war nachts und dauerte fast zwei Minuten. Das ist lang! Ich wurde wach weil mein Bett ‚tanzte' und im Haus alles fiel und klirrte. Zum Glück ging dabei nichts Wertvolles oder Wichtiges zu Bruch. Draußen gab es viele Erdrutsche mit Getöse und Staub, aber auch da ist zum Glück nichts Ernsthaftes passiert. Die Erdrutsche sind an Stellen, wo es keine Gärten oder Dörfer gab, heruntergekommen.
Am nächsten Morgen hörten wir am Funk, dass das Zentrum weiter östlich gewesen sei. Dort ist 80 – 90 % der Erde abgerutscht, alles Gartenland ist weg, Dörfer verschüttet, Flüsse gestaut, drei Strips kaputt, ca. 250 gezählte Tote, viele viele Vermisste und ungezählte Verletzte. Für lange Zeit wird es Hunger geben, weil alle Gärten weg sind. Eine unbeschreibliche Katastrophe!
Wir saßen zwei Tage nur am Funk, um alles zu erfahren. Mit Hubschraubern holte man eingeschlossene Menschen heraus. Einige der Verletzten kamen nach Angguruk ins Krankenhaus. Das Erdbeben ist nun anderthalb Wochen her, aber noch immer gibt es Nachbeben. Die Kinder haben schreckliche Angst und kommen jetzt jede Nacht in unser Bett."

Beim Durchlesen der alten Briefe sagte Mama jetzt: „Mein Gott, was habe ich doch vieles in den Briefen verharmlost, damit sich keiner in Deutschland Sorgen um uns macht. Das Erdbeben, zum Beispiel, war viel schlimmer, als ich es hier darstelle. Es war pechschwarze Nacht, alles war voller

Staub, wir hörten das grollende Geräusch der Erdrutsche und konnten nicht sehen, wo sie heruntergingen. War es der Berg hinter uns? Würde uns die Erde unter sich begraben? Wir hörten die Schreie der Menschen in den Dörfern um uns herum und wussten nicht, was ihnen gerade geschah.Ich versuchte zu euch schreienden Kindern zu gelangen, konnte mich aber nur auf allen Vieren mühsam vorwärts bewegen und mich im Dunkeln an der Wand entlangtasten. Alles wackelte. Es war ein Albtraum. Erst am Morgen konnten wir sehen, was geschehen war. Seit dem Beben brannte übrigens immer nachts eine Lampe im Flur, damit ich nie wieder bei einem Erdbeben im Dunkeln sitzen musste."

Klaus: „Das Erdbeben hatte die Stärke 7,8 auf der Richterskala. Aus allen Dörfern ringsum hörten wir die Schreie der Yali: ‚*O mek, o mek humon angolo*', ein Erdbeben, ein sehr starkes Erdbeben! Sehen konnten wir nichts, auch war die Station in eine dichte Staubwolke gehüllt, die das Atmen erschwerte. Im Morgengrauen kamen hunderte verängstigte Menschen auf die Landebahn. Über Funk hatten wir bereits erfahren, dass das Epizentrum 20 Flugminuten weiter östlich bei Eipomek lag. Dort waren über eintausend Menschen verschüttet und wurden fieberhaft gesucht.
In Angguruk hatten wir großes Glück, ein riesiger Felsbrocken hatte sich oberhalb der Station gelöst und war zum Fluß hinabgestürzt. Er verfehlte dabei das Dorf Sengfeng nur um fünf Meter. Dieser Felsbrocken hätte auch die Station und unser Haus treffen können, wenn er einen anderen Weg eingeschlagen hätte. Was für eine Bewahrung! Allerdings gab es in unserer Nähe einige Tote: in dem Dorf Tanggeam starben sieben Menschen und auch in Kosarek wurden einige Menschen verschüttet.
Wir zogen vom Flugfeld zur Kirche, in der sich etwa ein-

tausend Menschen versammelten. ‚Warum gibt es noch Erdbeben?‘, fragte Häuptling Kolubak, ‚Wir haben doch die Netze verbrannt, die im Tula Haus hingen. Sie können doch das Erdbeben nicht mehr verursachen.‘

Mit schlichten Worten und Bildern versuchte ich das Entstehen der Erdbeben zu erklären: ‚Ihr alle habt eben auf dem Flugplatz gestanden. Ihr habt gesehen, wie sich drüben auf der anderen Seite des Yaholi-Flusses aus der steilen Felswand ein großer Felsblock gelöst hat und in den Yaholi gestürzt ist. Habt Ihr auch gespürt wie beim Aufschlag die Erde ein bisschen zitterte? Ich habe es unter meinen Füßen gemerkt. Ihr auch?‘

‚Ja, wir haben es gespürt.‘

‚Oder wenn der Yaholi nach tagelangem Regen gewaltig ansteigt und alle Brücken wegreisst, dann hört ihr wie mächtige Steinquader mit den Fluten transportiert werden, wie sie im Getöse der Flut gegeneinander schlagen. Auch dabei können wir unter unseren Füßen spüren, wie die Erde zittert. Ist es nicht so?‘

‚Ja, genauso ist es.‘

‚So ähnlich ist es beim *o mek*, beim Erdbeben.‘ Ich erzählte ihnen von den Erdplatten und dass wir uns in Irian genau über der Nahtstelle zweier Platten befinden. Wenn diese sich aneinander reiben dann ist das viel gewaltiger noch als der Felsbrocken, der in den Yaholi stürzt und das Zittern entsprechend stärker. ‚O mek hat nichts mit den Netzen zu tun, die früher im Tula-Haus hingen. Es sind die Bewegungen der Erde, die das Erdbeben auslösen.‘

Ich erzählte ihnen, dass östlich von uns etwa eintausend Menschen in Eipomek verschüttet wurden. Da ging ein grosses Erschrecken und Entsetzen durch die Gemeinde. Die

Frauen fingen an zu weinen und zu klagen und stimmten den Totengesang an. Dann stand der Gemeindeälteste Ananias spontan auf und las aus dem Psalm 46 die Verse 1-8. Darin heißt es unter anderem: *Gott ist unsre Zuversicht und Stärke, eine Hilfe in den großen Nöten, die uns getroffen haben. Darum fürchten wir uns nicht, wenngleich die Welt unterginge und die Berge mitten ins Meer sänken, wenngleich das Meer wütete und wallte und von seinem Ungestüm die Berge einfielen.*
Unvergesslich bleiben mir Ananias' Worte: ‚Wir sind noch einmal davongekommen. Gott hat unser Leben bewahrt. Dafür wollen wir dankbar sein. Es war heute Nacht als ginge die Welt unter, als stürzten die Berge mitten ins Meer. Aber seid gewiß, wenn wir alle heute Nacht gestorben wären, dann hätten wir unser ewiges zu Hause in der Stadt Gottes gefunden, die von keinem Erdbeben erschüttert werden kann. Wie gut, dass wir bei Gott geborgen sind. Doch große Not ist über unsere Schwestern und Brüder hereingebrochen. Und wenn ihr heute in eure Gärten geht, dann denkt an die Leute von Eipomek und bringt alle Süßkartoffel, die ihr erübrigen könnt, morgen früh zur Station, damit sie zu den leidenden und hungernden Menschen geflogen werden können. Wir sind verschont worden, damit wir denen helfen, die in Not geraten sind. So danken wir es Gott.' Es war ein sehr bewegender, spontaner Gottesdienst.
Schon am gleichen Tag kamen die ersten Hubschrauber mit Patienten aus dem Erdbebengebiet und haben auf dem Rückweg Süßkartoffel mitgenommen. Wochenlang wurden auf allen Stationen Süßkartoffel und Gemüse gesammelt und neben dem Reis aus der Soforthilfe der Regierung zu den Notleidenden gebracht."

Die Zahlen, die drei Wochen später genannt wurden, ergaben, dass 343 Menschen ums Leben gekommen waren, 1500 noch vermisst wurden und 7000 Menschen ihr Gartenland verloren hatten.

Erika: „Susanne ist bald hysterisch vor Angst, weil wieder alles wackelt und die Erde rutscht. Es sind jetzt fünf Wochen her seit dem großen Beben, aber wir haben immer noch fast täglich kleine bis große Beben, die neue Erdrutsche auslösen. Im Haus wackelt dann alles schrecklich, leichte Sachen kippen um, und Susanne wird dann kalt und starr vor Angst. Jede Nacht muss das Licht brennen, und wackelt es abends, so sind natürlich alle Kinder in unserem Bett. Ich muss gestehen, ich bin es bald leid, es ist ja doch ein bisschen unheimlich."

Ja, die Erdbeben waren immer eine spannende Sache. Dass ich in der ersten Zeit so große Angst vor ihnen hatte, weiß ich nicht mehr, aber es ist nicht verwunderlich. Aufregend und auch beängstigend war es allemal. Bei diesem nächtlichen Beben hat unser Etagenbett so gewackelt, dass ich nicht mehr in der oberen Etage schlafen wollte. Am nächsten Morgen hat Papa das Bett an die Wand geschraubt, und so kehrte ich zögernd in mein Bett zurück.
Die Erdbeben nachts waren die schlimmsten, denn man konnte nichts sehen. Tagsüber galt die Regel: bei Erdbeben aus dem Haus rennen und sich umschauen, ob der Berg hinterm Haus abrutscht. Dort gab es öfter kleine Erdrutsche, und Steine, die dort herunterfielen, konnten durchaus bis zu unserem Haus rollen.
Mit jedem Erdbeben gewöhnte man sich mehr an sie, und später waren sie für mich eher aufregend als beängstigend. Es war sogar sehr imposant mitanzusehen, wie ganze Berghänge abrutschten. An der Felswand auf der anderen

Mein Vater hilft, einen Kranken aus dem Helikopter zu heben.

Seite des Yaholi gab es bei jedem Erdbeben wieder einen Rutsch, der immer mehr blanken Fels freilegte.

Erika: „Vor einigen Tagen flogen wir mit der ganzen Familie nach Pagai, unserem Landwirtschaftsposten am Mamberamo. Ich wollte das Projekt gerne sehen, bevor das Baby kommt. Der Mamberamo ist ein Fluss mit Krokodilen im Tiefland mitten im tropischen Urwald, mit anderen Worten: heiß, feucht, viele Moskitos und auch Malaria.
Das Projekt wird geleitet von einem jungen Mann, Rumere, aus Biak. Er hat Frau und Baby dort. Es herrscht dort eine Ruhe und Stille, die nur von Papageiengeschrei und Naturgeräuschen unterbrochen wird. Wir wohnten in einem kleinen Holzpfahlhaus bei Rumeres. Für mich hatten wir

eine Matratze mitgenommen, denn mit dem Bauch kann ich nicht mehr so gut auf Brettern schlafen. Ein jeder bekam ein Moskitonetz, und schon hatten wir es gut.
Frau Rumere bekochte uns mit leckerem Reis und Fisch, und so konnte ich mich zur Abwechslung mal wieder vier Tage an den gedeckten Tisch setzen, brauchte keinen Handschlag zu tun. Die Rumeres hatten sogar ein sauberes Plumpsklo hinterm Haus und eine schöne Badestelle an einem kleinen Fluss, nur 200 Meter vom Haus entfernt. So ein Badezimmer in der Natur ist etwas Feines! Man kann sich so oft baden, wie man will, die Kinder können so viel rumplanschen, wie sie wollen, man braucht hinterher kein Zimmer wieder zu putzen. Wir standen denn auch ständig ‚unter Wasser', anders konnte man die Hitze auch schlecht ertragen. Trotzdem sind wir auch mal richtig auf Regenwaldpfaden gewandelt – für mich ein tolles Erlebnis.
Wir wollten auch mit einem Boot auf dem Fluss fahren, aber das klappte wegen des vorangegangenem Erdbebens nicht. Durch die Erdrutsche ist viel Erde in die Flüsse gelangt. Auch Baumstämme wurden von den Gebirgsflüssen mitgerissen und landeten schließlich im Mamberamo, der die ganze Masse aus Schlamm und Bäumen zum Ozean trug. Der Fluss war unbefahrbar. Alles Fischleben war abgestorben und verursachte auch hier, weit entfernt vom Erdbebengebiet, Hunger und Elend."

Mein erster Schultag

Endlich war er da, der erste Schultag! Seit Tagen schlich ich um meine Mutter herum und fragte: "Wann darf ich endlich in die Schule?" und „Warum kann ich nicht schon heute fliegen?"
Meine Mutter hätte mich auch weiterhin zu Hause unterrichtet. Das tat sie bereits seit ich fünf Jahre alt war. Aber jetzt - mit sechseinhalb - wollte ich in eine richtige Schule gehen. Die einzige in Frage kommende Schule in Irian Jaya war die „MK School" in Sentani. MK stand für „Missionary Kid" und war eine Internatsschule der amerikanischen CAMA Mission. Mit anderen Worten, die Schule war an der Küste, eine gute Stunde Flugzeit von Angguruk entfernt. Ich würde im Internat leben und nur zweimal im Jahr nach Hause kommen können. Der Unterricht war natürlich auf Englisch, aber all das war mir gleichgültig, ich wollte dorthin.
Schon vor Wochen hatte Mama begonnen, mir Englisch beizubringen und mir englische Bücher vorzulesen. Daran kann ich mich nicht mehr erinnern, wohl aber daran, dass Mama und Pat Thimme mich schließlich sogar gemeinsam mit Englisch quälten. Pat war Amerikanerin und Mama bat sie um Hilfe, damit ich nicht nur die Sprache, sondern auch den amerikanischen Akzent verstehen lernte. Wir waren bei ihnen in Abepura zu Besuch, und ich weiß noch, dass ich schließlich unter den Tisch kroch, um ihrem gemeinsamen Eifer zu entfliehen. Ich wollte nur noch in Ruhe gelassen werden. Von da an schaltete ich auf stur, bis sie es schließlich aufgaben. Ich war sehr selbstbewußt, war mir sicher, ich könne inzwischen genug Englisch, um erst einmal zurechtzukommen. Ich wusste, ich würde es schaffen.
So stand ich denn am Morgen des 6. August 1976 mit meinen paar Brocken Englisch, mit Köfferchen und Puppe bewaffnet,

zum Abflug bereit und wartete gespannt auf das Flugzeug. Ich sollte alleine zur Schule fliegen, denn die Internatsleitung hatte darum gebeten, dass die Eltern die Kinder zur ersten Einschulung nicht begleiteten. „Grausam“, schrieb meine Mutter beim Durchlesen meiner ersten Rohfassung dieses Buches an den Rand, und in Klammern: „Jedenfalls für die Eltern!“

Papa hatte dem Piloten bereits den Wetterbericht durchgegeben. Kurze Zeit später hörten wir auch schon ein Motorengeräusch, und während Papa erstaunt rief: „Das kann doch noch gar nicht das Flugzeug sein“, hörten wir auch schon, dass es sich nicht um das Motorengeräusch einer Cessna handelte. Wir rannten neugierig nach draußen, und eine Minute später landete ein Militärhubschrauber mit fünf bewaffneten Soldaten.

Beim Anblick der Soldaten murmelte Mama: „Muss das denn ausgerechnet heute sein?“. Mamas stille Befürchtung bei einem solchen „Überfall“ war immer, dass sie uns des Landes verweisen würden, da sich Papa oft in seiner Kritik gegenüber der indonesischen Regierung nicht zurückgehalten hatte. So ein Einfall von Soldaten konnte aber auch bedeuten, dass sie in der Gegend eine Strafexpedition durchführen wollten. Vielleicht wollten sie aber auch nur vorbeischauen, alles kontrollieren und ihre Macht demonstrieren. Was sie diesmal wollten, darauf waren wir nicht gefasst: sie wollten von allen „Weißen“ die Fingerabdrücke haben, und zwar von allen zehn Fingern!

Und so ließen wir - einer nach dem anderen - unsere Finger in das Stempelkissen drücken und übers Papier rollen. Da mein Flugzeug in Kürze erwartet wurde, durfte ich als erste diese Prozedur über mich ergehen lassen.

Schließlich war es soweit, die Soldaten waren wieder abgeflogen, mein Flugzeug kam, und ich freute mich, als ich sah, dass es Pablo war, der mich zur Schule bringen sollte. Er war mein Lieblingspilot! Paul Pontier – von allen nur Pablo genannt – kam bereits 1956 nach Irian Jaya und war damit

Mein erster Schultag. Pilot Pablo fliegt mich zur Schule.

einer der ersten MAF-Piloten in Irian überhaupt. Er kannte das Land wie kaum ein anderer.
Katja klammerte sich an Mamas Beine und weinte, und auch meine beste Freundin Enny weinte, während mein Vater mir ins Flugzeug half und mich auf dem Sitz des Copiloten anschnallte. Eigentlich sollte ich jetzt wohl auch weinen, dachte ich, aber ich war viel zu aufgeregt dazu. Ich freute mich zu sehr auf dieses neue Abenteuer. Zugegeben, ein wenig mulmig war mir schon, aber es war eher das mulmige Gefühl vor dem Fliegen als die Ungewissheit vor dem, was vor mir lag. Ich lächelte tapfer, denn ich wusste, dass sich Mama noch viel mehr Sorgen machte als ich. Aber der Abschied sollte nicht für lange sein. Wir sollten uns bald wiedersehen, denn Mama hatte mir versprochen, an die Küste zu kommen, sobald mein Geschwisterchen geboren

und kräftig genug zum Verreisen war. Ich hatte gehofft, es würde noch vor meiner Abreise geboren werden. Leider tat es mir den Gefallen nicht.

Wir flogen ab, und Pablo drehte noch eine Ehrenrunde über Angguruk und wackelte zum Abschied mit den Flügeln, bevor es nach Sentani ging. Dazu schrieb Mama wieder an den Rand meines Skripts: „Kaum war das Flugzeug um die Ecke, war es vorbei mit meiner Beherrschung. Ich brach in Tränen aus und wurde ihrer an dem Tag nicht mehr Herr."

Während des Fluges unterrichtete Pablo die Schule von meiner baldigen Ankunft. In Sentani angekommen, brachte Pablo mich in die Wartehalle der MAF, gab mir zu verstehen, dass ich hier warten solle; und flog wieder weg. So saß ich etwa zehn Minuten in der Wartehalle, bis ein Mann mit zwei Jungen im Nebenraum an den Schalter trat und den dort arbeitenden Mann etwas fragte. Dieser wies daraufhin in meine Richtung. Der Mann kam auf mich zu und fragte „Are you Suzannah Roider?". Ich sah ihn mit großen Augen entsetzt an. Panik stieg in mir auf. Ich dachte, ich könnte genug Englisch, um das Nötigste zu verstehen, aber ich verstand gar nichts! Der Mann sprach mit extrem breitem amerikanischem Akzent. Ich sagte mir, Panik bringt nichts, versuch ruhig zu bleiben und versuche ihn zu verstehen. Hatte der Mann nicht „Are you ...." gesagt? Er wiederholte die Frage und dieses Mal erkannte ich eine gewisse Ähnlichkeit zwischen „Suzannah Roider" und „Susanne Reuter" und nickte. Ganz sicher war ich mir aber nicht.

Die beiden Jungen kamen jetzt auch um die Ecke geschlichen, und ich war erleichtert, als ich sie erkannte. Sie waren die Söhne eines holländischen Missionars, der gelegentlich mit seiner Familie nach Angguruk kam. Der Mann – Uncle Roger – fragte die Jungen nun auch, ob ich „Suzannah Roider" sei. Sie bestätigten es, und so schnappte sich Uncle Roger mein Gepäck, und wir fuhren zur Schule.

Dort angekommen, wurde ich von Auntie Mary, unserer Hausmutter, begrüßt und in das Zimmer geführt, das ich mit fünf anderen Mädchen teilen sollte. Sie zeigte mir mein Bett, meine Kommode und meinen Kleiderschrank und gab mir zu verstehen, dass ich erst einmal auspacken solle. Dann war ich wieder allein und sah mich neugierig um. Das Zimmer war sehr breit, aber nicht sehr tief und war mit sechs Betten das größte Schlafzimmer des Internats. Die Betten waren nebeneinander unter den Fenstern aufgestellt, so dass das Fußende ins Zimmer ragte, und zwischen jedem Bett stand eine Kommode. An der gegenüber liegenden Wand befanden sich die eingebauten Kleiderschränke aus Backstein.

Ich verstaute gerade meine Sachen in der Kommode, als drei Mädchen ins Zimmer kamen und mich neugierig betrachteten. Nun wurde ich doch nervös. Was würden sie wohl von mir denken? Wie sollten wir uns verständigen? Ob wir wohl Freunde werden würden? Wie sollte ich mit ihnen warm werden, wie das Eis brechen? Dann fiel mein Blick auf das Kaugummi, das Mama mir eingepackt hatte. Ich nahm es und reichte es den Mädchen. Dies löste nicht die gewünschte Reaktion aus. Statt freudig zuzugreifen, wurden sie hektisch und fingen alle gleichzeitig an zu sprechen. Sie redeten auf mich ein, schauten nervös zur Tür, und ich sah sie nur verblüfft an. Ich verstand gar nichts. Das war ja schwieriger, als ich gedacht hatte!

In dem Moment betrat noch ein Mädchen das Zimmer – Ellen. Die anderen wandten sich ihr zu und versuchten ihr das Problem zu erklären. Wie alle bereits wussten, war ich Deutsche und konnte kein Englisch. Ellen war Holländerin, und deshalb sollte sie es mal mit Holländisch versuchen. Ellen konnte bereits ein bißchen Englisch, da sie zu Hause viel Kontakt mit Amerikanern hatte. Und ich konnte – dank unserer Nachbarn in Angguruk – Holländisch verstehen. Ellen erklärte mir, dass es verboten sei, Kaugummi zu kauen. Ich solle es am besten gleich wegwerfen, bevor Auntie Mary es sah. Durch diese gemeinsame erste Aufregung war das Eis gebrochen, und es stellte sich heraus, dass ich auch mit Debbie reden konnte, die Indonesisch sprach. Die anderen

Mädchen sprachen neben Englisch nur die jeweilige Eingeborenensprache. So hatte ich zwei Dolmetscher, die mir über die erste Zeit hinweg halfen. Ellen wurde schließlich meine beste Freundin.
Obwohl ich bald Englisch verstand und auch hätte sprechen können, tat ich es nicht. Alle waren so rührend um mich bemüht, dass ich es richtig genoss, im Mittelpunkt zu stehen und umsorgt zu werden. Wenn wir uns abends zum Gebet in Auntie Marys Wohnzimmer einfanden und ich an der Reihe war mit Beten – ich war erstaunlich oft dran, da ich reden üben sollte – sprach immer ein anderes Mädchen das Gebet vor und ich musste es nachsprechen. Nur dann machte ich den Mund auf und sprach Englisch.
Nach zwei Wochen wären fast die ersten Worte aus mir herausgesprudelt, aber ich biss mir immer wieder auf die Zunge. Ich wollte die Aufmerksamkeit noch ein bisschen genießen, das Unvermeidliche noch ein wenig hinauszögern. Nach zwei Monaten sprach ich schließlich, von einem Tag auf den anderen, und zwar so, als hätte ich nie eine andere Sprache gesprochen. Leider ging der Schuß nach hinten los, als Katja zur Schule kam. Ich wurde von den Lehrern und vor allem von der Bibliothekarin immer wieder geneckt: „Du hast zwei Monate gebraucht, bis du Englisch sprachst, deine Schwester konnte es in zwei Wochen“. Was hat mich dieser Spruch geärgert!

„Für die Schule bekamen wir eine klare Kleiderordnung“, erzählte Mama später. „Fünf Schulkleider, zwei Sonntagskleider, drei bis vier Sport – und Freizeit-Outfits (keine kurzen Hosen), ein Badeanzug und Unterröcke. Wir hatten das meiste nicht. In Angguruk genügten kurze Hose und T-Shirt. Einiges habe ich noch genäht, anderes bekamen wir von befreundeten Missionaren, deren Töchter aus ihren Kleidern herausgewachsen waren. Es war ein großer Aufwand, all dies zusammenzustellen.“ Um so ärgerlicher war es, als am Tag nach meiner Einschulung Auntie Mary fast

alle meine Kleider wieder nach Hause schickte, mit der Bitte, sie zu verlängern. Sie seien zu kurz. Meine Mutter fand das ziemlich lächerlich, ich war ja schließlich erst sechs Jahre alt. Wen interessiert in dem Alter die Rocklänge und ob man beim Bücken ein Stück Unterhose sehen kann?
Sie verlängerte die Kleider natürlich trotzdem, so wie sie zuvor schon Unterröcke aus schlichtem weißen Stoff genäht hatte, obwohl es ihr widerstrebte, Kindern in dem Alter und in der Hitze Unterröcke zuzumuten. Doch wie beneidete ich die amerikanischen Mädchen um ihre Spitzenkleider, Spitzenunterröcke und Spitzenunterhosen! Ich fand das total schick, aber meine Mutter hatte kein Verständnis für diesen Schnick-Schnack, und es bedurfte einiges an Bitten und Betteln, bis sie mir endlich ein „kitschiges" Kleid nähte mit rosa Karos und rosa Blümchenborte. Sie nähte mir schließlich auch ein bisschen Spitze an die selbstgenähten Unterröcke.
Zu Anfang konnte ich noch unterscheiden – so sind die „Amerikaner", so sind wir. (Die „Amerikaner" mögen mir bitte verzeihen, dass ich sie hier in eine Schublade stecke.) Doch im Laufe der Zeit wurde ich selbst zur „Amerikanerin".
Im ersten Schuljahr, als meine Mutter mich besuchte und im Gästehaus in Abepura wohnte, mich nachmittags von der Schule abholte und morgens wieder hinbrachte, durfte ich einmal Ruth und Debbie mit nach Abepura nehmen. Weil es so heiß war, wollten wir im Wasser spielen. Mama brachte uns eine große Wäschewanne vor das Haus und füllte sie mit Wasser. Nun standen Ruth und Debbie vor dem Problem, dass sie keinen Badeanzug dabei hatten. Mama erzählte mir, ich hätte daraufhin ganz trocken gesagt: „Don't worry, here are no Americans", sei mit Unterhose in die Wanne gestiegen, und Ruth und Debbie hätten es mir zögerlich nachgemacht. Später hätte ich das nicht mehr getan. Da brauchte auch ich den Badeanzug, hätte nicht mehr nur in Unterhose gebadet. Ich musste mich später stark überwinden, in Angguruk ein Grasröckchen anzuziehen, fing an zu überprüfen, ob man

wirklich nicht durch mein Kleid hindurchsehen konnte, und achtete genau auf die Rocklänge.

Dreizehn Tage nach meiner Einschulung wurde mein Bruder Michel geboren, und wie versprochen kam meine Mutter vier Wochen später mit ihm an die Küste geflogen. Irgendjemand muss mich zur MAF gebracht haben, denn ich stand dort am Flughafen, als meine Mutter mit dem Bündel auf dem Arm auf mich zukam. Kaum sah ich sie, fragte ich: „Wo ist Katja?“

Ich schaute an Mama vorbei, dachte sie müsse wohl noch beim Flugzeug sein. Als Mama „In Angguruk“ sagte, fing ich an zu weinen und zu schluchzen und machte zum ersten und einzigen Mal in meinem Leben (zumindest in meiner Erinnerung) eine richtige Szene. „Ich will Katja! Wo ist meine Katja? Wieso hast Du sie nicht mitgebracht?“ rief ich immer wieder. Wir waren immer unzertrennlich gewesen, und ich konnte nicht begreifen, wie Mama ohne sie kommen konnte. Wie konnte sie erwarten, dass ich ohne Katja auch nur einen Blick auf mein Brüderchen werfe?

Pablo, der Mama nach Sentani geflogen hatte, kam gerade vorbei, als Mama schier nicht mehr wusste, wie sie mich beruhigen sollte. Er begriff die Lage sofort und sagte zu Mama: „I'll go and get her“. Er stieg ins Flugzeug, funkte meinem Vater und bat ihn, ein paar Sachen für Katja zusammenzupacken. Er komme sie zu holen. Lieber, lieber Pablo! Das werde ich dir nie vergessen!

So beruhigt konnte ich mir schließlich meinen Bruder anschauen. Wir wohnten im Gästehaus der MAF, und Katja und ich verbrachten ein paar wunderbare Tage damit, Michel im geliehenen Kinderwagen kreuz und quer über den Komplex zu schieben und ihn stolz überall zu zeigen. Er war das schönste Spielzeug, das wir je hatten. Und er hat alles geduldig ertragen.

MK School Sentani

Der Schulkomplex lag oberhalb von Sentani an einem Berghang, dem „Mission Hill“, und war als ein Viereck aufgebaut. Die Mitte bildete eine große Wiese. An den beiden längeren Seiten standen sich das Internatsgebäude und die Schule gegenüber. An einer der kürzeren Seiten befanden sich Speisesaal und Küche, gegenüber die Turnhalle. Ein Weg umrandete die Wiese und führte an allen Gebäuden vorbei. Etwas abseits gab es noch die Bibliothek, die Kirche und ein Schwimmbad. Die Schule reichte bis zur achten Klasse. Danach mussten die Schüler entweder nach Australien oder Malaysien zur weiterführenden Schule.

Das „dorm“, das Internat, war ein lang gezogenes Gebäude, in deren linken Hälfte wir Mädchen, Auntie Mary und die Krankenstation untergebracht waren, während in der rechten Hälfte die Jungen wohnten und sich eine Gästewohnung befand. Der großzügige Empfangs- und Aufenthaltsraum bildete die Mitte und davor gab es eine große Terrasse. Die Hauseltern Uncle Roger und Aunt Cheryl wohnten mit ihrer Tochter in den Räumen hinter dem Aufenthaltsraum.

Der Schulalltag sah so aus, dass wir etwa bis 12:00 Uhr Schule hatten, danach Mittagessen und Mittagsschlaf. Anschließend hatten wir weitere zwei Unterrichtsstunden. Der Rest des Nachmittags war frei, und die Kinder, die nicht im Internat wohnten, wurden von ihren Eltern wieder abgeholt. Das Schuloutfit wurde gegen ein Freizeitoutfit getauscht, und dann durften wir spielen. Nach dem Abendessen saßen wir oft bei Auntie Mary. Sie las uns vor, schrieb mit uns Briefe an die Eltern und hielt mit uns die Abendandacht.

Das CAMA Internat, in dem etwa 30-40 Kinder wohnten, war nicht das einzige Internat. Andere Missionsgesellschaften hatten eigene Häuser für ihre Kinder auf dem „Mission Hill“

gebaut. Weitere Schüler lebten bei ihren Eltern in Sentani, Abepura und Umgebung, aber alle gingen in die CAMA Schule, so dass es in jeder Klasse (Stufe) etwa 10 – 20 Kinder gab. Die meisten Schüler waren Amerikaner oder Australier, einige waren Holländer und – außer den Thimme Kindern, die in Abepura wohnten – war ich die einzige Deutsche.

Erika: „Ich fragte Susanne kürzlich, wer ihr denn eigentlich meine Post vorlese, ich schreibe ihr doch jede Woche. Sie: ‚Niemand.' Ich: ‚Was machst du denn mit den Briefen?' Sie: ‚Tue ich in die Kommode.' Ich: ‚Wenn du die nicht liest, brauch ich ja auch nicht mehr zu schreiben.' Sie: ‚Aber ich lese sie doch, ich ganz allein, und wenn ich mal ein Wort nicht weiß, dann hilft Ellen.' Sie sagte, sie könne schon alles lesen, alles zusammenbuchstabieren."

Als ich diese Zeilen niederschrieb, stutzte ich und überlegte. Ich griff zum Telefon und wählte die Nummer meiner Eltern. „Mama, in welcher Sprache hast du mir damals geschrieben?", fragte ich. „Auf English", antwortete sie. „Alles was mit Schule zu tun hatte, lief bei dir auf Englisch. Auch wenn du uns Geschichten aus der Schule erzählt hast, tatest du es immer auf Englisch, auch wenn du in Angguruk warst." Nur Anrede und Abschluss schrieb Mama auf Deutsch.
Unser Postsystem funktionierte folgendermaßen: Mama nähte rote Säckchen, in die die Briefe gesteckt wurden. Die Säckchen konnte man wenden. Auf der einen Seite gab es einen weißen Aufnäher, auf dem „Susanne Reuter, MK School, Sentani" stand, auf der anderen Seite stand „Reuter, Angguruk". Ich musste die Säckchen nur wenden, um meine Briefe abzuschicken. So gingen die Säckchen hin und her, und wenn die Post in der Schule verteilt wurde, konnte ich immer schon von weitem sehen, ob Post für mich dabei war. Die roten Säckchen stachen ins Auge. Oft waren neben dem Brief noch Süßigkeiten oder andere kleine Geschenke darin.

Freitag abends war „fun night". Die Hauseltern dachten sich immer etwas Besonderes aus. Entweder wurden Spiele gespielt, ab und an gab es sogar eine Schnitzeljagd, oder es gab einen Rollschuhlauf mit Musik in der Turnhalle. Das mochten wir am liebsten. Gelegentlich unternahmen wir an den Wochenenden Ausflüge. Dann mieteten die Hauseltern einen Bus und fuhren mit uns ans Meer oder in die Stadt nach Jayapura. Manchmal verbrachten wir den Tag an einem Fluss in der Nähe der Schule, der einen kleinen Wasserfall und ein natürliches Sprungbrett hatte. Das waren großartige Ausflüge!
Wir legten gemeinsam einen Garten an, um den wir uns kümmerten, hatten jedes Jahr eine Art Bundesjugendspiele, konnten uns frei auf dem Berg bewegen, konnten Instrumente erlernen und in der „Band" mitspielen. Das Angebot war groß und wir hatten nie Langeweile. In der ersten Klasse lernten wir Blockflöte spielen, in der zweiten Klasse durften wir weitere Instrumente erlernen, sofern wir das Einverständnis der Eltern für das jeweilige Instrument hatten. Ich wollte unbedingt Klarinette lernen. Als Papa mich das nächste Mal besuchte, bat ich um Erlaubnis. Er wollte mich dazu überreden, Trompete zu lernen, da er sie selber spielte und wir eine Trompete zu Hause hatten. Ich wollte aber nicht, blieb stur, und so gab er schließlich sein Einverständnis. Ich spielte erst in der kleinen Band, später in der Big Band, das Ziel aller „Musiker". Die „Band Concerts" waren das absolute Highlight der Saison. Wir waren aufgeregt und nervös, wenn wir das Gelernte vor einem großen Publikum aus Eltern, Lehrern und Besuchern vortragen durften. Wenn ich mir heute die Cassettenaufnahmen der Konzerte anhöre, sträuben sich mir die Haare, doch es hat einfach riesig Spaß gemacht, und das war das Wichtigste.
Da Kinder bekanntlich tierlieb sind, war es uns gestattet, Haustiere zu haben, aber nur eine Sorte: Grashüpfer. Wir fanden sie in den Blumen und Sträuchern vor unserem Internatsgebäude. Sie waren viel größer als die Grashüpfer

in Angguruk und hatten viel schönere Farben. Wir suchten die größten und schönsten Grashüpfer aus, fingen sie und brachten sie zu Auntie Mary oder Aunt Cheryl. Die Hausmütter banden ihnen einen Bindfaden um den Hals, und mit dieser „Leine“ konnten wir die Grashüpfer an unsere Bettpfosten binden. Sie konnten in einem Radius von etwa einem Meter um den Bettpfosten hüpfen. Wir gaben ihnen Namen, gaben ihnen ihre Lieblingsblätter zu essen, stellten Wasserschälchen hin und bemühten uns, sie an ihre neue Umgebung zu gewöhnen.

Leider gefiel es den Grashüpfern nicht wirklich bei uns, und so starben sie spätestens nach zwei Tagen. Das machte uns immer sehr traurig, und wir durften den Grashüpfern dann ein würdevolles Begräbnis geben. Manchmal nahmen auch die Hausmütter an der Bestattung teil. Wir beteten für die Verstorbenen und besuchten noch tagelang ihre Gräber und legten Blumen hin - bis wir wieder einen anderen schönen Grashüpfer fanden.

Die einzigen anderen tierischen Bewohner des Internats waren Kakerlaken. Sie störten uns wenig, denn sie wohnten im Boden unterhalb der Toiletten und zeigten sich nur gelegentlich durch ein kleines Loch im Boden, und zwar dort, wo die Kloschüssel im Boden verankert war. Nun war es aber so, dass die Behausung der Kakerlaken dort unter der Erde sehr beengt war und die Population stark anstieg. So beschloss der Kakerlakenrat eines Tages, einen Teil der Bevölkerung aus der überfüllten Wohnung in neue Gebiete umsiedeln zu lassen.

Als nun der auserwählte Trupp mutig ins Ungewisse auszog und sich einer nach dem anderen durch das Loch im Boden questschte, saß ich gerade genüsslich auf eben dieser Toilette und musste mit Schrecken ansehen, wie etwa 50 Kakerlaken aus dem Boden kamen und den Raum inspizierten. Ich gestehe, ich mochte diese Viecher noch nie, ekele mich sogar regelrecht vor ihnen. Also sprang ich, so schnell ich konnte, schreiend von der Kloschüssel auf und holte Hilfe.

Zusammen mit der Hausmutter und allen verfügbaren Freundinnen kehrte ich zur Toilette zurück. Wir waren mit Schuhen bewaffnet und erklärten den Kakerlaken den Krieg. Sie waren in unser Territorium eingedrungen, darauf stand die Todesstrafe. So sehr es mich auch ekelte, mit Schuhen auf Kakerlaken zu schlagen, wir durften sie nicht entkommen lassen, durften kein Erbarmen zeigen. Gefangene gab es nicht. Überall waren schließlich schwarze Punkte an der Wand. So viele Kakerlaken hatte ich nie zuvor auf einem Fleck gesehen.

Mary Eastman – von allen nur Auntie Mary genannt – war hauptsächlich für uns jüngere Kinder zuständig. Sie war klein, rundlich, etwas älter und fast wie eine Großmutter für uns. Wir liebten und fürchteten sie. Katja und ich waren die „nice german girls". Sie mochte uns besonders, da wir höflich, ruhig und vor allem sehr ordentlich waren, letzteres waren die amerikanischen Mädchen meist nicht. Sie stiegen abends aus ihren Sachen, trampelten auf ihnen herum und ließen sie am Boden liegen. Sie waren es offensichtlich gewohnt, dass einer hinter ihnen herräumte. Wenn Auntie Mary androhte die Zimmer und die Schränke zu inspizieren, brach allgemeine Panik aus - nur nicht bei Katja und mir. Wir halfen den Freundinnen schnell die Kommoden aufzuräumen.

Wenn es darum ging, Bestrafung zu vermeiden, hielten wir zusammen, denn Auntie Mary hatte einen Schläger, den sie gerne nach dem Motto „Wer sein Kind liebt, der züchtig es" benutzte. Ich weiß nicht wann und warum ich meine erste Tracht Prügel mit diesem Tischtennisschläger ohne Gummibezug bekam, ich weiß nur noch, dass die anderen Mädchen mir anschließend den Tipp gaben, gleich zu weinen anzufangen. Das würde sie erweichen, und sie würde eher aufhören. Aber ich war zu stolz dazu. Auntie Mary hat es in all den Jahren nicht geschafft, mich zum Weinen zu bringen, und ich musste für meine Sturheit meist die doppelte Portion Schläge einstecken.

Einmal bekamen wir alle sechs eine Tracht Prügel, weil wir nach dem Mittagessen noch ein bisschen gequasselt hatten, anstatt uns gleich zum Mittagsschlaf hinzulegen. Auntie Mary saß in der Regel während des Mittagsschlafs mit ihrem Strickzeug in unserem Zimmer. Dieses Mal hatte sie sich verspätet, wir hatten die Zeit vergessen, und so fand sie uns spielend, statt schlafend vor. Sie hatte ihren Schläger nicht dabei, also griff sie zu einem Lineal. Das Lineal zerbrach irgendwann, doch das konnte sie nicht stoppen. Sie machte mit einer Hälfte des Lineals weiter.

Der Mittagsschlaf dauerte eine Dreiviertelstunde und war die reinste Qual. Da wir überzeugt waren, Prügel zu bekommen, wenn wir uns bewegten, lagen wir 45 Minuten unbeweglich in unseren Betten. Damit Auntie Mary mein Gesicht nicht sehen konnte, wenn sie oft genug auf meinem Bett saß, lag ich auf dem Bauch und hatte die Arme um den Kopf gelegt. Das Problem war nur, dass mir jeden Mittag wieder die Arme dabei einschliefen. Ich konnte sie aber nicht herunternehmen, denn ich war überzeugt, dann Prügel zu bekommen. Es blieb mir nichts anderes übrig als durchzuhalten und zu hoffen, dass die Zeit bald um sei. Und die Zeit kann sehr lang werden, wenn einem der Arm eingeschlafen ist! Ein einziges Mal in den dreieinhalb Jahren bin ich tatsächlich eingeschlafen - und natürlich saß an dem Tag Auntie Mary nicht in unserem Zimmer.

Schlimmer war es abends, wenn das Licht schon aus war und wir schlafen sollten. Manchmal kam nach einer Weile zaghaft aus einem der sechs Betten: „Ich muss pinkeln, wer kommt mit?“ Schlagartig waren alle wieder hellwach. Die Toiletten waren am Ende des Flurs, das heißt hinter der Tür zu Auntie Marys Wohnung – und diese Tür war immer halb offen. Meistens saß Auntie Mary, nachdem sie uns alle zu Bett gebracht hatte, auf ihrem Sofa mit Blick auf eben diese Tür und strickte oder las. Wenn also einer von uns ins Dunkle des Zimmers hinein sagte „Ich muss pinkeln“, dann standen wir gemeinschaftlich vor einem kaum lösbaren

Problem, denn wir waren überzeugt, wenn Auntie Mary uns erwischte, gebe es Prügel. Keiner wurde alleine zum Klo geschickt. Mindestens zwei andere kamen zur Verstärkung mit. So schlichen dann drei kleine Gestalten, eine hinter der anderen, den Gang hinunter, immer an der Wand entlang, bis zu Auntie Marys Tür. Ganz vorsichtig schauten wir um die Ecke. Saß Auntie Mary dort, dann kamen wir nicht vorbei. Manchmal hatten wir Glück oder warteten eine Weile, bis Auntie Mary aufstand und kurz wegging.

Ich weiß nicht, was passiert wäre, wenn sie uns gesehen hätte. Ich kann mir heute kaum vorstellen, dass wir für einen Gang zur Toilette bestraft worden wären. Aber wenn wir alle so sehr davon überzeugt waren, dann konnte es eigentlich nicht nur Einbildung sein. Vielleicht wurden wir auch mal erwischt, ich weiß es nicht mehr. Jedenfalls war jede erfolgreiche Rückkehr von der Toilette ein kleiner Sieg.

Auntie Marys Schläger hielt uns nicht davon ab, Unsinn anzustellen. So brachte mich mein Vater einmal zu einem neuen Schuljahr in die Schule. Im Aufenthaltsraum gab er mir zum Abschied eine Packung Kaugummi. Ich schaute mich verstohlen um, während ich die Packung schnell verschwinden ließ, doch zu spät, Auntie Cheryl hatte es gesehen. Sie kam auf uns zu, erklärte meinem Vater, dass das Kauen von Kaugummi verboten sei, dass sie die Schachtel für mich verwahren werde und dass ich sie wiederbekommen werde, wenn ich in die nächsten Ferien nach Hause führe. Sie streckte die Hand aus, und ich händigte ihr widerwillig die Packung aus.

Wir bekamen schnell heraus, dass Aunt Cheryl das Kaugummi in ihrem Kühlschrank aufbewahrte. Wenn die Luft rein war, schlichen wir uns in ihre Wohnung, gingen an den Kühlschrank und nahmen jeweils nur ein Stück Kaugummi heraus. Dass ich spätestens am Ende des Halbjahres dafür die Strafe bekommen würde, war mir klar.

Wir sechs Freundinnen setzten uns mit einigen anderen Mädchen zusammen in einem Kreis auf den Boden in unserem Zimmer und hielten eine Art Zeremonie ab. Jede brach sich ein winziges Stück Kaugummi ab und reichte es dann weiter. Wir kauten kurz, genossen den Geschmack und schluckten das Stück dann hinunter. So reichten wir das Kaugummi herum, bis es alle war. Wir aßen auch das Papier auf, um keine Spuren zu hinterlassen.

Irgendwann bemerkte Aunt Cheryl, dass die Packung halb leer war, und nicht nur ich, sondern wir alle sechs mussten uns in ihrer Küche aufreihen und die Finger ausstrecken. Ihr war klar, dass ich die Sache nicht alleine durchgezogen hatte. Zum ersten und einzigen Mal gab es Schläge auf die Finger. Das tat mal wirklich weh!

Ab dem dritten Schuljahr war Kaugummi gestattet. Als ich schließlich ins dritte Schuljahr kam und mich schon freute, endlich Kaugummi kauen zu dürfen, bekamen wir neue Hauseltern: Aunt Bonnie und Uncle Virgil Adams. Mit ihrem Einzug änderte sich vieles im Internat. Zum Beispiel erlaubten sie grundsätzlich allen Kindern den Genuss von Kaugummi. So durfte also auch Katja, die gerade in die Schule kam und nicht zwei Jahre hatte leiden müssen, ebenfalls Kaugummi kauen. Das fand ich ungerecht!

Auch die übrigen Veränderungen waren positiv. Ich kann mich nicht erinnern, dass ich jemals von einem der beiden Prügel bekam. Sie waren sehr nette Hauseltern, und wir hatten sie sehr gern!

Am liebsten allerdings mochte ich Uncle Gus Oleen. Die Oleens kamen immer nur als Aushilfs-Hauseltern zu uns, wenn die anderen Hauseltern in Urlaub waren. Uncle Gus saß dann oft auf der Terrasse, und immer wenn er mich sah, begann er das Lied „Oh Susanna“ zu singen. Er tat das nur für mich, für niemand anderen, auch nicht für die andere Susanna. Das fand ich toll!

Von zu Hause kannte ich keine Prügel, aber da in der Schule so vieles anders war, hatte ich ganz schnell begriffen, dass es in der Schule halt so sei, und zu Hause anders. Lehrer und Hauseltern verteilten Prügel, Eltern nicht. Damit konnte ich leben, das konnte ich akzeptieren. Nur einmal war ich geschockt, als meine Lehrerin in der ersten Klasse, ihren Sohn, der ebenfalls in meiner Klasse war und der zugegebenermaßen ziemlich frech war, mit ins Nebenzimmer nahm und ihm eine Tracht Prügel verabreichte. Das konnte ich nicht begreifen, er war doch ihr Sohn!

Als Katja und ich später in Deutschland die ersten „Weißt Du noch ...“-Erinnerungen über unsere Streiche im Internat und die Bestrafungen austauschten, fiel Mama aus allen Wolken. Wir hatten ihr nie erzählt, dass wir Prügel bekamen. Auf Mamas Frage, warum ich nie etwas gesagt habe, antwortete ich ihr damals: „Ich hatte Angst, du würdest dann einen Aufstand machen, und das wollte ich nicht.“

Außerdem sprach ich in Angguruk nie viel von der Schule. So wie Angguruk vollkommen in den Hintergrund trat, wenn ich in der Schule war, trat die Schule in den Hintergrund, wenn ich in Angguruk war. Ich war immer ganz dort, wo ich gerade war. Am Ende des Schuljahrs freute ich mich auf Angguruk, und am Ende der Ferien freute ich mich wieder auf die Schule.

Natürlich bestand die Schule nicht nur aus Bestrafungen. Es gab feste Regeln, an die man sich halten musste, aber davon abgesehen, hatten wir alle Freiheiten und konnten uns austoben, konnten einfach Kind sein. Wir hatten viel Spaß, uns wurde sehr viel geboten, wir wurden aufrichtig geliebt, und umsorgt und vor allem hatten wir eine gute Gemeinschaft und Freundschaft untereinander. Wir hielten zusammen wie Pech und Schwefel. Ich war froh, so viele Freundinnen zu haben. Wir hatten nie Langeweile oder Streit. Ich war sehr gerne in der Schule und freute mich immer wieder auf sie.

Wieder Erdbeben

Erika: „Am letzten Freitag, dem 29.10.76, ging eine ‚medical conference' in Karubaga, einem anderen Posten im Inland, zu Ende, an der alle Ärzte und Krankenschwestern teilgenommen hatten. Die MAF flog nun alle Teilnehmer heim. Um nicht unnötig viel hin- und herfliegen zu müssen, sollten Trijntje und Gert via Landikma zurückfliegen, wo zunächst die drei Krankenschwestern dieser Station abgesetzt werden sollten. Dann sollte es weitergehen nach Angguruk. Das war der Plan. Da aber kurzfristig noch Patienten in Karubaga auftauchten, die nach Angguruk ins Krankenhaus gebracht werden mussten, war der Flug nach Angguruk voll, und so kam das Flugzeug zuerst hierher. Es flog dann zurück nach Karubaga, holte die drei Schwestern ab und flog diese nach Landikma. Bei der Landung in Landikma passierte es dann, das Flugzeug bekam einen ‚down draft', einen Abwind, prallte unterhalb des Landestreifens in den Berg und geriet sofort in Brand.

Die drei Krankenschwestern konnten trotz ihrer Verletzungen noch herauskommen und haben dann mit vereinten Kräften den Piloten aus dem Flugzeug gezogen, das schon hell in Flammen stand. Der Pilot hat viele Brandwunden, Knochenbrüche und Quetschungen, eine der Schwestern hat ein gebrochenes Bein und den Brustkorb gequetscht, die zweite eine tiefe Wunde im Nacken und die dritte kam mit dem Schrecken davon. Alle stehen natürlich unter Schock und haben – wie sich später herausstellte – schlimme innere Verletzungen, aber alle leben!

Und eigentlich hätten Gert und Trijntje noch mit in diesem Flugzeug gesessen! Der Pilot war hier noch so fröhlich, und nun liegt er da!
Während der Bergungsarbeiten liefen viele Gespräche am Funk hin und her und alle saßen wieder einmal vorm Funkgerät, um alles mitzubekommen. Plötzlich rief eine Frauenstimme dazwischen: ‚Erdbeben in Langda!' Und schon fing es auch hier an zu beben. Und zwar nicht von schlechten Eltern! Stärke 7,1!
Katja wurde wieder kreidebleich, Oma hielt wie eine aufgescheuchte Henne abwechselnd wertlose Vasen fest, ich raste zu Michel, der draußen unterm wackligen Sonnenschirm lag und schlief. Zum Glück dauerte es nicht lang.
Schon kurze Zeit später riefen die deutschen Forscher aus Eipomek, sie müssten per Hubschrauber evakuiert werden. Ein Erdrutsch von zehn Meter Dicke hatte 30 Meter vor ihrer Hütte Halt gemacht, aber die Hütte von zwei indonesischen Krankenpflegern unter sich begraben, beide tot. Dort hatte Stärke 7,6 geherrscht, und zwar sieben Minuten lang! Die vier Deutschen wurden sofort evakuiert, während in Landikma noch die Rettungsflüge liefen um die abgestürzten Passagiere ins Krankenhaus zu bringen. So viel Aufregung auf einmal! Mittags bebte es noch einmal mittelstark, nachmittags leicht. Wir sind es gestrichen leid!
Tags darauf brachte man die ersten Verletzten des Erdbebens nach Angguruk ins Krankenhaus. Nach ersten Schätzungen sind es diesmal 133 Tote. Am Sonntag kam schließlich der Helikopter nach Angguruk. Er brachte drei Verletzte, einer Frau war der linke Arm durch einen Steinbrocken weggerissen worden, ein ausgefranster Armstumpf blieb zurück.
Der Pilot hatte noch zwei indonesische Regierungsbeamte

an Bord, die als ‚Augenzeugen' mit Kameras mitflogen. Diese Leute kamen zu uns, und ich musste sehen, wo ich etwas zu Essen herbekam. Da Klaus auf Tour war, hatten wir nicht gekocht. Es war ein ziemlicher Rummel, die drei Leute (Regierungsbeamte und Pilot) zu versorgen, während unzählige Yali neugierig vor den Fenstern standen und im Wohnzimmer saßen. Dann die Nachricht vom Piloten, dass sie wahrscheinlich nicht mehr weg könnten, da die Wolken bereits die Pässe zudeckten. Es galt noch drei Leute unterzubringen, wo schon Oma und Familie Ohnesorge bei uns waren.
(...) Inzwischen haben wir wieder dreimal den Helikopter hiergehabt mit Patienten und zwei Wissenschaftlern aus Eipomek. Sie berichteten, dass sich während des Erdbebens die Erde gewellt habe wie Wellen auf dem Meer, die Berge hätten geschaukelt, sie (starke Männer) hätten sich weder aufrecht noch auf den Knien halten können, sie hätten sich auf allen vieren aus dem Haus bewegt."

Das Haus von Tula

Das Haus von Tula steht am Sosom-Fluss und gegenüber dem Inalik-Wasserfall, in einer Gegend, die besonders heilig ist. Auch die Yali aus entfernteren Gebieten sehen das Sosom-Tal als den Ursprungsort der Mythen an. Hier entstanden die Menschen aus dem Urschwein, hier am Inalik-Wasserfall, der von Yeli selbst geschaffen wurde und von daher heilig war, sah die Frau, wie das Baumkänguruh das *Muruwal* Ritual aufführte, und brachte es den Menschen. Das Haus von Tula selbst wurde laut der Mythen in der Vorzeit aus dem Kopf des Urschweins errichtet und ist damit das heiligste aller heiligen Häuser. Es steht weitab in einer heiligen Gegend, die abgesehen von den auserwählten Männern, die das Haus und die heiligen Gegenstände bewachen, aus Angst vor den Geistern gemieden wird. Im Tula-Haus wurde das Herz des Urschweins aufbewahrt. Man sagte auch, aus dem Tula-Haus entspringe der Wohlstand. 1973 - ein Jahr, nachdem mein Vater noch aus dem Haus verjagt wurde, als er das Netz in dem das Erdbeben wohnt, sehen wollte - wurden die heiligen Gegenstände des Tula-Hauses verbrannt.

<u>Klaus:</u> „Ein schönes Ereignis waren die zweiten Taufen in Pinij und Pindok am 3. Advent. Unten am Fluss zwischen Pinij und Pindok liegt ein seit Urzeiten geheiligter Ort. Am Fluss ruhen zwei mächtige Felsbrocken, die Ursteine. Sie sollen die Urmenschen, die Urahnen gewesen sein. Auf einer kleinen Anhöhe, umgeben von alten Kasuaribäumen, steht das Tula-Männerhaus, in dem die wichtigsten Fetische aufgehoben wurden. Es hieß früher, wenn jemand die heiligen Netze in Tula berührte, dann gab es ein Erdbeben. Drei Männer mussten immer die heiligen Netze und die

Tradition des Hauses bewahren und fortführen. Wenn einer starb, musste ein neuer aus demselben Clan an seine Stelle treten. Sie waren die größten Medizinmänner dieses Ubahak-Tales.

Von Tula aus sieht man auf der anderen Bergseite den Inalik-Wasserfall, an dem früher die Geister der verstorbenen Ahnen wohnten. Deshalb fürchtete man die Nähe dieses Ortes. Man legte dort auch keine Gärten an, denn der Ort war tabu.

Gerade inmitten dieser drei Heiligtümer, hatten die Pinij- und Pindok-Leute das Taufbecken gebaut: im Inalik-Fluss, am Fuß des Wasserfalls, neben den versteinerten Urahnen und im Blickfeld des Tula-Hauses.

Noch bevor wir mit dem Gottesdienst anfingen, stand der letzte von jenen drei Wächtern des Tula-Männerhauses auf und legte ein Bekenntnis für die *Allah wene* ab, das ich gleich aus dem Gedächtnis protokolliert habe: ‚Früher kannten wir das Evangelium nicht. Dewegen hatten alle Menschen in ganz Yalimo Angst vor diesem Ort hier. Seht den Inalik-Wasserfall! In seine Nähe gingen wir nicht, denn wir hatten Angst vor den Geistern der Toten. Jetzt wissen wir, wenn wir sterben, geht unser Geist dorthin, wo Gott ist. Deswegen haben wir heute keine Angst mehr. Seht, wir bauen neue Gärten am Inalik an! Und heute lassen wir uns sogar mit dem Wasser des Inalik taufen. Seht dort die Brücke über den Steinen! Früher machten wir einen weiten Weg um diese Steine herum. Nur wir drei *hal ahun* (Medizinmänner) durften hierher gehen, weil wir den Ursprung der Dinge kannten. Heute wissen wir, dass wir euch alle belogen haben. Aber wir glaubten früher selber daran. Heute sind das nur noch ganz einfache Steine für uns. Wir wissen ja, dass Gott alles gemacht hat. Dort seht ihr das Tula-Haus. Es ist dabei zu verfallen. Unser alter Glaube ist auch zerfallen. Früher waren wir die Herren von Tula. Wir verwahrten die *usasum* (heilige Netze). Heute beten wir im Tula-Haus zu unserem Vater im Himmel. Frauen und Kinder durften niemals diese heiligen Orte sehen. Heute sind wir alle hier: alte Männer, junge Männer und auch Frauen und Kinder. Habt keine Angst mehr vor dem, was wir euch früher erzählten! Es ist nicht mehr da. Es ist auch nicht wahr, denn heute werden wir im Inalik auf den Namen Gottes, Jesu und des heiligen Geistes getauft'."

Klaus: „Weihnachten steht vor der Tür. Es werden ‚weiße' Weihnachten werden, zwar nicht vom Schnee, sondern von vielen weißhäutigen Menschen in Angguruk. Freunde aus Wuppertal (Ulli und Ruth Bodenmiller), GTZ Mitarbeiter aus Jakarta (Karla und Wolfgang von Fumetti), ein Dozent aus Java (Friedhelm Göltenboth), sowie Familie Thimme aus Abepura (fünf Mann) und - nicht zu vergessen - unsere Oma sind zu Besuch."

Ulli Bodenmiller, Wolfgang von Fumetti und Friedhelm Göltenboth wollten gerne das neue Gebiet Kosarek sehen. Da Papa aber keine Zeit hatte, sie zu begleiten, flogen die drei Männer alleine dorthin, wollten ein paar Tage in Kosarek verbringen und anschließend zu Fuß zurückkehren. Papa hatte ihnen ein Tonbandgerät mitgegeben, auf dem er den Kosarek-Leuten eine Nachricht aufgesprochen hatte. Die drei kamen in Kosarek an und verbrachten den ersten Tag damit, die Umgebung zu erkunden und Kontakte zu knüpfen. Als es langsam Abend wurde, versammelten sich alle im Männerhaus. Sie sollten dort schlafen und machten es sich gemütlich.

Schließlich holten sie das Tonbandgerät heraus und spielten die Nachricht von Papa ab. Die Yali wurden ganz aufgeregt, als sie Papas Stimme erkannten, und forderten die Besucher auf, Papa aus dem Kasten herauszuholen. Natürlich war dies nicht möglich. Alle Versuche, ihnen zu erklären, dass Papa in Angguruk sei und dies lediglich ein Tonband mit seiner Stimme sei, scheiterten. Die Kosarek-Leute konnten es nicht begreifen und forderten sie immer energischer und wütender auf, Papa herauszuholen. Den Besuchern wurde es langsam unheimlich. Die Stimmung wurde immer aufgeheizter und unheilvoller, und schließlich warfen die Yali die Besucher wütend hinaus. Wenn sie ihnen den Bapak nicht geben wollten, dann sollten sie gefälligst draußen schlafen.
Die drei Männer verbrachten eine schlaflose Nacht unter freiem Himmel und beschlossen, direkt am nächsten Morgen den Rückweg nach Angguruk anzutreten.
Bodenmiller, der schon einmal diese Strecke gelaufen war, wusste, was auf sie zukam. Er hatte diesmal vorher zu Hause trainiert. Göltenboth war ein Schmetterlingssammler und lief und sprang mit seinem Schmetterlingsnetz umher. Bodenmiller warnte ihn, seine Kräfte zu schonen und drohte, nicht auf ihn zu warten und auf keinen Fall seinetwegen anzuhalten. Doch Göltenboth lief voraus und jagte Schmetterlingen hinterher.
Bodenmiller traf ihn später wieder, als er völlig erschöpft im Gebüsch saß und keinen Schritt weiterkonnte. Bodenmiller rief ihm schon von Weitem zu, dass er nicht stehenbleiben werde. (Jeder Start nach einer Pause ist wesentlich anstrengender, als wenn man in einem gleichmäßigen Tempo durchläuft.) Göltenboth nickte verständnisvoll, pflanzte sein Schmetterlingsnetz in den Boden und sagte: „Dieser Draht von meinem Schmetterlingsnetz ist das Einzige, was von mir übrigbleiben wird.“ Er glaubte, hier nun sterben zu müssen und dann aufgegessen zu werden. „Da es schon Nachmittag war und wir bei Tageslicht noch in Angguruk ankommen wollten, griffen wir zu dem drastischen Mittel, ihn mit guten

Wünschen liegen zu lassen in der Hoffnung, dass er in einer Viertelstunde doch nachkomme," erzählte von Fumetti. Die Hoffnung erfüllte sich und schließlich trudelten alle erschöpft in Angguruk wieder ein.

Erika: „Nun ist unsere Oma schon eine gute Woche weg und fehlt uns hinten und vorn. Wer füttert Michel mit Geduld und gutem Zureden? Wer geht mit Hanneke spazieren? Wer liest Katja Geschichten vor? Wer legt mir die Wäsche und bügelt? Ich habe, nachdem alle Weihnachtsgäste weg waren – und Klaus auch – erstmal zwei Tage nur geputzt und aufgeräumt und danach all die Tage nur noch getan, wozu ich Lust hatte: in Ruhe baden, lesen, stricken, alte BRIGITTE-Hefte lesen, mit Michel spielen und viel schlafen.
Unsere Suse ist nun auch schon eine Woche wieder in der Schule. Einen Tag vor Abflug konnte sie vor Aufregung nicht mehr essen. Sie klagte über Bauchschmerzen. Ich dachte, jetzt kommt's: ‚Ich will nicht weg!' Aber auf meine Frage, warum sie denn so aufgeregt sei, antwortete sie: ‚Weil ich mich so auf die Schule freue!' Da hatte ich's. Morgens war sie fröhlich wie all die letzten Tage nicht, stieg strahlend ins Flugzeug, winkte begeistert beim Abflug, kein einziges wehleidiges Wort, keine Träne! Als das Flugzeug ‚um die Ecke' war, saß unsere Katja auf dem Weg und weinte. Weinte, weil Suse weg war! Später meinte sie: ‚Jetzt ist Susanne in Sentani angekommen, jetzt weint sie sicher auch, weil sie mich nicht mehr hat!' Wenn sie sich da mal nicht irrt!
Katja verwahrt am liebsten den Michel, trägt ihn gekonnt auf der Hüfte oder sitzt vor dem Haus, Michel auf dem Schoß, und singt ihm stundenlang Lieder vor, was er offenbar sehr schön findet. Hanneke erzählt uns ganze Romane, aber alles auf Indonesisch. Sie legt sich am liebsten zu Michel in den

Laufstall und schmust mit ihm. Also, Zuwendung kriegt der Junge genug, deshalb ist er auch so fröhlich und zufrieden. Unser Urlaub nähert sich schnell, ich kann's kaum erwarten. Seit vier Monate war ich nicht mehr aus meinen vier Wänden herausgekommen, und dazu immer Gäste. Am 5. Februar wird unsere Hanneke drei Jahre, am 7. fliegen Klaus und ich dann los nach Sulawesi, Java und Bali und kommen erst in fünf Wochen zurück. Anschließend können Marga und Gert sicher in eine Nervenheilanstalt, denn die vier Banausen können einen auf Trab halten. Hanneke und Wynand sind ein Paar, das sich gewaschen hat. Man kann nicht so schnell gucken, wie die wieder Blödsinn machen. Beliebtester Ort: Badezimmer. Seife, Cremes, Klopapier, Wasser .... Katja und Cornelis sind auch ein munteres Gespann und spielen am liebsten: wer am dreckigsten ist, hat gewonnen. Man kann dann abends draußen erstmal die grobe Schicht Dreck abwaschen, um letztlich im Badezimmer noch in die Feinheiten zu gehen. Arme Marga, und das fünf Wochen lang! Aber sie drängen uns so sehr, ihr Angebot anzunehmen.
Michel geben wir zu Trijntje in Pension. Sie ist riesig froh über den Bengel, damit sie ein Lebewesen im Haus hat. Sie fühlt sich doch recht einsam ohne Enny und freut sich, durch Michel etwas ans Haus und an einen richtigen Haushalt gebunden zu sein. Und er wird's natürlich sehr gut bei ihr haben."

Wahlen in Indonesien

Klaus: „Im nächsten Monat (Mai 1977) sind hier in Indonesien Wahlen. So stecken wir jetzt mitten im heißen Wahlkampf. Da auch der größte Teil unserer Mitarbeiter engagiert ist, läuft unsere tägliche Arbeit nur mit halber Kraft. Zu diesem Thema gäbe es viel zu sagen, aber lieber nicht per Brief. Warten wir ab, was uns der Mai bringen wird."

Die Wahlen waren eine reine Farce. Präsident Suharto und seine Regierungspatei GOLKAR wollten unbedingt an der Macht bleiben, und um das zu erreichen, griffen sie zu Maßnahmen, die den Grundsatz der Demokratie erschüttern. Auf den großen und dichtbevölkerten Inseln Indonesiens, die unter den wachsamen Augen der Journalisten aus aller Welt standen, konnte Suharto kaum Wahlen manipulieren, aber im fernen Papua, wo sich die Menschen nicht wehren konnten, wo es keine Journalisten gab, konnte Suharto sich die Stimmen holen, die er zu einem absoluten Sieg brauchte.

In Angguruk führte der Regierungsbeamte am Ort einige Tage vor der Wahl eine Probewahl durch, damit die Yali verständen, wie eine Wahl funktioniert. Er stellte drei Kästen auf, die mit den entsprechenden Parteinamen gekennzeichnet waren, und ließ die Yali ihre Stimmzettel einwerfen. Zu seinem großen Erschrecken waren tatsächlich zehn Stimmen für die christliche Oppositionspartei PDI abgegeben worden. Daraufhin drohte er die Yali mit Folter, wenn sie nicht GOLKAR wählen würden. Er zeigte am Beispiel des Superintendenten Womsiwor aus Wamena, was einem alles passieren kann, wenn man auf der „falschen" Seite steht. Pastor Womsiwor hatte sich für die Partei PDI eingesetzt, war

festgenommen und gefoltert worden. Seit der Folter war er auf einem Ohr taub.
Der Regierungsbeamte drohte weiter, Militär würde kommen und sie alle erschießen, wenn sie nicht GOLKAR wählen würden. Für die zehn falsch abgegebenen Stimmen verlangte er die Bezahlung von zehn Schweinen. Diese wurden ihm auch gebracht und er bestach damit die „unsicheren" und einflussreichen Wähler.
Am Tag der Wahl wurden die Wahlurnen auf der Landebahn aufgestellt und ein Sichtschutz aus Laken wurde herumgebaut. Zunächst sah alles ganz korrekt aus. Jeder Yali, der zur Wahl kam, wurde registriert und bekam einen Stimmzettel. Damit ging er hinter die Trennwand und warf seinen Zettel in eine der drei Boxen. Die Wahlbeteiligung war allerdings nicht so hoch wie der Regierungsbeamte erwartet hatte, und da er ehrgeizig war und viele Stimmen für GOLKAR sammeln wollte, löste er das Problem ganz einfach, indem er die anwesenden Yali immer wieder mit neuen Stimmzetteln an die Urnen schickte. Zum Schluß wurden, um seine Korrektheit zu beweisen, öffentlich die Wahlurnen der Parteien PDI und PPP ausgelehrt und die Stimmen gezählt. Es gab sieben Stimmen für PDI und zwei Stimmen für PPP. Die restlichen Stimmen waren damit für GOLKAR.
Nach der Wahl gingen Dr. Scheepstra und Tukang Mofu zusammen über die Landebahn und besprachen die Wahl. Mofu erzählte Dr. Scheepstra, dass weniger als die Hälfte der registrierten Yali gekommen waren. Einige waren erbost über die ungerechte Forderung der Schweine, andere blieben aus Furcht fern, wieder andere gaben aus Angst bei der Wahl falsche Namen an. „Obendrein begreifen die Leute sowieso nichts", sagte Tukang Mofu. „Niemand hat sein Kreuz gemacht."
„Nun begreife ich überhaupt nichts mehr", sagte Dr. Scheepstra. Mofu klärte ihn auf, dass jeder auf dem Stimmzettel die Partei seiner Wahl hätte ankreuzen müssen. Da aber viele Menschen nicht lesen und schreiben können,

wurden stattdessen die drei Boxen aufgestellt.
„Aber dann sind doch alle Stimmzettel ungültig, wenn keiner sie angekreuzt hat“, wunderte sich Dr. Scheepstra.
„Nee, das sieht der Bapak Doktor verkehrt. In diesem Augenblick werden die Kreuzchen vom Regierungsbeamten und seinen Helfern überall gesetzt.“
Als die Auszählung vorbei war, ging der Regierungsbeamte zu Scheepstras Haus, um die Wahlergebnisse per Funk an seinen Vorgesetzten weiterzuleiten. Mit Stolz geschwellter Brust gab er durch: 150% für GOLKAR! Dr. Scheepstra fragte daraufhin den Regierungsbeamten, was aus den Stimmen für die Oppositionsparteien geworden sei. Er antwortete trocken: „Wir haben alle Stimmzettel kontrolliert und überall war GOLKAR angekreuzt.“ Daraufhin setzte Dr. Scheepstra ihn vor die Tür.
Meine Eltern, die die Wahl boykottiert hatten, hörten das Wahlergebnis über Funk und mussten – trotz der Widrigkeiten – herzhaft darüber lachen. Was für eine Farce!

Präsident Suharto gewann die Wahl in Indonesien 1977 mit 60% der Stimmen und wurde damit in seinem Amt bestätigt.

So ging die Wahl bei uns zwar nicht mit rechten Dingen zu, war jedoch - im Gegensatz zu anderen Gebieten Papuas - friedlich verlaufen. Insbesondere im nördlichen Balim-Tal, dem West-Dani-Gebiet, war es zu Unruhen gekommen. Die Dani versuchten die Wahl, die keine war, zu boykottieren. Als die Wahl vorbei war und sich die Augen der Welt wieder von Indonesien abgewandt hatten, folgte eine große Strafexpedition, bei der Tausende West-Dani ums Leben kamen.
Als ich 2003 zu Besuch in Wamena war, machte ich mit Yali- und Dani-Freunden einen Ausflug zu einer benachbarten Missionsstation. Wir standen am oberen Ende der Landebahn, als einer meiner Freunde mich bat, auf den

Boden zu schauen und zu sagen, ob mir etwas auffiele. Ich wusste nicht, worauf ich achten sollte, doch als er mich darauf aufmerksam machte, dass die Stelle, auf der wir standen, steiniger war als der Rest der Landebahn und dass das Gras nicht so grün war, eher gelblicher, konnte ich es auch erkennen. „Warum ist das so?“ fragte ich.
„Wir stehen hier auf einem Massengrab“, antwortete mein Freund. „Wir wissen nicht, wie viele Dani hier unter der Landebahn liegen, es müssen aber viele sein. Sie mussten während der Strafexpedition ihr eigenes Grab schaufeln und wurden am Rand des großen Loches erschossen.“
Im Jahr 2008 traf ich auf meiner Reise nach Papua zufällig den Missionar, der damals auf dieser Station tätig war und sich zum Zeitpunkt der Strafexpedition gerade auf Heimaturlaub in Amerika befand. Ich fragte ihn, ob das mit dem Massengrab wahr sei. Er sagte, er wisse nichts von einem Massengrab, könne lediglich bestätigen, dass es in der Zeit zu Auseinandersetzungen gekommen sei und dass einige Hundert Dani dabei ums Leben kamen.
Ist es nun wahr? Ich kann nicht glauben, dass sich die Dani eine solche Geschichte ausgedacht haben. Ob sich nun genau dort ein Massengrab befindet oder nicht, Tatsache ist, dass es in Papua etliche Massengräber gibt, und es kommen immer mehr dazu. Zerstückelte Leichen in Plastiksäcken werden von den Gezeiten an Land gespült, Leichen treiben die Flüsse hinunter, Menschen verschwinden plötzlich, werden vergiftet oder werden im Gefängnis gefoltert und anschließend „auf der Flucht“ erschossen.
Dies ist Alltag in West Papua, ein Alltag von dem wir damals in unseren geschützten Bergen von Yalimo nur am Rande etwas mitbekamen.

Flugzeugabsturz

Erika: „Klaus ist in Sentani, Susanne flog gestern zur Schule, und Katja flog zur Gesellschaft mit, sie kommt mit Klaus übermorgen zurück..... Klaus: Katja und ich haben Susanne zur Schule gebracht. Ich dachte, nachdem sie in Angguruk die zweieinhalb Monate nie Englisch gesprochen hat, könnte sie vieles vergessen haben. Aber kaum sah sie ihre Freundinnen, da legte sie auf Englisch los und sprach plötzlich auch mit mir nur noch Englisch. Sie ist wieder mit so großer Freude in die Schule gegangen; das macht es uns leicht, sie dort zu wissen. Ebenso froh war Katja, dass sie wieder heimfliegen konnte, sie wird doch noch nicht in diesem Jahr eingeschult. Nur hatte Katja so große Angst vorm Fliegen, weil doch gerade das schreckliche Flugzeugunglück war. Katja fragte immer wieder: ‚Stürzen wir auch bestimmt nicht ab?' Nun, ich war auch froh, als wir heil in Angguruk landeten."

Erika: „Ich schreibe heute abend in einem sehr verwirrten Zustand; wir alle sind noch ganz unter dem Eindruck eines schrecklichen Geschehens: heute nachmittag (02.08.77) um 15:00 Uhr hatte das Flugzeug aus Wamena einen Unfall bei der Landung in Tangma. Es war schlechtes Wetter, Genaueres wissen wir noch nicht, jedenfalls ist das Flugzeug etwa 40 m oberhalb des Strips gegen den Berg geflogen und ging sofort in Flammen auf.
Es war der Pilot Chris Davidson, ein ganz junger Pilot, der oft nach Angguruk kam. Er hat drei Kinder im Alter von sieben und zwei Jahren und ein Baby von zwei Monaten.

Weitere Insassen waren die holländische Familie Akse: Vater, Mutter, im 9. Monat schwanger, zwei Kinder von drei und fünf Jahren. Alle sind tot.
Das älteste Kind – Ellen – ist in Susannes Klasse und deren beste Freundin. Sie ist heute morgen zur Schule geflogen, und heute nachmittag ist ihre ganze Familie tot. Sie hatte sich so auf das Baby gefreut! In vierzehn Tagen sollte die Familie nach Angguruk zur Entbindung kommen.
Wegen des schlechten Wetters konnte niemand zum Bergen nach Tangma fliegen, und Bromleys (Missionarsfamilie von Tangma) sind nun ganz allein mit all dem Elend. Direkt vor ihren Augen brannte das Flugzeug aus und niemand konnte herankommen und die Leute befreien. Was ist das heute eine Trauer hier! Wir haben heute nachmittag schon so viel geweint, Marga und ich, am Radio sitzend, vor Mitleid mit der jungen Witwe des Piloten und dem kleinen Mädchen."

Es passierte, als wir zum zweiten Schuljahr aus den Ferien zurückkamen. Ich war schon einen Tag in der Schule, als Ellen endlich auch ankam. Ellens Familie beabsichtigte, einen Besuch bei Familie Bromley in Tangma zu machen, bevor sie zur Geburt des vierten Kindes nach Angguruk fliegen wollten. Die gesamte Familie war morgens von Pasema losgeflogen. In Tangma sollten die Akses (außer Ellen) aussteigen und Lois Bromley zusteigen, die mit Ellen zusammen zur Schule weiterfliegen sollte. Das Wetter war aber so schlecht, dass das Flugzeug nicht in Tangma landen konnte, sondern nach Wamena weiterflog, wo Ellen alleine in ein Flugzeug nach Sentani umstieg.
Am Nachmittag wagte der Pilot einen erneuten Versuch, die Familie Akse nach Tangma zu bringen. Tangma ist ähnlich wie Angguruk von drei Seiten von Bergen umringt. Das Wetter war weiterhin ziemlich schlecht, es gab wohl Schwierigkeiten, und der Pilot versuchte, obwohl er den

„point of no return" bereits überschritten hatte, abzudrehen anstatt irgendwie zu landen. Es muss ein Reflex gewesen sein, ein fataler Fehler. Das Flugzeug zerschellte am Berg und stand sofort in Flammen.
Ellen saß wie betäubt auf ihrem Bett, nachdem sie die schreckliche Nachricht erhalten hatte. Alle Mädchen, besonders die Älteren, drängten sich um sie und versuchten sie zu trösten. Sie saß nur stumm und in sich gekehrt da, sagte kein Wort, weinte nicht. Der Schock saß noch zu tief.
Ich wollte Ellen trösten, wollte neben ihr sitzen und einfach nur dasein, aber ich wurde von den großen Mädchen verdrängt. Lediglich eine von vielen neugierig ums Bett stehenden Mädchen wollte ich aber auch nicht sein. Ich ging nach draußen, lief vor dem Internat auf und ab und ärgerte mich über mich selber. Warum war ich bloß so schüchtern, warum konnte ich nicht mehr Ellenbogen zeigen, standfester sein und mir meinen Platz neben Ellen erobern? Ich war ihre beste Freundin und wollte ihr in den ersten Stunden beistehen, konnte es aber nicht. Ich hatte nicht gelernt, mich durchzusetzen, war immer brav und nachgiebig und hatte zu viel Respekt vor den älteren Mädchen. Zum ersten Mal hasste ich diese Eigenschaften an mir. Nun gut, so sagte ich mir, morgen kehren alle zur Normalität zurück, und dann werde ich diejenige sein, die für sie da ist. Und so kehrte ich ins Zimmer zurück und gesellte mich zu den anderen.
Ellen blieb noch zwei Monate in der Schule, da die Verwandten in Holland erst benachrichtigt und die Vorbereitungen der Reise getroffen werden mussten. Danach verschwand Ellen aus meinem Leben. Sie zog zu ihrer Tante nach Holland, die selber vier Kinder hatte.
Wir Zimmerkameradinnen schrieben in der ersten Zeit Briefe an Ellen, die wir zusammen formulierten. Ruth hatte die schönste Schrift, also schrieb sie die Briefe. Wir bekamen nie eine Antwort und stellten uns vor, dass sie in die Hände einer bösen Stiefmutter geraten war. Schließlich gaben wir auf.

Dreizehn Jahre später – wir lebten inzwischen in Deutschland – bekam ich über Mr. Bromley und Familie Scheepstra wieder Kontakt mit Ellen. Auf meine Bitte hin fragten sie Ellen, ob sie sich noch an mich erinnern könne. Sie konnte und schrieb mir gleich einen Brief. Wir erneuerten unsere Freundschaft und tauschten viele Schulgeschichten aus.
Sie war natürlich nicht an eine böse Stiefmutter geraten. Sie konnte sich nur nicht daran erinnern, wer Ruth war und dachte, der Brief käme von einer Lehrerin und hat daher nie geantwortet. Sie hatte eine liebevolle neue Familie gefunden, Medizin studiert und hat inzwischen ihre eigene Familie gegründet. Zwei Jahre nachdem wir unseren Kontakt erneuert hatten, flog sie das erste Mal wieder nach Irian Jaya, um die alte Heimat und das Grab ihrer Familie zu besuchen.

Nachdem Ellen weg war, fiel mir in der Schule alles sehr viel schwerer. Das zweite Schuljahr war schlimm, das Lernen machte keinen Spaß mehr und ich wurde ängstlicher als vorher. Besonders beim Rollschuhlaufen fehlte sie mir. Wir waren immer Hand in Hand gelaufen. Ich spielte zwar nach wie vor mit Debbie, Ruth, Faith und all den anderen Freundinnen, aber eine beste Freundin hatte ich lange nicht mehr.
Im dritten Schuljahr kam eine neue, deutsche Familie nach Irian, die Kueglers. Judith ging in meine Klasse und wurde für das nächste Jahr meine beste Freundin. Danach zog ihre Familie in den „Dschungel". Ich sah sie nie wieder.
Im vierten Schuljahr wurden Darlene Gibbons, die eine Klasse über mir war, und ich dickste Freundinnen. Wir sammelten Skelette von *cicaks*, einer Art Gecko, nur kleiner und ziemlich farblos. Die meisten davon fanden wir in der Kirche, wo Darlene oft Klavier übte, während ich zuhörte und die Gegend erkundete. Wir fanden heraus, dass der Hinterraum der Kirche ziemlich unbenutzt, dunkel und schmutzig war und es dort viele Spinnweben und Skelette gab. Ein wahres Paradies für Sammler! Der Abschied von

Darlene fiel mir sehr schwer. Diesmal waren wir es, die gingen, und nicht die anderen. Wir kehrten nach Deutschland zurück. Darlene und ich schrieben uns noch jahrelang. Erst schrieb sie aus Irian, später aus den USA. Irgendwann schlief auch dieser Kontakt ein.
In Deutschland hatte ich in den ersten Jahren Fotos von Darlene, Enny, Cornelis und Wynand, von Angguruk und all den Yali-Freunden über meinem Bett hängen, schaute sie mir abends an und weinte mich oft in den Schlaf. Wie ich sie alle vermisste!

Gilika – Zweiter Versuch

Erika: „Am 30.06.77 haben die Leute in Kosarek ihre Fetische verbrannt. ALLE Dörfer haben sie verbrannt. Diesmal ist es Klaus gelungen, einige der Sabalhä-Fetische, große bemalte Bretter, vor der Verbrennung zu retten."

Einige dieser Sabalhä-Fetische sind heute in einigen deutschen Völkerkundemuseen ausgestellt. Andere hängen bis heute im Konferenzraum von Angguruk. Genauso wie das neugebaute Männerhaus sollen diese Fetische an die alte Tradition erinnern.

Erika: „Morgen ist bei uns wieder schwer was los: Klaus fliegt mit dem Hubschrauber ins neue Gebiet (Gilika). Der Hubschrauber kommt morgen früh her, dann können sie ihn den ganzen Tag benutzen, um im neuen Gebiet Beobachtungsflüge zu machen und auch zu landen, um mit den Leuten zu reden. Die Evangelisten Nauw und Steven Manufandu sind schon in Welarek und meinen, jetzt sei es günstig, einen neuen Kontakt zu suchen."

Klaus: „Der Hubschrauber Mike Alpha Lima hüpfte mit uns über den letzten Gebirgskamm, dann waren wir in dem engen Talkessel von Gilika. Nachdem der erste Kontaktversuch am 27.03.76 fehlgeschlagen war, hatten einige Evangelisten von Welarek aus Verbindung mit den Bewohnern dieses Tales knüpfen können. Sie hatten auf einem schmalen Bergrücken in der Nähe eines Dorfes einen kleinen Helipad planiert, wo unser Helikopter sacht aufsetzen konnte.

Wir waren gekommen, um mit den Leuten von Gilika über Friedensmöglichkeiten zwischen ihnen und ihren Feinden zu sprechen. Sie lebten mit ihren Nachbarn im Blut-Rache-Krieg und wollten nicht eher Ruhe geben, bis ihre Toten an den Feinden gerächt worden waren. Der Streit hatte sie in die Isolation getrieben, in die Angst voreinander. ‚Wir wollen euch helfen, Frieden zu machen', sagten wir. ‚Ihr braucht nicht länger Krieg zu führen und Blut zu vergießen. Wir wollen für eure noch ungesühnten Stammesgenossen Sühne leisten. Wir geben euch Äxte, Buschmesser und Schweine. Dann können eure Herzen beruhigt werden. Dann braucht ihr niemanden mehr zu töten.'

‚Nein, mit Äxten und Buschmessern können unsere getöteten Leute nicht gesühnt werden', antworteten sie. ‚Wir fordern Leben für Leben, Blut für Blut. Eher können wir keinen Frieden machen. Geht wieder! Wenn wir mit unserer Vergeltung fertig sind, rufen wir euch. Dann könnt ihr uns die Geschichten von eurem Gott erzählen. Vorher sind unsere Ohren taub.'

Pragmatisch, wie wir sind, hatten wir gemeint, helfen zu können, aber unsere Hilfe wurde abgelehnt. Als wir abfliegen wollten, baten sie uns, einen kranken Mann mit nach Angguruk zu nehmen. Er zitterte am ganzen Körper. Der Mann lebte in schrecklicher Angst. Er meinte, von unsichtbaren Pfeilen der Feinde getroffen zu sein und nun sterben zu müssen. Wir waren bereit, ihn mitzunehmen.

Daraufhin meinten die Leute, es gebe noch eine kranke Frau außerhalb des Dorfes. Aber möglicherweise sei sie schon gestorben. Unsere Neugier war geweckt. Wir wollten die Frau sehen und ihr helfen. Es dauerte eine halbe Stunde, bis die Frau gebracht wurde. Sie lebte abseits des Dorfes einsam

und verlassen in einer baufälligen Hütte. Niemand kümmerte sich recht um sie.
Wir erschraken zutiefst, als wir die Frau sahen. Sie war nur noch ein Skelett mit einem dünnen Hautüberzug, beißender Gestank von Fäulnis kam aus den Framösiewunden an ihren abgemagerten Beinen, die Malaria hatte ihr Blut gefressen, und was übrig blieb, teilten sich die Würmer. Diese erwachsene Frau, Mutter von vier Kindern, wog nur noch zwölf Kilo. Wochenlang hatte sie in ihrer Gartenhütte einsam und verlassen gelegen. Die Krankheit hatte sie in die Isolation gestoßen. ‚Warum habt ihr die Frau verhungern lassen? Warum habt ihr sie verstoßen und sie weit weg vom Dorf gebracht?', fragten wir.
‚Wir haben Angst vor den Geistern der Krankheit. Sie können auch uns überfallen. Deswegen bringen wir die Kranken schnell aus dem Dorf heraus. Sonst werden wir alle krank und müssen sterben. Wenn ein Kranker wieder gesund wird, kann er wieder ins Dorf zurückkommen. Viele sterben aber auch in ihren Gartenhütten. Dann stecken wir die Hütten an.'
Der Hubschrauber brachte die Patienten ins Krankenhaus nach Angguruk. Für die Frau kam jede Hilfe zu spät. Sie starb nach einigen Tagen. Ihr Leichnam wurde in Angguruk verbrannt. Als Zeichen dafür, dass wir nicht schuldig waren an ihrem Tod, mussten wir den Leuten von Gilika ein paar Beile bezahlen.
Wieder einmal wurde uns unser Auftrag ganz deutlich und neu gesagt. Mission ist Gottes befreiendes Handeln am Menschen. Er befreit von der Angst vor Krankheit, befreit vom Zwang der Rache, befreit von Isolation und Vereinsamung, die Krankheit, Gebrechlichkeit und Krieg hervorgerufen

Zubereitung der Pandanus: das rote Fruchtfleisch wird gekocht, ausgewrungen und als Sauce über die Süßkartoffel gegeben.

Fetischverbrennung in Kosarek: die Fetische werden aus dem Männerhaus geholt (oben), gezeigt und erklärt (unten links).
unten rechts: *Evangelist Nauw spricht zu den Kosarek-Leuten.*

oben: *Gottesdienst im Dorf Serekasi.* unten: *Evangelist Arnod Mohi betet mit den Menschen während die Fetische verbrennen.*

oben: *Taufe in Wali 1985.* unten links: *Taufe 1973, Täufer v.l.: Pastor Sawen, die Evangelisten Mofu und Yaton, Siegfried Zöllner.*
unten rechts: *mein Vater bei der Tauf-Predigt.*

oben: *Evangelist Cornelis Mohi mit seinem Vater.* unten: *(li.) Evangelist Barnabas predigt. (re.) Weihnachtsgottesdienst auf der Landebahn in Angguruk mit Mikrofon, damit alle hören können.*

oben: *die biblischen Geschichten werden mit Strichmännchen erklärt.*
unten: *Frauen sind sehr aktiv im Gemeindeleben.*

oben: *mein Vater im Gespräch mit zwei Gemeindeältesten, links im Bild: Pastor Sawen.* unten: *Bau der Landebahn in Kosarek. Ein vier Meter hoher Hügel muß abgetragen werden.*

Das heilige Männerhaus von Wasaltek, unterm Dach sieht man drei Ahnenschädel hängen

haben. Mission befreit zur Liebe und zum Frieden.'

Diese Frau werde ich wohl niemals vergessen. Ich bekam einen Schock, als ich sie sah. Sie lag auf der Bahre wie ein Fötus zusammengekrümmt, als sie aus dem Helikopter gehoben wurde. Sie nahm nichts mehr um sich herum wahr. Ich konnte nicht glauben, dass dieses „Skelett" noch lebte. Ganz Angguruk war in heller Aufregung. Dieser Frau musste geholfen werden! Nicht nur um der Frau willen, sondern auch um zu demonstrieren: „Wir wollen und wir werden euch helfen". Zudem bestand immer die Gefahr, dass die Menschen von Gilika uns für ihren Tod verantwortlich machten. Soweit ich mich erinnere, sagten sie noch etwas wie: „Wenn ihr diese Frau wieder gesund macht, dann werden wir uns anhören, was ihr zu sagen habt". Gert brauchte dringend Blut für die Frau und untersuchte uns alle, aber keiner hatte die richtige Blutgruppe. Schließlich fand er doch noch einen geeigneten Spender – Nakai, unseren Hausjungen. Doch dieser weigerte sich, Blut zu spenden. Er hatte Angst. Er wollte sich sein Blut nicht nehmen lassen. Es hätte auch nichts mehr genutzt. Die Frau starb schon kurze Zeit später. Sie wurde traditionell verbrannt, und wir standen alle um das Feuer herum und hielten eine Andacht für diese Frau. Es war das erste Mal, dass ich bei einer Verbrennung dabei war.

Sorgen um den Doktor

Erika: „Im Moment regt mich die Cliquenwirtschaft der Kinder auf. Entweder sind alle Yali-Freunde hier, dann sind es etwa 15 Kinder, oder aber unsere Kinder werden nicht mehr gesehen, sondern sind bei selbigen Freunden oder gemeinsam mit ihnen auf Tour an den Fluss. Denke nicht, da käme einer zum Essen rechtzeitig! Und wenn sie dann hier sind, haben wir entweder ein paar mehr Kinder am Tisch sitzen, oder unsere schlingen hastig ein paar Happen runter, um schnell wieder draußen zu sein, wo alle anderen Kinder schon treulich auf sie warten. Das geht jeden Tag von früh 6:00 Uhr (oft noch im Schlafanzug) bis abends um 6:00 Uhr. Ich bin's manchmal so leid, obwohl ich ihnen das herrliche Spielen wohl gönne."

Für uns Kinder war Angguruk das absolute Paradies. Es gab immer etwas zu unternehmen, zu erforschen, zu spielen. Und es gab nur ein Gesetz, dem wir absolut Folge leisten mussten: „Bei *senal èlè* kommt ihr nach Hause!" *Senal èlè* ist das Zirpen der Zikaden, welches etwa um halb sechs abends einsetzt. Es ist sehr laut und schrill und selbst für spielende Kinder nicht zu überhören. Es bedeutet, dass es bald dunkel wird. Mit dem Einsetzen des Grillkonzerts hat man noch cirka eine halbe Stunde bis zur absoluten Dunkelheit.
Waren wir sehr weit von zu Hause entfernt und kurz vor *senal èlè* noch ganz ins Spielen vertieft, dann kam garantiert ein Yali vorbei, der uns auf die fortschreitende Zeit aufmerksam machte und uns Richtung zu Hause in Bewegung setzte.

Erika: „Nun haben wir für dreieinhalb Wochen Cornelis und

Wynand Scheepstra bei uns. Marga und Gert machen uns die Reise nach Java und Bali nach. Ihre Kinder haben sich gut bei uns eingelebt und spielen wie immer mit den unsrigen, nur sind alle krank. Wynand hat eine starke Erkältung, Bronchitis und Fieber, Michels Windpocken heilen nach fünf Wochen endlich ab, aber dafür bekam er jetzt Röteln und eine fiebrige Halsentzündung. Hanneke hat eine starke Ohrenentzündung, einen schlimm entzündeten Hals, Fieber und arge Schmerzen. Dazu bekam Katja Malaria. Da laufen Klaus und ich abwechselnd, die Kinder zu trösten und zu verarzten."

Um niemanden in Deutschland zu beunruhigen, hat meine Mutter nicht erzählt, dass Hanneke obendrein Hepatitis hatte.

Erika (eine Woche später): „Marga schrieb uns schon von Java, dass sie sich herrlich erholten. Tags darauf kam ein

Die Kinder-Clique.

Telegramm, dass Gert zur Untersuchung im Krankenhaus liege. Er hatte hier schon wochenlang abends Fieber, aber wusste nicht wovon. Er dachte, er brauche eben Urlaub. Offenbar ist es wohl schlimmer geworden. Gert dachte selbst schon mal an TBC. Wollen's nicht hoffen. Wir warten mit Unruhe auf neue Nachrichten von ihnen. (...)
Dann kam das Telegramm von Marga, dass es Gert sehr schlecht gehe und ob nicht jemand die Kinder bringen könne. Was tun? Mitten in den Konferenzvorbereitungen flog ich mit den beiden nach Java, Klaus hütete unsere drei und hatte noch die Vorbereitungen am Hals. Gert war wirklich schrecklich krank. Zwei Wochen lang 40,7° Fieber, und niemand wusste wovon und keine Medizin half. Man fand wohl, dass er TBC hatte. Da wollten sie die Kinder bei sich haben. Gert muss nun noch lange ruhen.
Ich blieb eine Woche auf Java und kam dann zum ersten Konferenztag mit den Ehrengästen aus Sentani wieder in Angguruk an. 70 Personen - Pastoren, Evangelisten und Lehrer - mussten versorgt werden. Das Oberkommando über die Küche führte zwar Schwester Hanna, die aus Polimo angereist kam, aber viel Arbeit und Unruhe hatte man trotzdem, jede Nacht etwa vier Stunden Schlaf und immer im Gespräch.
Anschließend blieb Christa Ohnesorge mit ihren zwei Kindern noch hier. Nächste Woche fliegen Ohnesorges dann für drei Wochen Urlaub und medizinische Untersuchungen nach PNG und die Kinder (Till 5, Sabine 3) bleiben bei uns. Susanne kommt dann auch bald aus der Schule und dann haben wir wieder sechs Kinder hier!"

Erika: „Übermorgen kommen Scheepstra aus Java zurück.

Gert geht es wieder gut, wenn er auch ein Jahr lang TBC-Medizin nehmen muss. Wir freuen uns, Weihnachten doch mit den Freunden feiern zu können.
Ich habe in letzter Zeit angefangen zu laufen. Ich wurde meine vier Wände so leid. Jeden Abend einmal den Berg rauf und wieder runter. Dann bin ich ein paarmal mit Trijntje losgezogen auf Tagestouren mit Rucksack, Kaffee und Pfannkuchen (unsere drei Kinder und die zwei Ohnesorge Kinder blieben zu Hause), und schließlich steigerte ich mich und unternahm eine Zwei-Tages-Tour mit Klaus nach Pinij, dem hintersten Dorf im Ubahak-Tal.
Nach acht Stunden strammen Laufens kamen wir in Pinij an. Dort wurde den ganzen Tag und die ganze Nacht getanzt, und am nächsten Morgen wurden Schweine als Gastgeschenke ausgetauscht, geschossen und gekocht. Zurück liefen wir eine andere Route in der prallen Höhensonne auf meist 2000 Meter und ohne Schatten spendende Bäume und kamen reichlich kaputt zu Hause an – ich jedenfalls.
Trijntje und ihr Besuch hatten über Nacht die Kinder gehütet. Das gefällt mir so gut am Leben hier: man ist nicht so etabliert, jeder hilft jedem, man kann auf seine Freunde zählen. Mal eben zwei Tage fünf Kinder versorgen? Kein Problem!
Jetzt sind wir dabei Scheepstras Haus zum Empfang zu putzen, und dann müssen wir noch Weihnachtsplätzchen backen."

Erika: „Nachdem wir heute morgen viel Regen hatten, scheint nun heute nachmittag die Sonne ins Wohnzimmer, vor meinem Fenster blühen riesige Sonnenblumen, alle Kinder spielen irgendwo friedlich – so hoffe ich jedenfalls –

also will ich mal schreiben. (...)
Inzwischen war's mit meiner Ruhe längst aus, es ist jetzt Abend, alle Kinder schlafen, Katja hat heute Schlafbesuch von ihrer Freundin Penina, es regnet tüchtig, Tasman ist in der Küche vorm warmen Ofen, macht Schularbeiten und passt auf das Brot im Ofen auf. Er schläft hier im Haus, im Gästezimmer und genießt es, abends vor dem Ofen oder am Esstisch Hausaufgaben zu machen, im warmen Bett zu schlafen und heiß im Badezimmer zu duschen. Ich habe in Klaus' Abwesenheit gerne noch einen im Haus – für alle Fälle. Neulich hat die Erde mal wieder schön gebebt, da schlafe ich nicht gerne allein mit den Kindern."

Noch ein Wort zur Dusche: Die Dusche bestand aus einer etwas tieferen Duschwanne, die für uns Kinder zur Badewanne wurde, wenn sie mit Wasser gefüllt wurde. Zum Duschen gab es einen einfachen Plastikeimer, an dessen Unterseite ein Duschkopf befestigt war, den man auf und zu drehen konnte. Wasser wurde in der Küche auf dem Ofen heiß gemacht und dann im Eimer mit kaltem Wasser gemischt, bis es die richtige Temperatur hatte. Dann wurde der Eimer an einem Seil hochgezogen und befestigt.
Bei sparsamem Gebrauch reicht Katja und mir auch heute noch ein Eimer Wasser zum Duschen – inklusive Haarewaschen!

Im April 1978 gingen wir wieder auf Heimaturlaub nach Deutschland. Während dieses Besuches wurde Hanneke an den Ohren operiert. Sie war schwerhörig, und eine Operation versprach Aussichten auf Erfolg. „Erzähl doch in deinem Buch die Geschichte von Hanneke und dem Flugzeug", sagten meine Eltern, als wir neulich alle zusammensaßen. Hanneke lachte, doch ich wusste nicht, wovon sie sprachen. Ich kannte die Geschichte nicht, musste zu dem Zeitpunkt

Michel und Hanneke beim Naschen
mit Freundinnen Lis und Penina

wohl in der Schule gewesen sein, also erzählten sie mir die Geschichte: Eines Tages kam Hanneke den Weg entlang, der vom Krankenhaus über die Landebahn zu unserem Haus führt. Sie ging auf die Landebahn zu, als das Geräusch eines sich nähernden Flugzeugs zu hören war. Alle verließen sofort die Landebahn, nur Hanneke hörte das Geräusch nicht und ging weiter. Die Yali, die am Wiegehäuschen standen, sahen dies und riefen Hanneke zu, sie solle stehen bleiben. „Auch das habe ich nicht gehört", sagte Hanneke.
Das Flugzeug war bereits im Landeanflug und hatte den „point of no return" überschritten, konnte also nicht mehr abdrehen, als Hanneke die Landebahn betrat. Auch Papa rief und gestikulierte, aber sie hörte es nicht, war versunken in ihre Gedanken und schaute nicht auf. Schließlich rannte Papa über die Landebahn und griff sich im Laufen die erstaunte Hanneke, während das Flugzeug bereits aufsetzte. Das war knapp!
Nun sollte sie also operiert werden, und der Arzt in Deutschland untersuchte sie und forderte sie auf, dieses oder jenes zu

tun, während er Mama kaum die Zeit ließ, die Aufforderungen auf Indonesisch zu übersetzen, damit Hanneke sie verstand. Der Arzt war furchtbar gehetzt und entnervt. Schließlich sollte Hanneke „Kuckuck" sagen, doch trotz Übersetzung verstand sie nicht, was man von ihr wollte, denn sie konnte mit dem Wort „Kuckuck" nichts anfangen. Sie sagte einfach nicht „Kuckuck", und der Arzt wurde immer ärgerlicher. Schließlich kam Mama auf die Idee, Hanneke „Coca Cola" sagen zu lassen. Das klappte, Coca Cola kannte sie und sprach das Wort bereitwillig aus.
Doch die ganze Aufregung war umsonst. Die Operation brachte nicht den gewünschten Erfolg, Hanneke blieb weiterhin schwerhörig. Als wir 1980 endgültig nach Deutschland zurückkehrten, flogen wir ein paar Monate früher als geplant, damit Hanneke vor der Einschulung noch einmal operiert werden konnte.
Auf diesem Weg nach Deutschland machten wir – wie bei unserer ersten Ausreise – Zwischenstopp bei unseren Verwandten in Sri Lanka. Sie empfahlen meinen Eltern, zu Dr. Kulewardena zu gehen, einem berühmten Singhalesischen Homöopathen. Mama hatte Hanneke an der Hand als sie sein Behandlungszimmer betrat, und noch bevor sie seinen Schreibtisch erreichte und auch nur den Mund aufmachen konnte, sagte Dr. Kulewardena: „Das Kind ist schwerhörig." Er gab Hanneke homöopatische Medizin (Globoli) und wir konnten förmlich zusehen, wie es ihr besser ging. Innerhalb weniger Wochen war Hanneke geheilt.

Noch ein Schulkind

Wir kehrten 1978 pünktlich zum neuen Schuljahr – meinem dritten und Katjas erstem – nach Irian zurück.

Erika: „Wir hatten einen guten Rückflug aus Deutschland, nur kamen wir einen Tag später als geplant in Sentani an, also nur einen Tag vor Schulanfang. Suse wollte direkt vom Flugplatz zur Schule. Das ging denn doch nicht, also erstmal nach Abepura, Koffer durchsuchen nach Zeug von den beiden, Namensschilder in aller Eile einnähen und wieder ihre Koffer packen. Am nächsten Morgen um 6:30 Uhr ging's dann nach Sentani zur Schule, Katja fuhr noch ganz gefasst hin. Als wir ankamen, wer begrüßte uns? Suses alte Hausmutter aus dem ersten Schuljahr. Das war eine Überraschung! [Auntie Mary muss zwischenzeitlich wohl weggewesen sein.] Die beiden sollten ihre Koffer auspacken, und wir mussten gehen. Da verließ Katja der Mut, sie weinte schrecklich und klammerte sich an mich. Ich musste mich gewaltsam losmachen, und die Hausmutter hielt Katja fest. Mir war ganz elend zu Mute.
Am folgenden Morgen fuhr ich wieder zur Schule. Da erzählte mir Auntie Mary, dass Katja erst alles abgeblockt habe, sich dann aber in ihre Lage gefügt habe. Am Abend des zweiten Tages besuchte uns Katjas Lehrerin in Abepura. Sie war ganz optimistisch. Katja mache gut mit und habe ihr sogar schon eine Antwort gegeben. Da war ich doch erfreut und konnte beruhigt nach Angguruk fliegen.
Als wir ankamen, hatte Trijntje für uns Frühstück gemacht, zum Mittag hatten die Yali ein *Seni* für uns gekocht. Alle

waren so froh, dass wir wiedergekommen waren. Tasman und Nakai hatten das Haus geputzt, und wir konnten es uns gleich gemütlich machen. Mir ist es ganz ungewohnt hier mit nur zwei Kindern.
Hanneke ist so fröhlich und lieb und spielt, spielt, spielt und ist wieder richtig glücklich mit Tasman und ihren Freundinnen. Michel genießt auch seine Freiheit hier, ich bemerke die beiden kaum."

Erika: „Ich war gerade für ein Wochenende zu Suses Geburtstag in Sentani. Es war so schön mit den beiden Großen. Katja wirkt viel gelöster und selbstbewusster. Es ist, als sei eine konstante Angst von ihr gewichen, nämlich die Angst vor der Ungewißheit der Schule. Sie sieht, dass alles so schlimm nicht ist und sie prima mitkommt. Sie weinte nicht einmal, als ich wieder wegflog, als die beiden mich morgens zum Flugzeug brachten und winkten."

Erika: „Gestern kamen Klaus und ich von einer tollen Tour zurück. Am Donnerstag flogen wir nach Poronggoli, wo wir dann vier Stunden lang in alle umliegenden Dörfer gingen. Unter anderem mussten wir dabei über eine Brücke, das heißt einige Baumstämme, die über eine Schlucht von 80 Metern Tiefe gelegt waren. Mir wurde ganz anders. Wir übernachteten dort in mitgebrachten Schlafsäcken.
Am Freitag liefen, kletterten und schwitzten wir fünf Stunden auf dem Weg nach Panggema. Klaus hatte dort so einiges mit dem Evangelisten Mofu zu bereden, während ich mit seiner Frau klönte. Nachdem wir dort auch noch gut geschlafen hatten, liefen wir am Samstag wieder fünf Stunden nach Tang-geam, einem Dorf zwischen Panggema und Angguruk. Dort wurde uns zu Ehren ein *Seni* gekocht. Am Sonntag

liefen wir ganz früh los, um noch vor der Mittagshitze in Angguruk zu sein, aber wir brauchten dann doch gut sechs Stunden für den Weg und schwitzten im schönsten Sonnenschein. Dreiviertel des Weges ging es durch Urwald, rauf, runter, immer über Baumstämme und Wurzeln, an

senkrechten Felsen runter oder entlang, über Flüsse, kurz: ich hatte oft ganz hübsch Angst. Tausendmal musste ich meine Schwindelängste überwinden. Aber zauberhaft schön war es dort im Wald, bunte Vögel sangen, tausend Orchideenarten blühten an den Bäumen, herrlich!
Zu Hause angekommen, habe ich erstmal ausführlich geduscht und überall Pflaster aufgeklebt. Es war ganz hübsch anstrengend, aber wunderschön und erlebnisreich. Auch mit den Leuten im Dorf im engen Kontakt zu sein und dort zu schlafen – was Klaus ja oft tut, ich aber weniger – im Bach zu baden und sich froh und durstig auf jede Quelle zu stürzen, war großartig."

„Oh je, was habe ich diese Tour verharmlost", sagte Mama beim Durchlesen meines Skripts. „Ich wollte unterwegs nur noch sterben. Wir mussten einen frischen Erdrutsch überqueren. Die Erde war locker und gab ständig nach. Kleine Steine rollten in den Abgrund. Wir konnten nur schräg gehen, konnten uns nirgendswo festhalten und mit jedem Schritt mussten wir befürchten, in den Abgrund abzurutschen. Die ganze Zeit sah ich aus dem linken Augenwinkel den steilen Abgrund und den reißenden Fluss etliche Hundert Meter unter uns. Mitten auf dem Erdrutsch fingen meine Knie vor lauter Erschöpfung und Angst so sehr zu zittern an, dass ich mich setzen musste und die anderen in meiner Verzweiflung bat, mich zurückzulassen. Ich konnte nicht mehr vor noch zurück. Ich war mit meinen Kräften und Nerven am Ende. Nur mit allergrößter Mühe und Geduld bekamen sie mich – auf dem Hosenboden rutschend - von diesem Erdrutsch herunter."

Pagai

Ich möchte ein ganzes Kapitel der Station Pagai und den tragischen Ereignissen, die sich dort abspielten, widmen. Es soll ein kleiner Einblick in das ganz andere Leben der Menschen am grossen Fluss, nur 20 Flugminuten von Angguruk entfernt, sein. Die bereits erwähnten tragischen Ereignisse finden zwischen 1977 und 1980 statt, von denen ich hier an einem Stück berichten möchte.

Klaus: „Die Station Pagai wurde 1970 von Apahapsili aus unter der Leitung von Helmut Bentz gegründet. Inmitten von Sumpf und Urwald fand Bentz damals einen geeigneten, höher gelegenen Platz, der als Landepiste bestens geeignet war. Von Anfang an war diese Station als landwirtschaftliches Pilotprogramm geplant, das zur Unterstützung der Ernährung und der Versorgung der Hochlandpapua diente. Die teils mangelernährte Hochlandbevölkerung sollte mit proteinhaltigen Produkten beliefert werden. Dabei wurden auch erhebliche Flugkosten eingespart, um wichtige Lebensmittel wie Erdnüsse, Mais, Linsen, Reis und Fisch nicht mehr von der Küste, sondern nur noch aus 60 km Entfernung nach Yalimo einzufliegen. Das Projekt entwickelte sich in den Jahren 1972 - 1977 zu einem Unternehmen, das recht gute Ergebnisse zeigte.
Anfangs ging man davon aus, dass in Pagai keine Menschen leben. Doch schon bald kamen die ersten Ureinwohner dieses äußerst dünn besiedelten Gebietes, um neugierig zu beobachten, was sich in ihrem Jagdgebiet ereignete.
Die Pagai-Leute sind keine Arbeiter und Bauern. Sie sind

Sago-Klopfer und Jäger, leben heute hier und morgen da. Ihr zu Hause ist der Urwald und ihre Straße der Mamberamo mit seinen tausend Flussarmen und Wasserläufen. Langsam und zögernd siedelten sie sich auf der Station an, bauten schließlich ein eigenes Dorf unweit des Postens und nahmen besonders gerne die medizinische Hilfe der Station in Anspruch. Sie tauschten Fleisch und Krokodilhäute gegen Beile, Buschmesser, Töpfe, Salz und Tabak. Bald fassten sie Vertrauen zu uns, wurden unsere Freunde, hörten auf das Evangelium und schickten ihre Kinder zu einem einfachen Lese- und Schreibunterricht.

Pagai wurde zu einer lebendigen und verheißungsvollen Missionsstation, zu einer Versorgungsbasis für das gesamte Gebiet des oberen Mamberamo.

Die Anwohner des Mamberamo leben in ganz kleinen Gruppen von 15-30 Personen. Jede Gruppe hat ihr eigenes, riesiges Jagd- und Sammelgebiet. Jede Gruppe hat ihre eigene Sprache, die aber mit der Sprache der benachbarten Gruppen verwandt ist. Diese Sippen bekämpften sich früher, und da es am Mamberamo Frauenmangel gibt, da außergewöhnlich viele Frauen bei der Geburt ihrer Kinder sterben, raubten sie sich gegenseitig die Frauen.

Der Bevölkerungsanteil in diesem großen Gebiet ist insgesamt gering, weil die Sterblichkeit so hoch ist. Von fünf Kindern, die eine Frau bekommt, bleiben etwa zwei am Leben. Die größte Plage sind die Moskitos. Viele Menschen sterben an der Malaria. Es gibt auch viele andere Krankheiten wie Frambösie (tropische Hautkrankheit), Ulcus Tropicum (Tropengeschwür), Elefantiasis (Störung des Lymph-Abflusses, die zur Anschwellung der Extremitäten und der Geschlechtsteile führt) und nicht zu vergessen die Verwurmung.

Dazu kommt noch die ungesunde einseitige Ernährung. Zwar bekommen die Leute am Mamberamo genug Fleisch und Fisch und haben keinen Eiweißmangel wie die Yali, aber sie bekommen zu wenig Vitamine, denn sie essen kein Gemüse, weil sie es nicht kennen und weil Gemüse Gartenbau voraussetzt. Wir haben unseren Evangelisten die Notwendigkeit von Gemüse deutlich gemacht und sie gebeten, mit der Gemeinde zusammen Gemüse anzubauen. Durch die landwirschaftlichen Versuche und durch den Umgang mit unseren Yali-Bauern in Pagai haben die Ureinwohner in ganz kleinem Maße angefangen, Gärten zu bestellen und auch Obst wie Ananas, Bananen und Papaya anzupflanzen.
Wir haben inzwischen in Pagai große Ananasfelder angelegt. Wöchentlich wird bei Leerflügen der MAF vom Inland an die Küste in Pagai zwischengestoppt, um bis zu 400 kg Ananas an die Küste zu fliegen, wo sie dann verkauft werden. Der Ertrag geht zu 50% an die GKI für Missionsaufgaben, 50% fließen zurück nach Pagai zur Bezahlung der Arbeiter und Evangelisten. Pagai ist die einzige Missionsstation, die keine finanzielle Hilfe braucht, sondern im Gegenteil noch Gewinne erzielt.
Neben der Landwirtschaft jagen und essen die Pagai-Leute Krokodile. Die Häute verkaufen wir an der Küste an Chinesen. Leider kommen immer mehr professionelle Krokodiljäger in das Mamberamo Gebiet. Diese reduzieren den Bestand erheblich. Inzwischen haben wir die Regierung auf diese Gefahr aufmerksam gemacht und eine Verfügung erreicht, nach der es streng verboten wurde, ohne Genehmigung der Regierung Krokodile zu jagen. Nur die Einheimischen dürfen jetzt noch - weil es ihre einzige Verdienstmöglichkeit

Die Menschen von Pagai leben in offenen Pfahlhaüsern.

ist - Krokodile fangen. Ich glaube, wenn diese Bestimmung eingehalten wird, bleibt der Bestand der Krokodile am Mamberamo gesichert, denn die Mamberamo-Leute erjagen ohne Gewehre mit Mühe nur wenige Krokodile.

Inzwischen haben sich etwa 180 Leute in Pagai niedergelassen. Sie legten ein schönes Dorf mit sauberen Kies- und Sandwegen an. Die Häuser, die sie nach praktischen Gesichtspunkten bauten und die für ihre Lebensbedingungen ideal konstruiert sind, sind nicht rund wie bei den Yali, sondern quadratisch, stehen auf Pfählen und haben ein Dach aus Blättern der Sagopalme. Abgesehen von Stützpfählen besteht das Haus nur aus Fußboden und Dach. Es gibt keine Wände. Der Wind streift ungehindert durchs Haus, bringt Kühlung und vertreibt die Moskitos. Auf der Wohnfläche von etwa 30 - 40 qm befinden sich mehrere Feuerstellen. Während der ganzen Nacht brennen die Feuer, die ebenfalls helfen, die Moskitos

zu vertreiben. In einem solchen Haus wohnt jeweils eine Großfamilie oder Sippe. Ihre wenigen Habseligkeiten sind an den Balken aufgehängt.
In großen Baumrindenschalen wird das Hauptnahrungsmittel - das Sagomehl - aufbewahrt. Sie klopfen den Sago aus den Stämmen der Sagopalmen immer auf Vorrat. Solange die Leute genügend Vorrat haben, treffen wir sie im Dorf an. Ist der Vorrat verzehrt, gehen sie wieder in den Wald und klopfen neuen Sago. An dem Dach über der Feuerstelle hängen große Fleischstücke von Wildschweinen, Kasuarivögeln, Krokodilen und auch Fischen, die im Rauch konserviert werden. Wildschweine gibt es in ungeheuren Mengen. Gehen die Männer morgens mit ihren Hunden auf Jagd, kommen sie abends mit einem oder mehreren erlegten Schweinen zurück. Gäbe es die Moskitos und die Krankheiten nicht, hätten diese Menschen wirklich ein paradiesisches Leben in Freiheit und Überfluss.
In sechs Jahren Missionsarbeit ist eine kleine Gemeinde dort an den Ufern des oberen Mamberamo entstanden. Unser Yali-Evangelist aus Angguruk, Simon Kabak, hat die Hauptsprache (Kapaure) der Pagai-Sippen gelernt und ihnen in dieser Sprache das Evangelium verkündigt.
Simon, ein begabter Yali, war Hausjunge bei Zöllners, besuchte die Grundschule in Angguruk, danach die Bibelschule, und schließlich bekam er noch eine medizinische Ausbildung bei Dr. Scheepstra, so dass er in Pagai auch die Poliklinik führen kann. Daneben unterrichtet er die Pagai-Leute noch in Indonesisch, Lesen und Schreiben. Ein Erfolg seiner Schularbeit ist, dass wir zur Zeit zwei Pagai-Jungen in der Bibelschule in Apahapsili zu Evangelisten ausbilden können.

Schon vor zwei Jahren fragten die Pagai-Leute nach der Taufe. Nun endlich am 11.12.1977 sollte sie stattfinden. Als Text hatte ich den Taufspruch gewählt, der auf allen Taufbriefen unseres Kirchenkreises steht: ‚Wer in Christus ist, ist eine neue Schöpfung. Das Alte ist vergangen, siehe, Neues ist geworden.' Dabei versuchte ich auch, eine Rückblende zu geben auf das, was sich in sechs Jahren Missionsarbeit in Pagai getan hat. Es war ein herrliches Bild, wie die kleine Gemeinde dort, wo der Pagai Fluss in den Mamberamo mündet, am Ufer saß und die 13 Täuflinge mit den Täufern in das Wasser stiegen!
Anläßlich der Taufe bereitete die Gemeinde ein *Seni*, wie sie es von den Yali gelernt hatten. Am Abend tanzten die Pagai-Leute bis spät in die Nacht. Es ist ihre Art, Gott zu loben."

Klaus: „Als wir im Dezember 1977 die ersten Pagai-Leute tauften, unter ihnen Häuptling Obet, einen Mann, der sich sehr engagiert für die Verkündigung des Evangeliums eingesetzt hatte, da ahnten wir nicht, dass nur wenige Monate später Pagai geschlossen werden musste.
Während der allgemeinen Wahlen 1977 in Indonesien war es im West-Dani-Gebiet (Balim-Tal) zu großen Unruhen gekommen. Da es zumindest in den ländlichen Gebieten keine echten demokratischen Wahlen gab, sah die Bevölkerung im West-Dani-Gebiet nur die Möglichkeit, ihren Unwillen an der kommunalen Regierungspolitik dadurch zum Ausdruck zu bringen, indem sie die Wahl in ihrem Gebiet boykottierte. Die West-Dani vertrieben die Regierungsbeamten und Lehrer, teilweise auch die Evangelisten, die sich nicht auf die Seite der Dani stellten. Einige Menschen wurden dabei auch umgebracht. Es kam zu einer euphorischen Freiheits-

bewegung. Bald war das ganze West-Dani-Gebiet (etwa 240.000 Einwohner) von dieser Bewegung erfasst.
Die ziemlich zersplitterte Organisation für ein freies Papua (OPM), die im Hinterland von Jayapura operierte, versuchte, diese Bewegung für sich zu vereinnahmen. Möglicherweise hat sie auch diese Unruhen gesteuert. Jedenfalls kam es zu einer Verbindung der Aufständischen im West-Dani-Gebiet mit denen aus dem Flachland zwischen Jayapura und dem Mamberamo.
Das indonesische Militär war zunächst zu den Wahlen an strategisch wichtigeren Punkten Indonesiens präsent. Als aber die Wahlen vorüber waren, konnte das Militär für die ‚Befriedung' des West-Dani-Gebietes eingesetzt werden. Von Augenzeugenberichten, sowohl eines Hubschrauberpiloten des Militärs als auch von Freiheitskämpfern aus dem West-Dani-Gebiet weiß ich, dass wehrlose Dani-Dörfer bombadiert und dem Erdboden gleich gemacht wurden. Der indonesische Hubschrauberpilot erzählte mit Begeisterung, wie sie diese nackten, mit Pfeil und Bogen ausgerüsteten Wilden mit Bordwaffen niedergemäht hatten. Ich war entsetzt darüber, dass dieser Mann nicht nur aus Befehlsgehorsam gehandelt hatte, sondern offensichtlichen Gefallen daran fand, unschuldige Dani umzubringen. Wir müssen davon ausgehen, dass mehrere Tausend Dani ums Leben kamen.
In Pagai erzählte uns ein geflüchteter Dani, dass sie sich an einem Sonntag in der Kirche zum Gottesdienst versammelt hatten. Da seien Hubschrauber gekommen und hätten Bomben abgeworfen. Viele Hütten seien wie Fetzen durch die Luft geflogen, aber fünf Bomben, die in der Nähe der Kirche abgeworfen worden waren, seien nicht explodiert,

und keine der Gottesdienstbesucher sei getroffen worden. Sie erzählten uns diese Geschichte als ein Zeichen dafür, wie Gott seine Gemeinde beschützt habe.

Immer mehr jugendliche Papua liefen und laufen noch zur OPM über, teils aus Frustration, weil sie keine Chance sehen, Ausbildung und Arbeit zu bekommen, teils aber auch deshalb, weil sie zusehen müssen, wie sie immer mehr von den Einwanderern aus den überbevölkerten Gebieten Indonesiens an den Rand gedrängt werden und bald nur noch eine Minderheit im eigenen Land sein werden.

Pagai wurde in die Auseinandersetzung der Regierung mit den Aufständischen einbezogen. Die Aufständischen hatten gute Kontakte zu den Pagai-Leuten. Manchmal holten sie sich auch auf der Station medizinische Hilfe. Als im Mai 1978 der ehemalige Präses der GKI, Pastor Maloali, sowie ein katholischer Priester, ein Militärkommandant und andere Militärs in die Hände der Aufständischen fielen (sie waren zusammen in einem Hubschrauber unterwegs gewesen) und als Geiseln festgehalten wurden, wurde Pagai von etwa 30 Soldaten besetzt.

Pagai wurde vom Militär als strategisch wichtige Station im Kampf gegen die OPM angesehen. Fortan fiel der Schulunterricht aus. Die Erträge der Gärten wurden von den Militärs aufgebraucht. Die Pagai-Leute wurden geschlagen, weil sie dem Militär nicht meldeten, wenn Aufständische in ihrem Dorf übernachteten oder sie auf Aufständische gestoßen waren. Zum besseren Verständnis muss ich hinzufügen, dass das Dorf Pagai etwa 500 Meter von der Station entfernt lag, das Militär aber lediglich auf der Station blieb, abgesehen von gelegentlichen Patrouillen zum Dorf.

Auch nachdem das Militär in Pagai eingesetzt worden war,

Männer von Pagai unterwegs zur Jagd

kamen die OPM-Leute (meist Bergland Papua aus dem West-Dani-Gebiet) abends ins Dorf, baten um Aufnahme und Hilfe und versuchten, die Dorfbewohner zu beeinflussen, doch zu ihnen überzulaufen. Dieser Versuchung widerstanden sie lange Zeit. Gleichzeitig wurden sie vom Militär unter Strafandrohung angehalten, sofort Meldung zu erstatten, falls OPM-Leute ins Dorf kämen. Aber begreiflicherweise taten sie das nicht, denn sie wollten auch nicht den Zorn der Aufständischen auf sich ziehen, mit denen sie eher sympathisierten als mit dem Militär.

Schließlich hielten es die Pagai-Leute nicht länger aus, in der Spannung zwischen den Aufständischen einerseits und

dem Militär andererseits zu leben. Sie besannen sich auf ihr früheres Leben als Halbnomaden. Eines Tages waren sie alle verschwunden, das Dorf blieb leer. Wir können es gut verstehen, dass sie ein Leben in ‚Freiheit' in den Wäldern der Spannung und Demütigung auf der Station vorzogen. Solange das Militär in Pagai sei, wollten sie nicht zurückkehren.
Und was ist nun mit der geistlichen Versorgung unserer Pagai-Gemeinde? Die zwei Jungen aus Pagai, Max und Markus, die in der Bibelschule in Apahapsili im ersten Kurs von Pastor Ohnesorge ausgebildet worden waren, sind mit ihren Leuten unterwegs. Möchten sie doch stark genug sein, ihren Stammesgenossen auch weiterhin das Wort Gottes zu erklären! Obwohl das Dorf leer ist, sind noch einige Jungen aus Angguruk zusammen mit dem Evangelisten Steven Manufandu in Pagai, um die Station vorerst noch halten zu können."

Erst ein Jahr später, Mitte 1979, haben die Soldaten Pagai verlassen.

Erika: „Über die Geiselnahme bei der OPM erfährt man nicht viel. Die zwei Militärs sind inzwischen wieder freigelassen worden, waren aber in so schlechtem Zustand, physisch wie psychisch, dass man sie nach Jakarta ins Krankenhaus geflogen hat. Der katholische Priester ist auch wieder frei, weiß aber nicht viel, außer dass die OPM-Leute, als sie den Hubschrauber überfielen, den Hubschrauberpiloten direkt nach der Landung erschossen und alle Geiseln an andere Orte gebracht wurden. Pastor Maloali wird noch festgehalten, und man ist sich nicht sicher, ob er nicht freiwillig dort ist, um die Regierung zu zwingen, ihren Teil des Friedensvertrags einzuhalten."

Klaus: „Erschüttert wurden wir durch einen neuen Blutrache-Mord an einem unserer Evangelisten. Vom 30. April bis 14. Mai 1979 waren viele unserer Evangelisten zu einem Intensivkursus in Apahapsili. Anschließend flogen die drei Evangelisten vom Mamberamo Steven Manufandu, Yulius Deromi und Silas Oruwai nach Pagai. Sie wollten gemeinsam den Mamberamo hinunterfahren und unterwegs die Gemeinden besuchen und, wenn möglich, neuen Kontakt mit den Pagai-Leuten aufnehmen.

Am 15. Mai fuhren sie von Pagai ab. Nachmittags trafen sie auf ein anderes Boot, einen Einbaum, in dem sie unter anderem einen Mann aus Pagai ausmachten. Sie legten an dem Boot an und erkannten recht bald, dass sie es mit einer Gruppe Aufständischer zu tun hatten. Sogleich wurden die Evangelisten gezwungen, mit ihnen an einen Ort zu fahren, an dem die Leiche eines Genossen lag, eines jungen Mannes aus Wamena, der von einem Krokodiljäger erschlagen worden war. Nun mussten die drei, zusammen mit den anderen und der Leiche zum Hauptquartier der Aufständischen den Mamberamo hinauffahren. Ich muss hinzufügen, dass die Aufständischen keinen Außenbordmotor hatten und die Gelegenheit wahrnehmen wollten, mit unserem Motor schnell den Toten in ihr Dorf zu bringen.

Unsere Evangelisten hatten große Angst. Da der Krokoldiljäger, der den Dani erschlagen hatte, ein Papua von Serui (Insel Japen) war, rechneten sie damit, dass nun sie für diese böse Tat eines Küstenpapua zahlen sollten. Steven Manufandu und Yulius Deromi waren beide Küstenpapua. (Auch ohne die Herkunft eines jeden zu wissen, kann man Küsten- und Berglandbevölkerung rein äußerlich gut voneinander unterscheiden.)

Spätnachmittags kamen sie im Lager an. Während die Aufständischen - es waren fast alles Dani - die Verbrennung des Toten vorbereiteten, versuchten die Evangelisten, vom Kommandanten die Erlaubnis zu bekommen, aufbrechen zu dürfen. Nach langem Zögern durften sie endlich gehen.
Steven und Yulius gingen schnell voraus, Oruwai blieb etwas zurück, denn er wollte die anderen beiden überreden, die Nacht im Lager der Aufständischen zu verbringen. Als sie den Fluss (Nebenfluss des Habilifuri) erreichten, drehte sich Yulius um und sah, wie einer der Dani die Axt erhob und Oruwai erschlug.
Sofort sprangen Steven und Yulius in den Fluss, tauchten solange es ging, erreichten schließlich das andere Ufer und rannten in die anbrechende Nacht hinein. Am darauffolgenden Tag erreichten sie wieder den Mamberamo.Dort bauten sie ein Floß und ließen sich vier Tage den Mamberamo hinuntertreiben. Am 19. Mai erreichten sie schließlich Dabra. Dort mussten sie der Frau Oruwais und seinem Kind mitteilen, dass der Vater ermordet worden war. Die junge Witwe erwartet ihr zweites Kind.
Im Lager der Aufständischen hatte Steven Manufandu auch seine Pagai-Gemeinde wiedergefunden. Die Leute standen ganz unter der Gewalt der Aufständischen und wagten nicht, ihnen zu helfen. Sie waren nicht an der Ermordung Oruwais beteiligt, vielleicht hatten sie auch keine Möglichkeit zu helfen.
Warum musste das geschehen? Warum musste ein unschuldiger Evangelist für die Tat eines Krokodiljägers sterben?“

Klaus: „Im Juli 1980 suchten wir per Flugzeug die neuen

Hütten der Pagai-Leute. Wir fanden sie und warfen Geschenke für Häuptling Obet und die Evangelisten Max und Markus ab, mit der Bitte, Kontakt mit dem Kirchenkreis Balim-Yalimo und besonders zu ihrem ehemaligen Evangelisten Simon Kabak in Poronggoli aufzunehmen.
Dies ist inzwischen geschehen. Die Pagai-Leute baten darum, sich am 1. September 1980 in Pagai mit Simon zu treffen. Für uns war es eine riesige Freude, als wir aus Briefen von Mitarbeitern (wir sind inzwischen in Deutschland) erfuhren, dass Häuptling Obet tatsächlich am vereinbarten Tag mit dem größten Teil der Gemeinde in Pagai erschien.
Sie berichteten, dass sie in all den Monaten im Urwald nicht aufgehört hatten, sich morgens und abends zum Gebet zu versammeln, und sonntags hielten sie ihre Gottesdienste, wo immer sie sich befanden. Häuptling Obet hatte treu über allem gewacht und die Gemeinde zusammengehalten.
Wir sind glücklich und dankbar darüber, dass Gott selber in den vielen Monaten der Ungewißheit bei dieser kleinen Gemeinde sich als mächtig erwiesen hat. Er selber ist bei ihnen geblieben, mit ihnen gezogen, hat sie bei seinem Wort und im Gebet gehalten.
Die Pagai-Leute haben noch große Angst zurückzukommen. Oberhalb von Pagai in dem früheren Außendorf Nefere haben sie zunächst Quartier bezogen. Der Einfluss der OPM, so hörten wir, sei zwar immer noch sehr groß, doch hätten sich ihre Aktionen mehr in die Nähe der Küstengebiete und Städte verlagert. Jedenfalls wollen die Einwohner von Pagai erst einmal in der Sicherheit der Urwälder die diesjährigen Wahlen abwarten und danach entscheiden, ob sie nach Pagai zurückkommen."

Nach und nach kehrten die Pagai-Leute zurück, es kehrte Ruhe ein und sie konnten ihr Alltagsleben wieder aufnehmen. Die kleine christliche Gemeinde wurde wieder von der GKI betreut. Das Landwirtschaftsprojekt wurde allerdings nicht wieder aufgenommen.

Ängste

Erika: „Weihnachten wird bei uns wieder viel Betrieb sein: Ibu Soet kommt aus Abepura, der Linguist Volker Heeschen aus Eipomek, Freunde aus Jakarta und Familie Kuegler aus Abepura. Letztere ist eine neue, deutsche Familie mit drei Kindern, deren älteste Tochter Judith in Suses Klasse geht und deren beste Freundin ist. Da werde ich mir zu Weihnachten starke Nerven wünschen, denn das Ganze zieht sich über vier Wochen hin.
In vier Tagen kommen Suse und Katja aus der Schule, da sind wir alle schon ganz aufgeregt und Hanneke zählt die Tage. Sie werden sich hier mit ihren vielen Yalifreunden mal wieder richtig austoben wollen. Die Handwerker sind emsig dabei, die Yalihütte im Garten wieder neu aufzubauen, die schon verfallen war, denn ohne die geht's bei Suse und Katja nicht!"

Ich werde oft gefragt, ob ich nie Angst vor den Yali hatte. Die Frage kann ich ohne zu zögern mit „Nein" beantworten. Nicht einen Moment lang hatte ich Angst vor ihnen. Selbst als wir das erste Mal in Angguruk landeten und ein Yali mich aus dem Flugzeug hob, mich (2½ Jahre alt) auf seine Schulter hob und mit mir in Richtung Zöllners Haus verschwand, während die anderen noch zurückblieben, hatte ich keine Angst.
Im dritten Schuljahr kam meine Freundin Judith mit ihrer Familie in den Ferien zu Besuch nach Angguruk. Die Erwachsenen diskutierten über die große Gold- und Kupfermine in Tembagapura. Wir begriffen immerhin so viel, dass

irgendwo in Irian Gold gefunden worden war und dass nun ein ganzer Berg abgetragen wurde, um das Gold zu gewinnen. Nun wollten wir selber unser Glück versuchen und auf dem Berg hinter Angguruk nach Gold graben. Wir kamen nicht einmal bis zum ersten Dorf Erika (nach meiner Mutter benannt, früher Kaliepini). Kurz bevor wir das Dorf erreichten, kam uns ein Mann entgegen, der traditionell mit Penisköcher und Rattanringen gekleidet war und eine Steinaxt über der Schulter trug. Er begrüßte uns freundlich und ging weiter. Ich grüßte zurück und wollte ebenfalls weitergehen, doch da sah ich, dass Judith kreidebleich und erstarrt war. Sie hatte vor diesem Mann solche Angst bekommen, dass sie keinen Schritt mehr weitergehen konnte und schleunigst zurück zum Posten wollte.

Ich redete mit Engelszungen, dass dieser Mann harmlos sei, doch es half nichts, wir mussten umkehren. Ich war sauer und konnte überhaupt nicht nachempfinden, was in ihr vorging. Wie konnte man nur vor einem Yali Angst haben? Ich verstand es nicht. Dieses Gefühl der Angst vor Menschen lernte ich erst Jahre später kennen, als wir wieder in Deutschland waren. Menschen, die man nicht kennt, die anders sind als man selber, empfindet man oft als Bedrohung, auch wenn sie gar nicht bedrohlich sind, sondern einfach nur fremd.

Erika: „Gerade hat das Flugzeug unsere beiden Großen wieder in die Schule gebracht. Sie flogen diesmal mit der Nomad, ganz alleine hinten in dem großen Flugzeug, das voll mit leeren Tonnen war, so dass sie kaum etwas sehen konnten. Katja hatte fürchterliche Angst. Dann startete der Pilot, aber die Zündung klappte nicht. Einmal, zweimal, dreimal, nichts! Katja sah schon hysterisch vor Angst aus dem Fenster. Schließlich stieg der Pilot aus und fummelte am Flugzeug herum, probierte wieder – nichts! Da durften die

Mama, Hanneke und Katja mit Freunden auf einem Spaziergang

Kinder erstmal wieder aussteigen. Katja total aufgelöst vor Angst, Susanne ganz gefaßt. Mit einer Stunde Verspätung konnte das Flugzeug dann mit den verängstigten Kindern losfliegen."

An den Flug kann ich mich noch genau erinnern, weniger an die Startprobleme als an das Sitzen neben meiner völlig verängstigten Schwester in der hintersten Reihe des Flugzeugs, weit entfernt vom Piloten, der uns nicht einmal gehört hätte, wenn wir geschrien hätten. Zwischen uns und dem Piloten waren viele leere Benzintonnen geladen, die während des Fluges immer wieder gegeneinander stießen und schreckliches Getöse machten. Zudem roch es nach Benzin.
Bei diesem Flug war selbst mir nicht geheuer, doch ich versuchte, es mir nicht anmerken zu lassen. Katja war schier starr vor Angst, und ich wollte sie nicht noch beunruhigen. Ich versuchte ruhig zu wirken und sie aufzumuntern. Welch

Erleichterung, als wir endlich landeten und aussteigen konnten.
Mein Vater liebte dieses Flugzeug, das sich die MAF 1978 zulegte. Die Nomad war eine zweipropellrige Maschine, die zwölf Passagiere mitnehmen konnte und trotz ihrer Größe in Angguruk landen konnte.

Erika: „Letzte Woche war ich mit Friedrich Tometten und Michel für vier Tage bei Hanna in Polimo, wo wir Hannas Vorratskammer leergeräumt und die Vorräte auf Angguruk und Apahapsili verteilt haben. Hanna kehrt ja nun auch bald nach Deutschland zurück."

Friedrich Tometten, Sohn des Pfarrers, bei dem mein Vater sein Vikariat gemacht hatte, kam im Rahmen seines Theologie-Studiums zu uns, um bei Papa ein Sozial-Praktikum zu machen. Friedrich wurde später Papas Nach-Nachfolger und arbeitete acht Jahre in Apahapsili.

Da ich von allen meinen Geschwistern – außer Michel – kleine Anekdoten eingefügt habe, will ich nun auch von ihm eine einfügen. Über Michel und seine Streiche könnte man ein ganzes Buch füllen, ich werde mich aber auf die eine Geschichte beschränken, die Mama immer wieder gerne erzählt – und über die sie zum Glück auch geschrieben hat.

Erika: „Gestern, am Sonntagmorgen, kommt Michel (fast drei Jahre) um 6:00 Uhr an mein Bett und hält etwas Flauschiges zärtlich im Arm. Ich denke, es ist eines der kleinen Kätzchen, die er heiß liebt (unsere Katze hat vier Junge), aber nein, es war eine fette, tote Ratte! Offensichtlich war sie in der Nacht von der Katzenmutter zwecks späteren Verspeisens draußen (nicht im Haus!) getötet worden, wo Michel sie bei seinem

Michel mit seiner toten Ratte

morgendlichen Katzeninspektionsgang gefunden hatte. Ich schrie auf und war mit einem Satz aus dem Bett, als er mir das Knäuel unter die Nase hielt!“

Papa lachte und zückte sofort die Kamera, um diese Eintracht für die Nachwelt festzuhalten.

Die Tragödie von Poronggoli

Über die Ereignisse in Poronggoli möchte ich hier wieder an einem Stück berichten. Die ersten Unruhen fanden im Dezember 1976 statt und führten schließlich im April 1979 zur Eskalation.

Klaus: „Die oppositionellen Kräfte gegen das Evangelium waren in Poronggoli und im oberen Ponteng-Tal (einen Tagesmarsch von Angguruk entfernt) immer sehr stark. Das kommt nicht zu letzt durch die große Beeinflussung durch die Dani aus dem Balim-Tal jenseits der Berge, die bis heute das Neue radikal ablehnen. Diese Ablehnung ist wiederum sehr verständlich, wenn man bedenkt, welche negative Erfahrungen die Dani in der Nähe von Wamena mit dem Neuen - und dazu zählen sie ja auch Polizei, Militär, sowie die verwirrende Zahl der Glaubensrichtungen und Demoninationen - gemacht haben.

Nun, die Opposition in Poronggoli und Panggema hatte sich bei den Dani Hilfe geholt und mit ihnen zusammen neue Fetische gemacht. Sodann hatten sie den Behörden gemeldet, unsere Evangelisten stifteten in diesen Dörfern Unruhe, prügelten die Leute zum Gottesdienst, und hätten ihre Männerhäuser und Fetische verbrannt. Daraufhin wollten die Behörden nachprüfen, ob das wahr sei.

Zehn Militärs gingen in Begleitung von 140 Dani nach Poronggoli und in die umliegenden Dörfer. Dort führten sie eine regelrechte Strafexpedition gegen die junge Gemeinde durch. Sie verprügelten unsere Evangelisten und *Penatua* und deren Frauen, sie nahmen ihnen Töpfe, Äxte, Schweine,

Hühner weg, sie plünderten und verwüsteten ihre Gärten und steckten einige Hütten an. Bei all dem soll das Militär zwar nicht beteiligt gewesen sein, ließ es aber vor ihren Augen geschehen.
Der Kommandant soll dazu aufgefordert haben, nicht mehr zum Gottesdienst zu gehen. Die Fetische seien genauso stark wie die *Allah wene*. Ein ungeheurer Schlag für die noch so schwachen Gemeinden von Poronggoli und Panggema. Hinzu kommt noch, dass unsere Küstenmitarbeiter nicht wagten, den Mund aufzumachen. Pastor Sawen, der den Posten leitet aber gerade zu Besprechungen in Angguruk war, und ich bekamen erst Nachricht über das Geschehene, als das Militär bereits wieder auf dem Rückweg war. Erst dann fanden sie den Mut, ans Funkgerät zu gehen und uns zu informieren.
Einige Yali bezeichneten die Mitarbeiter, die aus Angst geschwiegen hatten, schon als falsche Hirten, die ihre Schafe im Stich lassen, wenn der Wolf kommt. Zur Zeit ist Pastor Sawen mit vielen Zeugen in Wamena, um diese unerhörte Ungerechtigkeit aufzuklären und mit der Zivilbehörde und dem Militär zu sprechen."

Klaus: „Inzwischen wissen wir genaueres über den Tathergang. Damals wurde dem Militärkommandanten fälschlich gemeldet, unsere Evangelisten und *Penatua* würden die Menschen in den Gottesdienst prügeln und ihnen ihre Fetische entreißen und verbrennen. Daraufhin schickte der Militärkommandant zuerst einen Brief an den Regierungsbeamten Nimrod Manufandu in Angguruk, in dem er das Verbrennen von Fetischen untersagte. Dieser Brief wurde von dem Oppositionshäuptling Usuak nach Poronggoli gebracht.

Da der Regierungsbeamte Nimrod Manufandu aber gerade nicht in Angguruk war, sondern in Wamena, blieb der Brief dort liegen, um mit der nächsten Verbindung nach Wamena zurückgeschickt zu werden. Usuak aber meldete dem Mitilärkommandanten, unsere Evangelisten hätten seinen Brief mißachtet und in Stücke gerissen. Aufgrund dieser Lüge und ohne mit uns vorher Kontakt aufzunehmen und nach der Wahrheit zu fragen, sandte der Kommandant die zehn Soldaten nach Poronggoli, um die Sache zu untersuchen, in deren Gefolgschaft 140 Dani und oppositionelle Yali aus Poronggoli und dem oberen Ponteng Tal mitzogen.
Die Militärpatrouille fand den Brief unversehrt vor und hätte daran erkennen müssen, dass die ganze Aktion auf Lügen und Verleumdungen aufgebaut war. Aber es ging ihnen nicht um die Wahrheit, sondern darum, sich an den Christen zu vergreifen und Unruhe zu stiften. Unter den Augen des Militärs und mit dessen stillem Einverständnis wurden unsere Evangelisten und *Penatua* verprügelt und ausgeraubt, ihre Gärten verwüstet und ihre Hütten verbrannt.
Obwohl wir in Wamena bei der Regierung schärfsten Protest einlegten, kamen die Übeltäter ungestraft davon. Offensichtlich wollte man im Gebiet unseres Kirchenkreises Balim-Yalimo, das bis dahin völlig ruhig und in Frieden blieb, während westlich von uns im Dani-Gebiet Kriegszustand herrschte und alles in Flammen stand, Haß und Unfrieden schüren. Persönlicher Rangstreit zwischen dem Militärkommandanten und dem höchsten zivilen Regierungsbeamten, dem *Bupati*, einem Mann unserer Kirche, sollen hier auch eine Rolle gespielt haben, denn der Militärkommandant wollte *Bupati* werden - was er inzwischen auch geworden ist. Jedenfalls wurde uns bald

klar, dass die Opposition in Poronggoli und aus dem Dani-Gebiet ungestraft ausging und sogar kräftig vom Militär unterstützt wurde.
Jetzt bekam die Opposition erst recht einen solchen Aufwind, dass sie schließlich am 9. Juni 1977 die Kirche in Fulungsili in Brand steckten und am 15. Juni auf die Station Panggema loszogen. Eilig zur Hilfe gerufene Polizei - nicht Militär - vertrieb die Angreifer. Aber anstatt es dabei zu belassen, führte die Polizei anschließend eine Strafexpedition durch. Bei dieser Strafpatrouille der Polizei ins obere Ponteng-Tal wurden sieben Oppositionelle erschossen, Häuser verbrannt und viele Schweine getötet. Leider haben damals auch einige unserer Evangelisten trotz unseres Verbotes bei der Strafexpedition mitgemacht."

Und es brodelte unterschwellig weiter in Poronggoli.

Erika (10 Monate später): „Übermorgen – Gründonnerstag – fliegt Klaus an die Küste, um mit Susanne und Katja Ostern zu feiern und Vorräte einzukaufen. Friedrich Tometten, die Kinder und ich bleiben hier."

Und genau zu der Zeit, als Papa an der Küste war, um mit uns Ostern zu feiern, geschah die Tragödie.

Klaus: „Ein für uns alle schmerzliches und erschütterndes Ereignis geschah am Karsamstag (1979) in Poronggoli. Morgens fesselten im Dorf Lulupteg der Häuptling Ningi mit seinen Gefolgsleuten, die sich seit eh gegen die *Allah wene* stellen und an ihren Fetischen festhalten, den Evangelisten ihres Dorfes, Orgines Peyon aus Apahapsili, und sperrten ihn in seiner Hütte ein, nachdem sie ihn schrecklich zusammengeschlagen hatten. Orgines' Frau, die dies mit ansehen musste, lief sofort los, um das Geschehen auf der Station Poronggoli zu melden. Ein Mann sah sie fliehen, eilte ihr nach, erreichte sie erst auf der Station und erschlug sie und ihre Kinder mit der Axt. Sie waren sofort tot. Der ältere Junge war sechs Jahre alt, sein Bruder noch ein Säugling. Evangelist Simon Kabak, der jetzt die Station Poronggoli leitet, saß zu der Zeit mit seinen *Penatua* in der Kirche, um den Ostergottesdienst vorzubereiten.

Indes hatten andere Männer aus Lulupteg einen jungen Mann vom Dorfrat unter dem Vorwand, er müsse einen Streitfall schlichten, nach Lulupteg geholt. Als dieser in Lulupteg ankam, wurde auch er mit dem Beil erschlagen und seine Leiche in den Fluss geworfen. Der junge Mann hieß Hendrik Kabak. Er war ein aufgeweckter, getaufter und aktiver junger Mann. Ein Häuptling aus Pileam wurde ebenfalls gefesselt und geschlagen, weil er seine Leute anhielt, zum Gottesdienst zu gehen. Ein anderer Häuptling, Usante aus Poronggoli, sollte ebenfalls getötet werden, aber er konnte nach Angguruk fliehen.

Orgines gelang es unterdessen in seiner Hütte, sich die Fesseln an einem in der Bretterwand steckenden Messer aufzuwetzen und zu entfliehen. Erst am späten Nachmittag wagte er sich aus seinem Versteck heraus und schlich zur Station, denn er nahm an, dass diese überfallen worden war. Hier erfuhr er, dass seine Frau und seine beiden Söhne erschlagen worden waren. Es war ein ungeheurer Schlag für ihn, nur noch die verstümmelten Leichen seiner Lieben vorzufinden. ‚Ach wäre ich doch in der Hütte geblieben und auch erschlagen worden, dann wäre ich jetzt bei ihnen am Ort Gottes', sagte er."

Meine Mutter erinnert sich noch an die Aufregung von Karsamstag. Die Nachricht vom Überfall auf die Kirchenmitarbeiter sprach sich schnell herum, und in Angguruk hörte man aus allen Dörfern die Ausrufe der Empörung. Menschen versammelten sich, griffen zu Pfeil und Bogen und wollten nach Poronggoli ziehen und Rache üben. Die alte Feindschaft zwischen Angguruk und Poronggoli flammte wieder auf. Die Stimmung war geladen, das Stimmengewirr, das von den Bergen widerhallte, unheimlich und unheilversprechend.
Schließlich trafen sich die Menschen aus den verschiedenen Dörfern in Angguruk, um die Lage zu besprechen. In der Bibelschule wurde die Nacht durchdiskutiert, aber am anderen Morgen - Ostersonntag - wurde erst einmal Gottesdienst gehalten.
Evangelist Cornelis (der mutige Junge, der damals beim Überfall auf Waniyok den Brief von Mofu in seinem Penisköcher nach Angguruk brachte) hielt eine so ergreifende, spontane Predigt, war so überzeugend, dass die Menschen beschlossen, nicht nach Poronggoli zu gehen. Was Cornelis genau gesagt hat, weiß meine Mutter nicht mehr, sie weiß nur noch, dass sie genauso ergriffen war wie alle anderen. Die Menschen gingen nach dem Gottesdienst friedlich nach Hause und überließen die Bestrafung anderen Mächten.

Klaus: „Am Ostermontag, zwei Tage nach der Greueltat, wurden fünf Soldaten und vier Polizisten nach Poronggoli geflogen. Die Täter ließen sich mühelos, ja freiwillig festnehmen. Sie verkündeten sogar lautstark: ‚Uns geschieht nichts. Die Soldaten sind ja unsere Freunde.' Sie behaupteten sogar in Anwesenheit des Militärs freiweg, der *Bupati* (ehemaliger Militärkommandant) habe ihnen erlaubt, ein paar Christen umzubringen. Man kann sich leicht vorstellen, wie entsetzt unsere Leute sind, zumal die Übeltäter der letzten Aktion - der fälschlichen Beschuldigung und anschließender

Bestrafung unserer Evan-gelisten – nie bestraft worden waren. Es scheint wirklich so, als sei an der Sache etwas faul. Sollte der jetzige *Bupati* die Leute wirklich zu Mord angestiftet haben?“

Klaus: „Hier wird das Wort Jesu, über das ich am Sonntag in Pileam (bei Poronggoli), zwei Wochen nach der Bluttat an unseren Mitarbeitern, predigte, anschaulich: ‚Wer das Schwert zieht, der wird durchs Schwert umkommen‘, denn in Yalimo gilt noch das *ius talionis*, das ‚Auge um Auge - Zahn um Zahn‘. Dieses Gesetz steckt auch unseren Leuten noch tief in den Knochen. Wie sie sich damals freuten, als 1977 die Polizei sieben Oppositionelle erschossen hatte, so sähen sie es jetzt auch gerne, dass die Polizei die Haupträdelsführer erschießen würde.
Besonders die Christen in Poronggoli, die ihren Hendrik Kabak verloren haben, rufen nach Vergeltung. Wie schwer ist es doch, Jesus dem Gekreuzigten nachzufolgen und in der Torheit des Wortes vom Kreuz die Weisheit Gottes zu erkennen! Theoretisch zu begreifen, das geht ja noch, wie aber, wenn die Situation es erforderlich macht, sein eigenes Kreuz und widerfahrenes Unrecht zu tragen!
Am 21. April kamen auf unser Drängen hin die vier höchsten Regierungsbeamten - vom Militär, der Polizei, der Volksvertretung sowie der *Bupati* - nach Poronggoli. Ohne ein Blatt vor den Mund zu nehmen, haben wir scharfe Anschuldigungen gegen den *Bupati* erhoben.
Es stellte sich heraus, dass die Mörder vom Dorf Lulupteg nach der Strafexpedition der Polizei im vorigen Jahr beim *Bupati* gewesen waren und für die sieben von der Polizei erschossenen Oppositionellen Bezahlung verlangt hatten,

die sie jedoch nicht bekommen haben. Der *Bupati* bestritt ihnen stattdessen erlaubt zu haben, ein paar Christen zu erschlagen. Es müsse sich dabei wohl um ein Mißverständnis oder um einen Übersetzungsfehler gehandelt haben. Es bleibt nun jedem anheimgestellt, dies zu glauben oder nicht. Tatsache ist jedenfalls, dass Ningi und seine Leute vom *Bupati* weggingen mit dem Plan, sieben Christen zu töten. Der *Bupati* gab lediglich zu, dass in dem ganzen Fall auch von Seiten der Regierung Fehler gemacht worden waren.
Zur Zeit liegt das ganze Verfahren in den Händen der Polizei in Wamena. Es wird mit Sicherheit noch lange dauern, bis in diesem heiklen Fall eine Lösung des Problems gefunden wird. Derweil sind die Christen von Poronggoli nach Angguruk, Panggema und Hetlahen gezogen, weil sie in Poronggoli Angst haben und weitere Ausschreitungen befürchten. Poronggoli wird zur Zeit nur von einigen jungen Mitarbeitern gehalten, doch auch diese Treuen leben in Angst und Anfechtung. Wir wollen uns jetzt in Poronggoli abwechseln und so den Posten aufrechterhalten."

Klaus: „Den Übeltätern von Poronggoli ist bis jetzt noch nicht der Prozeß gemacht worden. Man läßt sich viel Zeit mit der Urteilsfindung. Wir haben aber den Eindruck, dass sich allmählich die Situation in Poronggoli wieder normalisiert."

Verschollen im Dschungel

Erika: „Die Nomad, das große Flugzeug, das soviel transportieren konnte wie drei Cessna und das auch in Angguruk landen konnte, ist abgestürzt."

Die Nomad war nicht einmal ein Jahr im Einsatz gewesen. Es war kurz vor Ende der Sommerferien als die Nomad am 23. Juli 1979 abstürzte und ich war noch in Angguruk. Die ganzen nächsten Tage saß ich am Funk und hörte zu, während die Suchaktion lief. Das Flugzeug war auf dem Weg von Sentani nach Boma, das südlich des zentralen Berglands liegt, verschollen. Da der Pilot keinen Notruf getätigt hatte, wusste man nicht, wo und wann genau der Unfall passiert war. Alle Stationen entlang der Flugroute wurden angefunkt, um zu fragen, ob und wann sie das Motorengeräusch gehört hätten. Auch Angguruk wurde gefragt. Wir hatten nichts gehört, lagen aber auch nicht direkt an der Flugroute. Immer wieder kam Mama im Laufe des Tages ins Wohnzimmer und fragte: „Und?" Ich antwortete wieder und wieder: „Immer noch nichts."
Am 25. schließlich wurden die ersten Teile des Flugzeuges gefunden, die in einem Umkreis von zweieinhalb Kilometern in einem Dschungelgebiet südlich des zentralen Berglands verstreut lagen. Am nächsten Tag fanden sie schließlich die Leiche des Piloten Jimmy Lynne.
Obwohl das Flugzeug bis zu zwölf Passagiere mitnehmen konnte, hatte es auf diesem Flug zum Glück nur Waren geladen. Was war passiert? Ein defekter Bolzen hatte eine Kettenreaktion ausgelöst, bei der sich schließlich die Propeller lösten. Der linke Propeller flog ins Cockpit und erschlug den Piloten. Alles geschah in Sekundenschnelle.

Die Nomad in Angguruk

Als ich 2007 von Wamena nach Dekai flog, sagte mir Pilot Geerten kurz vor der Landung, dass die Nomad auf dieser Höhe, nur weiter „da vorne", weiter östlich, abgestürzt sei. Ich schaute hinunter auf den dichten Dschungel unter mir und fragte mich, wie sie überhaupt das Flugzeug hatten finden können. Der Dschungel war hier so dicht, wie ich es noch nie zuvor gesehen hatte. Er sah von oben wie eine durchgehende Moosdecke aus, und ich musste unweigerlich an die Redensart denken: „Die Stecknadel im Heuhaufen suchen". Ein Wunder, dass sie das Flugzeug überhaupt fanden.

Auf dieser Reise 2007 lernte ich Kevin, den Sohn des Nomad-Piloten kennen, der inzwischen selber MAF-Pilot geworden und nach West Papua zurückgekehrt ist. Er hat – trotz des Unglücks – die Leidenschaft fürs Fliegen von seinem Vater geerbt.

Auch Geerten ist ein MK (Missionary Kid), er wuchs in Pass Valley auf und kehrte als Pilot nach West Papua zurück. Wenn er in Angguruk landet, sagen die Yali stolz: „Das ist unser Pilot", denn Geerten spricht Yalisch mit ihnen. Es hält sich das hartnäckige Gerücht, dass Geerten in Angguruk geboren wurde, aber er dementiert es: es war seine Schwester, die im Krankenhaus von Angguruk geboren wurde.

Erika: „Die letzten drei Wochen haben wir alle abwechselnd mit Grippe und hohem Fieber gelegen (außer Klaus, der eben diese Wochen zur Konferenz weg war), was umso unangenehmer war, als Scheepstras auch weg waren und niemand mir mit Haushalt und Kindern helfen konnte, als ich mit 39,5°C Fieber herumkroch. Gleichzeitig hatte Katja drei Tage fast 41°C Fieber. Das war kein Spaß!
Nach den akuten Tagen hat es bei allen noch lange gedauert wieder fit zu werden. Zum Glück waren die beiden Großen wenigstens wieder auf dem Damm, als sie vorgestern in die Schule flogen. Ihre Angst vorm Fliegen war diesmal wieder stark, da kurz vorher die Nomad abgestürzt war."

Klaus: „Am Montag fliegen wir nach Kosarek, wo wir am Mittwoch Familie Heeschen erwarten. Wir freuen uns sehr, dass sie nach langer Wartezeit (über ein Jahr) endlich das Visum bekommen haben. Dr. Volker Heeschen ist Linguist und wird Übersetzungsarbeiten in der Kosareksprache leisten, damit auch unsere Kosarek-Leute wenigstens Teile der Bibel in ihrer Sprache lesen können."

Erika: „Ich bin gerade mit den Kindern in Kosarek, wo ich Helga Heeschen besuche, die im Moment allein ist. An einem Tag brachte man uns einen Mann, der von einem Wildschwein angefallen worden war. Er hatte dieses schießen wollen, hat es aber nur verwundet, und da ist das Wildschwein über ihn hergefallen. Er blutete aus vielen tiefen Wunden. Wir hatten kein Verbandsmaterial und hatten Angst, dass der Mann vor unseren Augen verblutete.

Wir bekommen alle von Mama einen neuen Haarschnitt.
Neben mir: Cornelis und Wynand Scheepstra, hinter uns: Katja.

Wir zerrissen ein Bettlaken in Streifen und mussten alle Wunden säubern, bevor wir ihn verbanden. Das war nicht so einfach, denn die meisten und schlimmsten Wunden hatte er im Genitalbereich, was ihm und uns ziemlich peinlich war. Ein sofort angefragter Emergency-Flug brachte ihn dann nach Angguruk ins Krankenhaus. Welch Aufregung! Gut, dass ich so etwas nicht öfter tun muss!"

„Ich bin der Zitronenbaum“

An einem Sonntag morgen, als wir uns in Angguruk auf den Weg zur Kirche machten, hielt Papa kurz an einem unserer Zitronenbäume an, brach einen Ast, der voller Zitronen hing, ab und nahm ihn mit zur Kirche. Ich dachte: was hat er jetzt wieder vor? Der Gottesdienst begann, und schließlich stand mein Vater, der die Predigt halten sollte, auf. Er hielt den Zweig hoch und sprach: „Jesus sagt: ‚Ich bin der Zitronenbaum und ihr seid die Zitronen'.“ Er predigte über Johannes 15, doch es wäre müßig gewesen, von Weinstock und Reben zu sprechen, denn die kannten die Yali nicht. Aber den Zitronenbaum, den kannten sie.
Ich möchte den zuvor erwähnten Besuch von Friedrich Tometten, der später Papas Nachfolger wurde und große Teile des Alten Testaments in die Yali Sprache übersetzte, dazu nutzen, ein wenig auf die theologische Arbeit einzugehen. Oft musste improvisiert werden, und vieles konnte den Yali nicht oder nur sehr schlecht erklärt werden. Als zum Beispiel viele Jahre nach unserer Rückkehr nach Deutschland eine Delegation von Kirchenmitarbeitern aus Balim-Yalimo nach Deutschland kam, baten sie darum, eine Burg sehen zu dürfen. Sie kannten aus der Bibel den Vers: „Eine feste Burg ist unser Gott“ (Psalm 46), konnten damit aber nichts anfangen. Was ist eine Burg? Warum ist Gott eine Burg? Nachdem sie die dicken Mauern der Burgen sahen, erfuhren, wie diese Jahrhunderte überdauert hatten, konnten sie endlich mit diesem Bibelspruch etwas anfangen.
Als meine Eltern im neuen Jahrtausend wieder nach West Papua (jetzt nicht mehr Irian Jaya) zurückkehrten, wurde mein Vater von einer Gemeinde, die auf einer Insel im Sentani-See lebt, gefragt, ob er bei ihnen predigen könne. Er sagte zu. Daraufhin fragten sie, ob er mit ihnen auch das

Abendmahl feiern könne. Sie hätten es seit Jahren nicht mehr gefeiert, das Brot sei ja kein Problem, aber Wein konnten sie einfach nicht bekommen. Er habe doch sicher Wein. Papa sagte zu, das Abendmahl mit ihnen zu feiern. Am vereinbarten Sonntag erzählte Papa von Jesus, der weit weg in Israel mit seinen Jüngern ein letztes Mal vor seiner Kreuzigung gemeinsam essen wollte. Es sollte ein Mahl werden, das sie zu seinem Gedenken fortan zelebrieren sollten. Er nahm dazu Brot und Wein. Warum? Weil Brot und Wein die Lebensgrundlage der Israeliten darstellte. Jeder Mensch, so arm er auch war, hatte Brot und Wein im Haus. Jeder Christ, der das Abendmahl feiern wollte, sollte die Möglichkeit dazu haben. Deshalb nahm Jesus Brot und Wein.

Danach erzählte Papa von den Yali im Bergland. Sie haben kein Brot und erst recht keinen Wein. Sie wollten aber auch das Abendmahl feiern, und so feiern sie es mit dem, was sie haben: mit Süßkartoffeln und Wasser. Und so wolle er nun heute mit den Bewohnern des Sentani-Sees Abendmahl feiern, mit dem, was ihnen zur Verfügung stand: mit Sagobrot und Kokoswasser.

Abraham, ein Yali-Student, der an der Küste Theologie studierte und an dem Tag meine Eltern begleitete, lehnte sich daraufhin zu Mama hinüber und sagte: „Mama, weißt Du, ich habe immer gedacht, wir in Yalimo seien primitiv, weil wir das Abendmahl ohne Brot und Wein feiern, dabei waren wir viel fortschrittlicher, haben es besser verstanden als die hier an der Küste, die das Evangelium doch schon so viel länger kennen!"

Friedrich Tometten (über seine Arbeit später in Apahapsili): „Seitdem ich meine ersten Versuche unternommen hatte, ihre komplizierte Sprache zu lernen, baten mich die Yali, mit ihnen gemeinsam das Alte Testament zu übersetzen. Dieses Buch ist für sie wie ein Spiegel ihres eigenen Lebens mit all ihren Fragen, ihrem Kampf ums Überleben, ihrer Sehnsucht nach gesundem und heilem Leben. ‚Das kneift uns in unserem Bauch, wenn wir es lesen,' sagten sie und ließen nicht locker, bis wir uns zu den ersten Übersetzungsübungen zusammensetzten.

Also lernte ich von ihnen, dass man in ihrer Sprache nicht trauert (viel zu abstrakt!), sondern ‚es gärt im Bauch'. Man erteilt keinen Auftrag (wieder zu abstrakt!), sondern ‚man drückt jemandem den Grabstock in die Hand und sagt ihm, er solle den Garten gut bestellen.' Von dieser Sprache wird man geradezu genötigt, konkret und anschaulich zu sprechen. Erlösung ist ‚das Lösen des Bandes, mit dem meine Hände gebunden sind.'

Da man viele Dinge, von denen in der Bibel die Rede ist, im Hochland von Papua einfach nicht kennt, wird etwa der jungen Wein, den man auf keinen Fall in alte Schläuche füllen soll (Markus 2,22) zum ‚frischen Wasser', das man nicht ‚in brüchigen Bambusrohren' aufbewahren sollte.

Die Übersetzungen des Alten Testaments entstanden unter lebhaften Diskussionen mit meinen Übersetzungshelfern. Ein Beispiel: ‚Der Herr ist mein Fels' (Psalm 18) - sollen wir das wörtlich übersetzen? Das ergäbe etwa: ‚Der Herr ist mein Stein.' Nein, so nicht - was ist ein Stein gegen einen Fels? Sollen wir das tief im Grund vermutete Urgestein nehmen, das nach dem Verständnis der Yali eine solide Basis für alles auf dieser Erde Befindliche ist? Gut, möglicherweise geeignet, aber wird Gott dabei nicht in zu ferne Tiefen entrückt? Ist er nicht der uns alltäglich Nahe und Erfahrbare? Und wo bleibt das persönliche Moment, das in dem Wörtchen ‚mein' zum Ausdruck kommt? Jemand schlägt vor, den Holzpflock, auf dem der Hüttenboden ihrer Rundhütten aufgepflanzt ist,

Papa bei der Besprechung mit Mitarbeitern
in unserem Wohnzimmer.

zum Vergleich zu nehmen, also etwa: ‚Gott ist der Holzpflock meines Hauses, auf dem ich sicher sitzen und ruhen kann.' Sollen wir dann nicht lieber gleich von den vier Hauspfeilern sprechen, an denen Hüttenboden, Schlafboden und Dach aufgehängt sind, und die die in der Hütte befindliche Feuerstelle abstecken. Da würde vieles mitschwingen: ‚Gott, der Hauspfeiler, um den wir uns versammeln, der uns im Wachen und Schlafen trägt, der uns vor Unwetter und aller Gefahr beschützt.'

Unter solchen Gesprächen haben wir jeweils in den vorlesungsfreien Zeiten der Bibelschule von morgens früh bis in die Abenddämmerung gesessen, kaum dass die Übersetzungshelfer sich und mir eine Pause gönnten.

1998 wurden die 630 Seiten des Alten Testaments, die wir übersetzt haben, gemeinsam mit dem von Pfr. Dr. Siegfried

Zöllner bereits in den 80-er Jahren übersetzten Neuen Testament gedruckt und werden täglich in den über 100 Gemeinden von Yalimo gelesen."

Der Abschied

Und dann kam der Abschied, plötzlich und unabwendbar. Im Januar 1980 mussten wir uns von dem Leben, wie wir es bisher gekannt hatten, und von allen unseren Freunden verabschieden. Der Abschied fiel mir sehr schwer, denn ich wollte nicht nach Deutschland. Ich sagte meinen Eltern, sie könnten ja ruhig zurückgehen, ich aber würde hier in der Schule bleiben, und wenn ich mit der achten Klasse fertig wäre, dann ginge ich mit den anderen Mädchen zur weiterführenden Schule nach Malaysien. Ich traute mir im Alter von zehn Jahren ohne weiteres zu, alleine in Irian zu bleiben. Und ich hätte es getan. Aber davon wollten die Eltern natürlich nichts wissen.

Am letzten Abend wurde mit den Mitarbeitern ein großes Fest gefeiert mit *Seni* und Tanz. Die ganze Nacht tanzten wir in „Bethlehem“, der Bibel- und Sonntagsschule, immer im Kreis um den Mittelpfosten herum und nahmen uns dabei zu mehreren bei den Händen - bis in den frühen Morgenstunden der Fußboden an einigen Stellen durchbrach. Alle versuchten tapfer und fröhlich zu sein und den traurigen Anlass dieses Festes zu vergessen.

Am nächsten Morgen kam das Flugzeug nicht - zu schlechtes Wetter! Alle unsere Sachen waren schon verteilt, und so aßen wir bei Trijntje und bezogen abends noch einmal die Betten. Das ganze Haus war voller Menschen, die die letzte Nacht bei uns sein wollten. In Wohnzimmer, Küche und Spielzimmer lagen sie dicht an dicht auf dem Fußboden. Diesmal kam das Flugzeug, und mit Kloß im Hals und Tränen in den Augen verabschiedeten wir uns von allen unseren Freunden. Alle rangen wir um Fassung.

Hunderte von Yali waren gekommen und säumten die Landebahn. Als das Flugzeug startete, ging ein großer Auf-

Am letzten Abend drängten sich alle Yali-Freunde um uns.
Das Haus war voller Menschen.

schrei durch die Menge, und alle ließen nun ihrer Trauer und ihren Tränen freien Lauf. Uns ging es nicht anders. Als das Flugzeug abhob und wir die vielen Freunde unter uns auf der Landebahn sahen, konnten auch wir uns nicht mehr zusammenreißen. Jeder schaute stumm aus dem Fenster und ließ die Tränen fließen. So bald würden wir nicht mehr zurückkommen. Und was vor uns lag, war zumindest für uns Kinder neu und ungewiss.

Zurück zum Anfang

Immer wieder kam bei mir zum Thema Mission die Frage auf: „Warum konntet ihr sie nicht einfach in Ruhe lassen, warum musstet ihr zu ihnen gehen?" Während ich unsere Geschichte schrieb, stieß ich auf meine Studienunterlagen über die Indianer Nordamerikas. Ich fand eine alte Hausarbeit zum Thema Kulturkonflikt. Charles Eastman, ein Sioux Indianer, der die letzten Tage der Sioux in Freiheit noch erlebt hatte, mit 15 Jahren in die „Zivilisation" kam, zur Schule ging, Christ wurde, Medizin studierte und Arzt wurde, schrieb, trotz der vielen Fehler, die er an der „Zivilisation" fand:

> *„I stand before my own people still as an advocate of civilisation. Why? First, because there is no chance for our former simple life any more; and second, because I realize that the white man's religion is not responsible for his mistakes."*[11]

So traurig es auch ist, er hat Recht. Auch wenn uns die Vorstellung gefällt, dass es noch vollkommen unberührte Völker gibt, die in Ruhe und Frieden ihre Jahrhunderte alten Traditionen pflegen, so ist dieser Wunsch doch pure Romantik. Die Welt wird immer kleiner, die letzten weißen Flecken füllen sich. Ein Kontakt zur modernen Welt ist unvermeidbar, der Anschluss notwendig fürs Überleben.

---

11 Übersetzung: Ich stehe vor meinem eigenen Volk immer noch als Fürsprecher der Zivilisation. Warum? Erstens, weil es keine Chance für unser früheres einfaches Leben mehr gibt; und zweitens, weil ich erkenne, dass die Religion des weißen Mannes nicht verantwortlich ist für dessen Fehler. Aus: Eastman, Charles, From the Deep Woods to Civilization (Lincoln, 1977).

Es bleibt lediglich die Frage, wie man das Beste aus den Kulturen erhalten und zusammenbringen kann, einen Kompromiss findet oder besser noch, eine neue, verbesserte Lebensform.

Früher oder später wären Menschen in das Gebiet der Yali gedrungen: Forscher, Goldgräber, Militär, ... und es wäre mit ihrer „Idylle“ vorbei gewesen. Vielleicht wäre dies erst zehn Jahre später geschehen, vielleicht auch zwanzig, aber es wäre geschehen. Und dann ist fraglich, ob diese Menschen nicht nur für eigene Zwecke gekommen wären, durch ihre bloße Anwesenheit ihren Einfluss hinterlassen hätten und dann wieder gegangen wären und die Yali mit den vielen neuen Eindrücken und Fragen alleine gelassen hätten. Nicht auszudenken, was passiert wäre, wenn das indonesische Militär zuerst zu ihnen gekommen wäre!

Die Missionare mögen das eine oder andere falsch gemacht haben, denn sie sind auch nur Menschen, geprägt von ihrer eigenen, ganz persönlichen Geschichte, doch sie kamen, um den Yali, Dani, Mek und all den anderen Stämmen zu helfen, den unvermeidlichen Anschluss an die moderne Welt zu schaffen. Sie kamen aus Liebe zu den Menschen.

Und was sagen die Yali dazu? Sagen sie vielleicht: „Warum habt ihr uns nicht einfach in Ruhe gelassen?“ Ich kann mich zwar nicht viel an einzelne Ereignisse in Angguruk erinnern, wohl aber an die Emotionen und Stimmungen. Keine davon waren angespannt oder gar feindselig. Die Erleichterung der Yali, ihren alten Glauben, der sie in Angst und Schrecken versetzte, über Bord werfen zu können, die Freude, mit der sie das Evangelium des Friedens annahmen, war sogar für mich als Kind deutlich zu spüren.

Im Zuge meiner Recherchen versuchte ich, mit einer Gruppe von Männern im Männerhaus von Pasikni zu sprechen. Ich fragte sie, was denn früher besser gewesen sei und was sich heute für sie verbessert habe. Ich stellte fest, dass die Yali wenig reflektieren. Sie nehmen einfach die Gegenwart, so wie sie sich ihnen präsentiert, als gegeben hin. Viele

wusssten nicht, was ich von ihnen wollte. Mit Sicherheit war zum Beispiel damals der Zusammenhalt der Gemeinschaft besser als heute. Aber sie verstanden mich nicht. „Was soll denn früher besser gewesen sein? Heute können wir uns frei bewegen, ohne Angst, von unseren Feinden getötet zu werden. Wir können mit den neuen Werkzeugen viel besser und schneller unsere Arbeit verrichten. Das Leben ist leichter geworden."
Vielleicht, dachte ich, sollte ich mir eine Schnitte von ihrer Sorglosigkeit und Zufriedenheit abschneiden. Definitiv mache ich mir zu viele Gedanken, hinterfrage und reflektiere zuviel. Dabei kann man ganz schnell vergessen, zu leben und einfach zu genießen.

Auch wenn mein Verstand sagt, dass der Anschluss an die große, weite Welt unvermeidbar war, dass es gut war, dass die Missionare kamen, darf mein Herz trauern um eine einzigartige Kultur, die langsam in Vergessenheit gerät.

Es wäre gelogen, wenn ich sagen würde, ich hätte mit diesem Buch die Vergangenheit bewältigt, den Kulturkonflikt, die Frage wo ich hingehöre, gelöst. Es ist ein Prozess, der immer weiter voranschreitet und der immer ein Teil meines Lebens bleiben wird. Doch heute möchte ich den Konflikt nicht mehr missen, denn er führt mich immer wieder hinaus aus der beengten Dimension meines Umfelds und läßt mich ausbrechen, läßt mich vieles gelassener sehen. Es ist ein Privileg, das Leben aus einer anderen Perspektive betrachten zu dürfen.

Nachwort

Wie es weiterging

Ich sitze auf meinem Lieblingsplatz am oberen Ende der Landebahn und schaue auf Angguruk hinunter. Inzwischen bin ich 38 Jahre alt und habe gerade mein Buch beendet – oder doch noch nicht? Eigentlich wollte ich das Buch mit unserem Abschied von Angguruk abschließen, doch jetzt wird mir klar, dass zwar unser Leben in Angguruk vorbei ist, meine eigene Geschichte aber mit dem Abschied erst richtig begann.

Ich erinnere mich, dass die meisten Menschen, die von meiner außergewöhnlichen Kindheit erfuhren, ziemlich bald die Frage stellten, wie ich anschließend in Deutschland zurechtgekommen sei. Sie trafen meinen wunden Punkt, sahen darin die eigentliche Problematik. Ich merke, dass es mir schwer fällt von diesen dunklen Zeiten meines Lebens zu erzählen. Meist habe ich in Gesprächen das Thema Rückkehr nach Deutschland mit dem Satz: „Es war nicht einfach" abgetan und das Gespräch wieder in andere Bahnen gelenkt. Wie soll man so etwas auch in drei Sätzen erklären? Wie kann man das ganze emotionale Chaos überhaupt in Worte fassen? Vielleicht ist es an der Zeit, es einmal zu versuchen. Ja, das werde ich tun, beschließe ich, stehe auf und schlendere die Landebahn hinab nach Hause.

Zwei Monate später, sitze ich nun wieder in Deutschland an meinem Computer, hole tief Luft und lege los, um zumindest in groben Zügen von meinem Leben danach zu berichten.

Es war nicht einfach. Es war sogar sehr schwer. Noch schwerer wurde es dadurch, dass ich nicht nach Deutschland wollte. Ironischerweise gingen wir hauptsächlich meinetwegen

zurück, wegen der Schule. Ich war in der vierten Klasse, und wenn ich nicht mit der fünften Klasse in ein deutsches Schulsystem einstieg, müßte ich bis zum Abitur in einer amerikanischen oder internationalen Schule bleiben.
Wir zogen nach Schwelm, wo mein Vater eine Pfarrstelle bekommen hatte. In Deutschland angekommen, flehte ich meine Eltern an, mich wieder auf ein Internat zu lassen. „Wenn ich schon hier sein muß, dann will ich wenigstens wieder ins Internat“, lautete meine Forderung. Die Eltern weigerten sich mit der Begründung, ein Internat in Deutschland sei nicht dasselbe, wie ein Internat in Irian. Ich verschlang die Hanni und Nanni-Bücher und fühlte mich in ihren Erzählungen zu Hause, wollte in so eine Welt eintauchen, wollte nicht hören, dass die Realität anders sei.
Es fiel mir schwer, mich nach der Unabhängigkeit, die ich seit vier Jahren genossen hatte, wieder in ein alltägliches Familienleben einzugliedern. Ich fühlte mich oft eingeengt und war bald froh, dass ich mir das Zimmer im Souterrain zu meinem Schlafzimmer erkoren hatte. Damit hatte ich mir zumindest ein wenig räumliche Distanz geschaffen.
Da ich immer sehr vernünftig und verantwortungsbewußt gewesen bin, konnte ich einsehen, dass ich erstmal in Deutschland würde bleiben müssen. Ich wollte versuchen, das Beste daraus zu machen, wollte mich anstrengen, die Schule zu schaffen. Und das alles mit einem Ziel vor Augen: anschließend nach Papua zurückzukehren. Dann könne mich keiner mehr davon abhalten. Ich wollte einen Beruf erlernen, den ich dort gebrauchen könnte und dann nach Hause zurückkehren. Mein Entschluss stand fest, und half mir, die kommenden Jahre durchzustehen.
Wir kamen zu den letzten drei Monaten meiner Grundschulzeit in Deutschland an und ich musste danach gleich den Wechsel in eine neue Schulform schaffen. Ich wollte unbedingt aufs Gymnasium gehen. Da ich zwar die entsprechenden Noten nicht hatte – vorallem in Deutsch und Mathe hatte ich große Lücken – für die ich aber nicht

verantwortlich gemacht werden konnte, wurde ich schließlich vom Direktor des Gymnasiums zur Probe aufgenommen. Zwei Jahre hatte ich Zeit, die anderen einzuholen und meine Noten zu verbessern.
Kaum waren Katja und ich an der Grundschule eingeschult als mein Vater der Rektorin vorschlug, einen Diavortrag über die Yali zu halten. Sie war natürlich begeistert. Vater war nicht klar, was er damit getan hat. Es war schon schwer genug, so mitten im Schuljahr in einem anderen Land Fuß zu fassen und Freunde zu finden, nun schien es nahezu unmöglich. Fortan schauten uns die anderen Kinder wie Aliens an, waren absolut fasziniert von uns, trauten sich aber nicht, uns anzusprechen oder gar mit uns zu spielen. Am nächsten Elternabend sprach Tanjas Mutter meine Mutter an und sagte ihr, dass Tanja gerne mit mir spielen würde, sich aber nicht traue, mich anzusprechen. Mama gab das natürlich an mich weiter, und so suchte ich in der nächsten Pause den Schulhof nach Tanja ab, fand sie mit zwei anderen Mädchen im Gespräch, trat zu ihr und sagte: „Ich höre, du willst mit mir spielen.". Die Situation war ihr sichtlich peinlich, doch sie antwortete tapfer: „Ja". „Na komm, dann lass uns spielen", sagte ich, ging fort und Tanja folgte mir. Das war der Beginn einer langen Freundschaft.
Tanja saß auch im Gymnasium neben mir und half mir sehr über die erste Zeit hinweg. Zum Glück hatte ich kein Problem damit, den Lehrer zu fragen, wenn ich etwas nicht verstand. Ich wusste, wenn ich es nicht tat, würde ich es nicht schaffen. Zu meiner Überraschung stellte ich fest, dass viele meiner Klassenkameraden dieselben Verständnisprobleme hatten, sich aber nicht trauten zu fragen und sehr dankbar waren, wenn ich es tat. Oft fing in der ersten Zeit die ganze Klasse an zu lachen, wenn ich eine Frage stellte, und ich war dann ganz verunsichert. Was hatte ich falsch gemacht? Ich fragte Tanja, doch auch sie hielt sich den Bauch vor Lachen. Es dauerte eine Zeit, bis sie mir schließlich sagen konnte: „Du hast den Lehrer geduzt." Die meisten Lehrer nahmen es

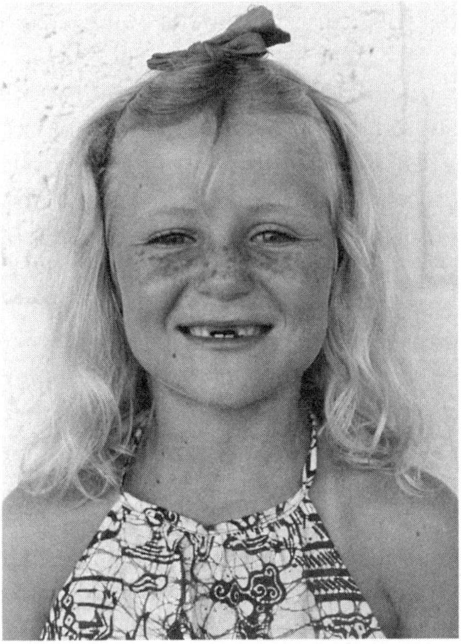

Das bin ich mit achteinhalb Jahren. Ich habe meine Milchzähne sehr spät verloren.

mir nicht übel, und ich lernte mit der Zeit die Sie-Form. Deutsch war für mich ein großes Problem, doch ich schaffte es immer, mit meinen aufregenden Aufsatzthemen den Ausgleich zu den Fünfern im Diktat zu machen. Mein Klassenlehrer war sehr bemüht um mich, und wenn ich ihn beim Diktat bat, den Satz zu wiederholen, tat er es gerne und sprach für mich die schwierigen Wörter langsam und deutlich aus. Dafür ratterte er wieder über die kurzen Verbindungswörter hinweg und ließ mich verzweifelt zurück, denn „plötzlich" und „Weihnachten" konnte ich richtig schreiben, aber ich hatte immer noch nicht verstanden, ob er „ihn" oder „ihm" gesagt hatte.

Der Englischunterricht war das Schlimmste. Ich hatte mich so sehr darauf gefreut, in der fünften Klasse endlich Englisch als Schulfach zu bekommen und wenigstens in einem Fach glänzen zu können. Am ersten Tag bat der Englischlehrer uns, alle englischen Wörter, die wir kennen, aufzuschreiben. Mit

Begeisterung füllte ich meine Liste mit englischen Vokabeln und wollte zeigen, was ich schon alles wusste. Der Lehrer kam an meinen Tisch, schaute auf meine Liste und sagte sogleich: „Houseparents? Das Wort gibt es nicht."
„Doch das gibt es", antwortete ich. Er beharrte darauf, dass es im Englischen kein solches Wort gebe und ließ mich wie einen Trottel und Lügner aussehen. Ich war perplex. Ich wurde zum ersten Mal als Mensch nicht ernst genommen, wurde wie ein kleines Kind behandelt. Das war ich nicht gewohnt. Ich hatte die letzten Jahre mit diversen houseparents verbracht, konnte ihnen Namen geben, und nun behauptete dieser Mann, es gebe sie nicht. Ich verstand die Welt nicht mehr.
Wir lernten das Alphabet, und jeder musste es aufsagen. Ich konnte es ja bereits auswendig und ratterte es in einem Atemzug stolz herunter. „Das heißt ‚zat'", korrigierte mich der Englischlehrer, als ich das Alphabet mit dem amerikanischen „zie" für „Z" beendete.
„Noch einmal", sagte er zu mir. „Aber diesmal richtig!"
Ich ratterte es wieder herunter und konnte nicht rechtzeitig abbremsen, bevor mir das so gewohnte „zie" wieder herausrutschte. Nun wurde er richtig wütend und nannte mich ein trotziges Kind.
Von da an war alles vorbei. Er schimpfte auf die Amerikaner, die doch meine besten Freunde waren und die ich so sehr liebte, machte sich lustig über ihre Aussprache, bestand auf Oxford-English und nahm mich im Unterricht nicht mehr dran, damit sich die anderen meinen Akzent nicht angewöhnten. Zudem bekam ich auch in den schriftlichen Arbeiten große Probleme, denn ich hatte eine amerikanische Schreibschrift - an der sich im übrigen alle anderen Lehrer nicht stießen. Insbesondere die Großbuchstaben I und G sowie das kleine r werden anders geschrieben als in der deutschen Schreibschrift. Nun kann man jedem Lehrer eigentlich zutrauen, die Buchstaben zu entziffern. Auch wenn ich inhaltlich, grammatisch und in der Rechtschreibung

eigentlich nicht viele Fehler machte, so strich dieser Lehrer mir alle großen I's und kleinen r's als Fehler an und drückte mir damit eine schlechte Note aufs Auge.
Nun musste ich mich nicht nur mit einer neuen – deutschen - Sprache herumplagen, in einer neuen Umgebung zurechtkommen, die Lücken in meinem Schulwissen schließen, ich musste auch noch eine neue Schreibschrift lernen – und zwar schnell. Nach zwei Jahren verließ der Lehrer die Schule, und ich atmete auf. Inzwischen hatte sich aber ein absoluter Hass auf alles Britische bei mir eingeschlichen, und ich versuchte krampfhaft an meinem amerikanischen Akzent festzuhalten, der sich im Laufe der Jahre unweigerlich mehr und mehr mit Oxford-English vermischte.
Die englische Sprache und die Klarinette waren die einzige Brücke, die ich noch zu meinen glücklichen Kindertagen hatte. Den Spaß an der englischen Sprache habe ich mir letztlich nie nehmen lassen, der Spaß an der Klarinette, die mich an die unbeschwerten Tage in der „big band" erinnerte, verging. Ich kam mit dem einzigen Klarinettenlehrer in Schwelm nicht zurecht. Dieser war ein begeisterter Jazz-Fan. In regelmäßigen Abständen setzte er sich ans Klavier, spielte Jazz und bat uns, dazu mit der Klarinette zu improvisieren. Ich war hoffnungslos überfordert. Ich wusste noch nicht einmal wer die Beatles oder ABBA waren, und sollte nun zu Jazz improvisieren! Das waren für mich die schlimmsten Unterrichtsstunden.
Meine Mutter nahm mich daraufhin zum Probeunterricht bei einem wirklich guten Lehrer in Wuppertal mit. Ich war begeistert, doch ich traute mich nicht, mit dem Bus von Schwelm nach Wuppertal zum Unterricht zu fahren. Meine Mutter dachte, wenn mir das Spielen so wichtig sei, dann würde ich dafür auch mit dem Bus nach Wuppertal fahren. Sie verstand nicht, dass ich es nicht konnte, denn ich hatte inzwischen etwas, was ich vorher in dem Ausmaß nicht gekannt hatte: Angst.
Meine Mutter kannte mich als selbstbewusstes und selbst-

sicheres Mädchen, das alles konnte, was es nur wollte. Sie sah nicht, dass inzwischen nichts mehr von diesem Mädchen übriggeblieben war, dass dieses Mädchen nur noch ein verängstigtes Kind war, das sich aus Unfähigkeit, seine Gefühle zu zeigen und sich und anderen die Angst einzugestehen, immer mehr in sich zurückzog.

Als ich Freunden neulich erzählte, wie verängstigt ich damals war, sagte meine Mutter, die dies mit anhörte, ganz energisch: „Das stimmt doch gar nicht, du warst so mutig und selbstbewußt. Erinnerst du dich nicht mehr, wie du mit den Kleinen alleine bis zur Oma gefahren bist? Du hattest keine Angst."

Ja, da hatte ich noch keine Angst, die kam erst später. Die Angst tritt nicht in einer großen Explosion von jetzt auf gleich auf und schreit: „Da bin ich!" Sie kommt schleichend, auf leisen Sohlen und vermehrt sich mit jeder negativen Erfahrung, mit jedem Nichtverstehen, jeder Befremdheit. Ein Stein nach dem anderen löst sich aus der Mauer der Selbstsicherheit, bis das Haus schließlich über einem zusammenbricht.

Die Geschichte, auf die sich meine Mutter bezog, ereignete sich kurz nach unserer Ankunft in Deutschland. Ich erzähle sie, um zu zeigen, was für einen Schritt – oder soll ich sagen Rückschritt? – ich von dort bis zum Klarinettenunterricht drei Jahre später gemacht habe. Wir wohnten damals noch in Wuppertal, da unser Pfarrhaus in Schwelm noch nicht fertig war. Zwei- oder dreimal ging Mama mit uns Kindern von unserem Haus auf der Hardt bis zu Omas Wohnung in Barmen, danach schickte sie uns alleine los.

Ich nahm meine Geschwister an die Hand, marschierte mit ihnen von der Hardthöhe ins Tal hinab, löste Fahrkarten für die Schwebebahn, stieg drei Haltestellen später wieder aus, durchquerte die Fußgängerzone und stieg den Berg, der zu Omas Wohnung führte, wieder hinauf. Ich war zehn Jahre alt und meine Geschwister waren acht, sechs und drei. Die beiden Kleinen konnten noch kein Deutsch. Wenn ich sie verloren hätte, nicht auszudenken! Aber ich hatte keine

Angst. Ich traute es mir zu, genauso wie meine Mutter vollstes Vertrauen zu mir hatte. Ein Jahr später hätte ich mir dies bereits nicht mehr zugetraut.
Ich wurde nicht damit fertig, dass ich mich so sehr veränderte, war es immer gewohnt, auf eigenem Fuß zu stehen, selbstbewußt und sicher zu sein, war wütend und brachte es nicht fertig, die drei Worte auszusprechen, die sicherlich Hilfe gebracht hätten: Ich habe Angst. Ich ging mit dem Kopf durch die Wand und versuchte, alle Situationen irgendwie zu meistern. Dies gelang mir in meiner Hilflosigkeit eher schlecht als recht.
Ich hatte meinen Stolz und meine eigene Meinung und ließ mir nicht gerne alles gefallen. Gleichzeitig war ich aber auch schüchtern und hatte nie gelernt, mich auseinanderzusetzen und zu verteidigen. Wenn mir jemand Unrecht tat, versuchte ich mich zaghaft zu wehren, konnte mit der oft massiven Erwiderung nicht umgehen und wurde schließlich von vielen einfach als trotzig abgestempelt. Keiner hat in diesen ersten qualvollen Jahren das hilflose Mädchen hinter dieser Fassade gesehen.
Mit der verbalen wie auch der physischen Aggressitivät der Deutschen komme ich bis heute schlecht zurecht. Das Leben in Papua verlief viel harmonischer und friedlicher als in Deutschland. Streit gab es nur zwischen zwei Parteien, bei denen ein Unrecht geschehen ist, nicht gegenüber Fremden, die einem nichts getan haben, die nur zufällig meinen Weg kreuzen und daher meine angestaute Wut abbekommen. Der Umgang untereinander war immer höflich, Gastfreundschaft wurde groß geschrieben.
Ich erinnere mich an einen Tag kurz nach unserem Umzug nach Schwelm. Katja kam weinend aus der Schule nach Hause. Es dauerte einige Minuten, bis wir herausbekamen, was passiert war: zwei Jungen hatten sich auf dem Schulhof geprügelt. „Warum haben sie das getan?“, fragte Katja immer wieder. Wir kannten solche Aggressionen nicht: Kinder spielen miteinander, sie schlagen sich nicht.

Als wenn das alles nicht schon genug wäre, musste ich mich in Deutschland noch mit einem weiteren Problem befassen, das ich von Irian nicht kannte: mit dem Stempel, der mir als „Pastorentochter“ aufgedrückt wurde, die Rolle, in die man mich pressen wollte, und das Vorurteil, welches mit diesem Wort einherging. Ich wurde in eine Schublade gesteckt, in die ich einfach nicht passen wollte.

In der sechsten Klasse fragte ich meine Klassenkameradin Carmen, die ganz in meiner Nähe wohnte, ob wir nicht einmal zusammen spielen könnten. Wir verabredeten uns für den Nachmittag. Jahre später gestand sie mir, dass sie so perplex über meine Direktheit war, dass ihr so schnell keine gute Ausrede eingefallen war und sie so zugestimmt habe. Sie habe sich über sich selbst geärgert und auf dem Heimweg diverse Ausreden für das nächste Mal einfallen lassen. Sie fragte sich, was in aller Welt sie mit einer Pastorentochter anfangen solle.

Die nächsten Jahre verbrachten Carmen und ich damit, die angrenzenden Wälder zu durchstreifen, Hütten zu bauen, auf Bäume zu klettern, die Hunde der Nachbarschaft auszuführen und mit ihnen Tümpel und Teiche zu erkunden. Mit ihr und unserer kleinen Clique ging ich später zum ersten Mal in die Disco und machte die ersten Jungenbekanntschaften.

Ich fasste langsam Fuß, doch so wie mit Carmen ging es mir in den folgenden Jahren immer wieder. Ich musste darum kämpfen, dass die Leute, mit denen ich zusammen sein wollte, mich – Susanne Reuter - sahen und nicht die Pastorentochter. Wir lebten in einer Kleinstadt, in der fast jeder jeden kannte. Und vor allem waren mein Vater und unsere Geschichte bekannt. Ich konnte nicht anonym bleiben, nicht einfach eines von vielen Mädchen sein. Kaum lernte ich neue Leute kennen, als auch schon einer aus der Clique ihnen mitteilte, dass ich eine Pastorentochter sei. Die Reaktion darauf waren meist große Überraschung und Unglaube. Kaum hatten die neuen Bekannten diese Mitteilung verdaut, als sich schon wieder jemand einmischte und dem Neuen mitteilte, dass ich

unter den Wilden in – wo war das nochmal?- aufgewachsen sei. Ich hasste es, immer wieder davon erzählen zu müssen, denn ich konnte sehen, dass die Menschen nicht mit meiner Vergangenheit umgehen konnten. Ich war eine Sensation, aber verstanden hat mich keiner.
Ich lernte schnell, in so wenigen Worten wie möglich meine Vergangenheit zu schildern, bis die erste Neugier gestillt war und wir uns wieder anderen Themen zuwenden konnten. Ab und zu gab es kleine Witze oder Bemerkungen auf meine Kosten, aber meist ließen sie mich mit dem Thema dann in Ruhe. Ich versteckte die unverstandene Hälfte meines Wesens und meine andere Hälfte lernte sich anzupassen, nach außen scheinbar eine von ihnen zu werden.
Erst an der Universität wurde das Leben für mich leichter. Während ich in der Schule immer angeeckt war, oft übersehen wurde, war meine Meinung jetzt gefragt und ich lebte sichtlich auf. Auch konnte ich jetzt anonym sein, ein ganz normales Mädchen wie alle anderen. Keine Alien, keine Sensation, keine Pastorentochter. Welch Erleichterung!
Gleichzeitig fing aber auch die schwierigste Zeit meines Lebens an. Ich war vor Studienbeginn noch einmal in Angguruk gewesen, und dieser Besuch löste in mir eine Reaktion aus, mit der ich nicht umgehen konnte. Ich merkte plötzlich, dass ich all die Jahre in Deutschland auf ein Ziel hingearbeitet hatte, das gar nicht mehr existierte.
Ich hatte gehofft, bald nach Angguruk zurückkehren zu können. Nun erlebte ich, dass meine Vergangenheit in Angguruk lag, ich spürte immer noch die innere Verbundenheit zu meiner Heimat und den Yali, sah aber plötzlich keine Zukunft für mich dort. Ich fand meinen Platz nicht und hatte den Eindruck, ich könne auch hier nur die Tochter meines Vaters sein, nicht einfach nur ich selber, und das erdrückte mich. Es nahm mir die Luft zum Atmen.
Ich wusste nicht mehr, wo ich hingehörte. Zum ersten Mal seit unserem Abschied von Angguruk hatte ich kein klares Ziel mehr vor Augen. Das war ich nicht gewöhnt. Was sollte

ich nun tun?
Ich kehrte nach Deutschland zurück und studierte das, was für mich am Naheliegendsten war – Amerikanistik – und versuchte, mein emotionales Chaos zu verstehen und wieder Grund unter den Füßen zu bekommen. Ein paar Monate nach der Reise ging es mir so schlecht, dass ich nicht mehr zur Universität gehen konnte. Ich bekam Beklemmungen, Schweißausbrüche und Herzrasen und verstand nicht, was mit mir geschah. Einige Tage vergrub ich mich in meinem Zimmer, dachte nach und erkannte schließlich, dass ich es diesmal nicht alleine schaffen würde. Als meine Mutter das nächste Mal in mein Zimmer kam, sprach ich aus den Tiefen meines Bettes heraus zum ersten Mal in meinem Leben die Worte aus: „Ich brauche Hilfe".
Unsere Ärztin diagnostizierte mein Leiden als Panikattacken, und in den nächsten Jahren ging ich regelmäßig zum Psychologen, um meine Vergangenheit zu verarbeiten und meine Probleme zu lösen. Je mehr ich verstand, desto mehr bekam ich die Panikattacken in den Griff. Ich zog nach Bonn, um Abstand zur Familie zu bekommen und meinen Kopf auf neutralem Terrain zu sortieren. Ich lernte zu verstehen und zu vergeben. Ich lernte, um das kleine unverstandene Mädchen zu trauern. Und ich begann mich allmählich mit dem Thema „Kulturkonflikt" zu beschäftigen.
Im Jahr 2000 gingen meine Eltern für weitere vier Jahre nach Papua zurück. Meine Geschwister hatten sie bereits besucht, nur ich nicht. Als meine Mutter mich schließlich fragte, warum ich denn nicht mal komme, fiel es mir wie Schuppen von den Augen, und ich gestand mir zum ersten Mal meine Angst ein. Was würde passieren, wenn ich wieder dorthin ginge? Ich hatte noch grauenhafte Erinnerungen an den letzten Urlaub dort vor elf Jahren und wollte so etwas nicht noch einmal erleben, jetzt, wo ich mein Leben einigermaßen im Griff hatte. Ich erkannte aber gleichzeitig, dass ich nicht nach vorne schauen könnte, bevor ich nicht die Vergangenheit abgeschlossen hätte und mit ihr ins

Mit Kindheitsfreundin Dina und ihren Töchtern
2007 in Angguruk.

Reine gekommen sei. Ich musste hin. Hanneke wollte mich begleiten, mich nicht alleine lassen in meiner Angst, und so bestiegen wir gemeinsam das Flugzeug. Es wurde eine positive Erfahrung und brachte schließlich dieses Buch hervor, an dem ich nach dieser Reise zu arbeiten begann.
Weitere Reisen nach Papua folgten und ich beschloss, Papua wieder zum Teil meines Lebens werden zu lassen. Es gehört zu mir, und ich kann es nicht ignorieren. Ich habe Papua als Heimat wiedergefunden.
Ich kündigte meinen Job und machte mich selbständig. Nun lebe ich meine Rastlosigkeit aus, indem ich reise und Produkte aus Indonesien und Papua einkaufe und in Deutschland wieder verkaufe.
Am schönsten ist es, wenn ich von Angguruk aus in die Dörfer wandere, unterwegs in den Yali-Hütten übernachte, und den Yali ihre traditionellen Produkte abkaufe. Die Männer stellen

Korbwaren her, Pfeil und Bogen, Tanzschmuck und die Dinge des täglichen Bedarfs, die Frauen fertigen ihre Netze. All dies, und noch viel mehr, verkaufe ich im Internet und auf ausgewählten Märkten in Deutschland und versuche, ein Interesse für die besondere und bedrohte Kultur der Yali zu wecken.

Gleichzeitig versuche ich den Yali damit einen Stolz auf ihre Kultur zu vermitteln, indem ich ihnen zeige, wie die Menschen im fernen Deutschland ihre Produkte schätzen und von ihrem Leben erfahren wollen. Dies ist besonders wichtig, da die indonesische Regierung ihnen seit Jahren einzureden versucht, dass sie primitiv und Menschen zweiter Klasse sind.

Erstaunt und freudig überrascht reagierten die Yali, als ich ihnen die ersten Fotos von meinen Marktständen zeigte. Sie staunten, wieviele Menschen sich ihre Produkte interessiert anschauen und kaufen. Ich möchte damit erreichen, dass sie ihre Tradition und Kultur nicht vergessen. Sie sollen sie an ihre Kinder weitergeben, sie am Leben erhalten und stolz auf ihre Einmaligkeit sein. Gleichzeitig helfen die Yali mir, meinen Lebensunterhalt auf eine Art zu verdienen, in der ich die beiden Seiten meines Wesens vereinen und ab und zu in der Heimat vorbeischauen kann.

Anhang

Geschichtlicher Hintergrund

Irian Jaya (heute: West Papua) ist der westliche Teil der geteilten Insel Neuguinea. Irian Jaya ist fast eineinhalb mal so groß wie Deutschland. Gesamt Neuguinea wiederum ist die zweitgrößte Insel der Welt und liegt am östlichen Ende des Inselreichs Indonesien und nördlich von Australien. Die Einwohner Neuguineas sind melanesischer Abstammung und heißen Papua.

Während der Zeit der Entdeckungsfahrten stieß im Jahr 1526 der Portugiese Jorge de Menezes auf Neuguinea und nannte das Land „Ilha dos Papuas“ (Insel der Kraushaarigen). Dies ist die erste Erwähnung Neuguineas in der Geschichte. 1545 segelte der Spanier de Retes entlang der Insel und gab ihr - auf Grund der Ähnlichkeit der Ureinwohner mit den „Negern“ der Westküste Afrikas – den Namen „Nueva Guinea“. 1569 erschien der Name „Nueva Guinea“ erstmals auf der Weltkarte von Mercator.

Obwohl die Spanier Neuguinea zum Besitz der spanischen Krone erklärten, hatten sie weiter kein Interesse an der Insel. Anfang des 19. Jahrhunderts richtete sich das Interesse der Holländer, die schon in Indonesien (damals Niederländisch-Ostindien, auch Gewürzinseln genannt) Kolonien errichtet hatten, auf Neuguinea, und sie erklärten den westlichen Teil zu holländischem Besitz.

1855 wurde ein Vertrag abgeschlossen, der die Besitzrechte der gesamten Insel festlegte. Der westliche Teil bis zum 141. Längengrad wurde nun offiziell zu „Dutch New Guinea“, während der östliche Teil wiederum unterteilt wurde in eine nördliche Hälfte, die unter deutscher Herrschaft stand, und eine südliche Hälfte, die von Australien regiert wurde. 1975

erlangte die gesamte Osthälfte ihre Unabhängigkeit und heißt seitdem Papua Neuguinea (kurz PNG).
Während des Zweiten Weltkrieges wurden in Niederländisch-Ostindien die Rufe nach Unabhängigkeit immer lauter. Am 17. August 1945 schließlich proklamierten Sukarno und Hatta Indonesiens Unabhängigkeit. Nach vier weiteren konfliktreichen Jahren zogen sich die Holländer 1949 aus ihrem Inselreich zurück, und die Republik Indonesien wurde ausgerufen. Lediglich an Dutch New Guinea hielten die Holländer fest. Zum einen wollten sie noch ein Standbein im Pazifik behalten, zum anderen gab es keinen Grund, diese Insel ebenfalls an Indonesien anzuschließen, da es sich hier um Melanesier und nicht um Malaien (Asiaten) handelte, die weder nach Abstammung noch nach Tradition Gemeinsamkeiten aufwiesen.
Für Dutch New Guinea sahen die Holländer über kurz oder lang eine Selbständigkeit vor. Doch der neu gewählte Präsident Indonesiens, Sukarno, sah das ganz anders. Er erhob Ansprüche auf Dutch New Guinea mit der Begründung, alles was unter holländischer Herrschaft gestanden habe, gehöre zusammen. Er übte massiven Druck auf die Niederlande aus und trat mehrmals mit seinem Anspruch an die UNO heran. Schließlich versuchte er, sich Dutch New Guinea mit Gewalt einzuverleiben. Am 24. Februar 1962 erklärte Indonesien den „general state of mobilization", was einer Kriegserklärung gleichkam. Die USA verweigerten den Niederlanden die erbetene Unterstützung, da sie Angst hatten, Indonesien als Verbündeten im asiatischen Raum zu verlieren.
Die Holländer mussten schließlich nachgeben. Unter UN-Vermittlung wurde eine Einigung getroffen, das sogenannte „New York Agreement", das vorsah, Dutch New Guinea zunächst unter UN Verwaltung zu stellen und es dann an Indonesien zu übergeben mit der Prämisse, nach sechs Jahren freie Wahlen abzuhalten, in denen sich die Papua entweder für die Eingliederung in die Republik Indonesien oder für die Selbständigkeit entscheiden sollten.

So übergaben die Holländer am 1. Oktober 1962 das Land an die UNO, und diese übergab Dutch New Guinea am 1. Mai 1963 an Indonesien.
Im Jahr 1969 fanden Wahlen statt, die als „Act of Free Choice“ bekannt wurden, von den Papua aber verächtlich als „Act of No Choice“ bezeichnet werden. Anstatt - wie es im Vertrag vorgesehen war - eine Volksabstimmung abzuhalten, wurde die Wahl von den Indonesiern unter fadenscheinigen Begründungen mittels 1025 Papua-Repräsentanten durchgeführt. Diese ausgewählten Repräsentanten wurden zuvor von der indonesischen Regierung so massiv unter Druck gesetzt, dass keiner es wagte, gegen Indonesien zu stimmen. Wahlergebnis: 100% für Indonesien. Die UNO akzeptierte das Wahlergebnis, wider besseren Wissens und auf Druck der USA, die sich im Vietnam-Krieg befand und auf Indonesien als Verbündeten angewiesen waren.
Indonesien nannte seine östlichste Provinz zunächst Irian Barat dann Irian Jaya. Diese macht 22% der Gesamtfläche Indonesiens aus, auf der nicht einmal 1% der Bevölkerung dieses großen Reiches leben. Indonesien ist ein islamisches Land. Hindus, Buddhisten und Christen bilden eine verschwindend kleine Minderheit, wobei in Irian Jaya der Anteil der Christen der größte ist, da fast alle Papua Christen sind. Seit den großen Transmigrationsprojekten der Regierung, bei der Menschen aus übervölkerten Gebieten Indonesiens nach Irian Jaya umgesiedelt wurden, hält sich das Verhältnis Christen – Muslime die Waage. Es wird nicht mehr lange dauern, bis die Papua in ihrem eigenen Land zur Minderheit werden.
1962 empfanden viele sachkundige „Weiße“, auch viele Missionare, dass ein Anschluß an das Land Indonesien die beste Lösung für die Papua sei. Keiner konnte damals ahnen, wie sehr sich diese Eingliederung auf das Leben der Papua auswirken sollte. Es stellte sich heraus, dass die indonesische Regierung mehr Interesse am Land und an seinen Ressourcen hatte als am Wohlergehen seiner Bewohner. Ein Menschen-

leben war nicht viel Wert.
Bereits 1965 wurde die Untergrundbewegung OPM (Operasi Papua Merdeka = Operation Freies Papua) gegründet. Bis heute kämpfen die Papua um ihre Unabhängigkeit. Der Schlachtruf „Merdeka atau Mati“ (Freiheit oder Tod), der inzwischen überall zu hören ist, zeigt, wie ernst es inzwischen - nicht nur der OPM, sondern allen Papua - mit der Freiheit geworden ist.
In jüngster Zeit machte Indonesien Zugeständnisse an ihre Provinz Irian Jaya und versuchte, mit mehr Autonomie die Rufe nach Unabhängigkeit zu dämmen. Im Zuge dieser Zugeständnisse gestattete die Regierung im Jahr 2000 die Umbenennung Irian Jayas in West Papua. Aber anstatt die Papua damit zu besänftigen, löste dies eine Euphorie, ein Selbstbewußtsein und ein verstärktes Streben nach Unabhängigkeit aus, das die Regierung veranlasste, viele ihrer Versprechen und Zugeständnisse wieder zurückzunehmen. Der Name West Papua ist aber geblieben.

Rituale & Initiation

Von den vielen verschiedenen Riten werden vier als *usa*, heilig, angesehen: die Süßkartoffel-Rituale, die „Ursprung der Schweine“-Rituale, die Haartracht-Rituale und die Hauspfosten-Rituale. Ein Ritual wird immer ausgelöst durch äußere Einflüsse wie Hungersnot, Krankheit, Naturkatastrophen oder andere unerklärliche Ereignisse. Die Gemeinschaft beschließt dann ein Ritual abzuhalten, um das Unheil abzuwehren und die Harmonie mit der Urzeit wiederherzustellen.

Als zum Beispiel 1945 das amerikanisches Flugzeug der Airforce in einem Gartengebiet von Muhumu abstürzte und ausbrannte, verursachte dies große Verunsicherung, Aufregung und Angst. Überall wurden Hauspfosten-Rituale durchgeführt. Die Mythologie besagt, dass Splitter aus dem Yeli-Baum sich in die Erde pflanzten und dadurch die Erde festhielten und das Beben besiegten und damit Leben auf der Erde möglich machten. Die Pfosten der Häuser repräsentierten diese Splitter, und mit dem rituellen Berühren dieser „Wurzeln“ werden die Füße der Männer „gepflanzt“. Die Hauspfosten symbolisierten aber auch das Kissen, auf dem der Himmel ruht. Sie halten den Himmel „dort oben“ und garantieren den Menschen einen Platz zum Leben. Andere Aspekte des Rituals zielen darauf ab, die Dorfgemeinschaft vor Feinden zu beschützen.

Die Süßkartoffel-Rituale sollen eine gute Ernte bescheren, Geister von den Gärten fernhalten und die Gärten vor den Auswirkungen von Inzest bewahren. Ähnlich sind die „Ursprung der Schweine“-Rituale. Hinzu kommt hier aber der Aspekt, dass Schweine heilig sind und die Mythologie vom Ursprung der Menschen durch das Urschwein in diesen Ritualen gefeiert wird. Das Haartracht-Ritual, bei dem die

Haare der Yali-Männer auf besondere Weise behandelt und frisiert werden, soll eher die Gesundheit und die Schönheit betonen und damit das Wohlergehen der Gesellschaft garantieren.

Im Alter von ungefähr zehn Jahren werden die Jungen ins Männerhaus initiiert. Bei dieser Initiation wird den Jungen zuerst rituell der Inhalt ihrer Mägen vom Medizinmann „herausgesogen", der mit einem entsprechenden Gesang den Mageninhalt herauslockt, einfängt und in ein Netz packt, das er anschließend in den Fluss wirft. Damit soll der Magen von allem gereinigt werden, was die Jungen zusammen mit den Frauen gegessen haben. Alles Weibliche soll von ihnen genommen werden. Dann werden die Jungen in das Männerhaus hineingehoben, wobei der Medizinmann den Eingang der Hütte und die Füße der Jungen mit dem Schwanz des Baumkänguruhs bestreicht, um die Füße der Jungen zu stärken. Dann wird den Jungen der „Dreck abgewaschen", das heißt, die Jungen werden mit Schweinefett eingerieben, während Sprüche aufgesagt werden, welche die Jungen vor Inzest bewahren sollen. Gleichzeitig soll mit dem Schweinefett jeder Kontakt zu den Frauen abgewaschen werden. Sie werden in ihre Sippe und ihre Heiratsgruppe hereingeholt.

Es folgen weitere Rituale, unter anderem das Essen einer zusammengekneteten Masse, bestehend aus Taro, Schweineherz und Exkrementen des Nashornvogels, die den Körper der Jungen stärken sollen. Das rituelle Anfassen der Augenbrauen und anderer Körperteile soll Wachstum bewirken. Am Abend werden die Jungen zum Fluss geführt und ins Wasser geworfen. Die Männer rufen ihnen heilige Worte zu, die vor den Frauen und Kindern geheim gehalten werden müssen.

Am anderen Morgen wird das Nackenstück eines Schweines im Männerhaus gekocht und anschließend rituell behandelt und gegessen, wodurch die Haut der Jungen so zäh werden soll, dass die Pfeile der Feinde abprallen. Die Jungen werden mit Bögen und unsichtbaren Pfeilen beschossen, und jeder imaginäre Schuß wird mit guten Wünschen begleitet. Sie erhalten ein Netz, in dem sich einige für sie wichtige und heilige Gegenstände befinden.

Die Initiation hat also vier elementare Bedeutungen: das Kind soll aus dem Einfluss der Frauen weggeholt und in seine Sippe aufgenommen werden, die körperliche Gesundheit der Jungen soll gestärkt und auf die baldige sexuelle Reife vorbereitet werden, das Ritual soll die Jungen vor Angriffen von Feinden schützen, und es soll eine Verbindung zu den Vorfahren und den Mythen hergestellt werden, die Tradition soll weitergegeben werden. Die Jungen werden in die Geheimnisse der Religion eingeweiht.

Ein ins Männerhaus initiierter Mann ist noch lange nicht ins *Muruwal* initiiert. Da das *Muruwal* oft nur einmal in einer Generation durchgeführt wird, werden zu dem Zeitpunkt alle noch nicht eingeweihten Männer eingeführt. Drei mythologische Begebenheiten unterliegen dem Ritual und werden zelebriert: erstens der Tod der Urmutter und damit der Anfang aller menschlicher Existenz, zweitens der Ursprung des Rituals selbst, das als erstes von einem Baumkänguruh aufgeführt wurde und den Fortbestand der Menschheit sichern soll, und drittens das „Finden“ des Rituals durch eine Frau, die die Aufführung des Baumkänguruhs beobachtet und den Menschen das Ritual gibt.

Das *Muruwal* Ritual findet im Wald statt, wo die Männer sich schwarz anmalen und entweder nackt oder in Grasröckchen umherlaufen. Die älteren und initiierten Männer rufen dann den anderen Männern in der Hauptsache die heiligen Worte, die *lukuram*, zu, die diese dann lernen müssen. Den zu initiierenden Männern werden in der Nacht Blätter ins Netz gesteckt, *singpa* und *kelalpa*, die zur Herstellung der Grasröckchen verwendet werden. Andere rituelle Mahlzeiten und Gesänge finden statt, und im Anschluß verbringen die

Initiierten drei Wochen im Wald, wobei das Tabu von jenen Nahrungsmitteln genommen wird, die sonst ausschließlich den Frauen vorbehalten sind. Zum Schluß werden alle heiligen Gegenstände aufgehoben und zusammen mit den *singpa-* und *kelalpa*-Blättern zurück ins Männerhaus gebracht. Die Männer kehren ins Dorf zurück.

Die Betonung des Femininen hat eine ganz besondere Bedeutung. Zum einen stammen alle Menschen vom Urschwein ab und damit von der Urmutter. Frauen gebären neues Leben, sie spielen eine bedeutende Rolle. Zum anderen wurde das *Muruwal* von einer Frau „gefunden", die ein Baumkänguruh bei diesem Ritual am Inalik-Wasserfall beobachtete. Sie gab den Menschen das Ritual. Mit diesem Ritual würdigen die Männer die Frauen, laufen sogar wie Frauen umher, schließen sie aber zugleich davon aus. Frauen wissen nichts über die Mythen.

Einst gab es eine Zeit, in der die Frauen eine dominante Rolle spielten, aber die Männer nahmen ihnen alles weg in dem Versuch, sich aus ihrer untergeordneten Rolle zu befreien. So wurde den Frauen suggeriert, dass sie nichts mit Religion zu schaffen haben, denn sie sollten nicht hinter die Wahrheit der Religion kommen und damit wieder die Macht an sich reißen. Ein Mann, der einer Frau etwas über die Mythen erzählt, wird mit dem Tode bestraft. Sollten Frauen oder Kinder zufällig heilige Tabu-Wörter hören, müssen ihre Ohren mit Schweinefett gereinigt werden. Läuft ein Kind versehentlich in einen Tabu Bereich, in ein *usama* – das kann ein heiliges Haus, ein heiliger Garten oder ein heiliger Wald sein – so wird das Kind in den Fluss geworfen und somit getötet. Übertretungen von Regeln kann die Gemeinschaft aus Angst vor Konsequenzen, wie Epidemien und Naturkatastrophen, nicht ignorieren. Zum Schutz der Gemeinschaft gibt es kein Pardon.

Mädchen müssen zwei Zeremonien über sich ergehen lassen. Sobald sie im Säuglingsalter die ersten Zähne bekommen, werden ihnen in ritueller Form die ersten Grasröckchen angelegt, die sie fortan tragen. Die Zeremonie soll sie vor frühem Tod bewahren. Die zweite Zeremonie erfolgt, wenn die erste Menstruation einsetzt. Sie macht aus Mädchen Frauen, und das Ritual soll sie in erster Linie gebärfreudig machen und ihnen leichte Geburten bescheren. Yali-Mädchen dürfen schon vor der ersten Menstruation heiraten, doch erst nach ihrem Einsetzen dürfen sie Geschlechtsverkehr haben, denn – so glauben die Yali – erst mit der Menstruation wird der Weg „geöffnet".

Von diesem Tag an dürfen die Frauen nicht mehr die rote Frucht der Pandanus essen, da die Farbe Rot mit Menstruation in Verbindung gebracht wird, und man befürchtet, dass die rote Frucht die Menstruation bestärkt. Die Jungen, die zuvor die Pandanus nicht essen durften, dürfen sie vom Tag ihrer Initiation an essen. Abgesehen von der Pandanus, essen die Yali nichts Rotes. Rote Früchte an den Bäumen lassen sie verkommen. Es war sehr schwierig, den Yali beizubringen, die eingeführten Tomaten zu essen. Zögerlich und nur weil meine Mutter ihnen sagte, dass Tomaten gut für die Augen seien, fingen unsere Hausjungen an, sie zu essen.

<u>Mythe:</u> Wie die Pandanus-Frucht rot wurde

Die Pandanus-Frucht war schwarz, und der Mann ging immer wieder vergeblich hin, um nachzusehen, ob sie schon rot war. Da ging eines Tages die Frau hin, um nachzusehen. Sie war die Schwester des Mannes. Sie strich Blut auf die Pandanus-Frucht. Nachdem sie sie mit Blut bestrichen hatte, ging sie wieder nach Hause und legte sich schlafen. Am nächsten Tag sagte sie zu ihrem Bruder: „Mein Bruder, geh doch hin und sieh nach der Pandanus-Frucht." Er ging hin und da sah er, dass die Frucht ganz rot war. Da pflückte er sie und kochte sie. Mit einem Knochendolch spaltete er sie, kochte und aß sie. Darum dachte man: „Die Frauen haben uns die Pandanus für immer gegeben". Deshalb durften die Frauen nicht davon essen. „Für euch (Frauen) ist dies tabu", sagte man, „weil jene Frau die Pandanus mit Blut bestrichen hat."

Sonne, Mond und Sterne

In der Weltanschauung der Yali ist die Erde eine große Platte, in deren Mitte Berge aufragen. Umgeben ist die Platte von Wasser. Geister leben hinter dem Wasser, und irgendwo da draußen trifft die Himmelskuppel auf die Erde. Der Himmel ist eine große umgekehrte Schüssel, die früher viel tiefer hing, so dass die höchsten Bäume sie berühren konnten. Aber als Yeli, dessen Äste den Himmel festhielten, gefällt wurde, erhob sich der Himmel.

<u>*Mythe:*</u> *Von Sonne, Mond und Sternen*

(A) Sonne und Mond sind Bruder und Schwester. Wenn sie nämlich Mann und Frau wären, hätten sie Kinder gezeugt, dann wäre die Erde von der Hitze ausgetrocknet, und die Menschen könnten nicht leben. Weil sie aber Bruder und Schwester sind, geht einer am Tage und einer des Nachts. Der Mond macht nachts den Garten, die Sonne kommt tagsüber und setzt Stecklinge. Weit im Osten wohnt ein Mann, bei dem Sonne und Mond im Haus

wohnen. Morgens läßt er die Sonne heraus, abends kommt sie selber wieder zurück. Die Sterne sind Augen von Fröschen, Schlangen, Baumkängurubs und Regenwürmern, die an den Himmel hinaufsteigen. Zu Sternschnuppen sagt man: „Da läuft die Schlange Hukalo."

(B) Der Mann, der die Sonne in seinem Haus hat, wohnt in Masamlu. Er hat die Sonne in seinem Netz. Jeden Tag hängt er das Netz im Haus ein Stück weiter (neben der Stelle vom Vortag). Darum geht die Sonne jeden Tag an einer anderen Stelle auf und geht im Laufe des Jahres auf und ab.

Die größeren Sterne sind Augen von Menschen. Wenn sich am Abend der Himmel rot färbt, bedeutet es, dass gerade in einem Dorf ein Mensch stirbt.

Weiße Experten nicht gefragt

Die Journalistin Karla Krause besuchte uns zusammen mit ihrem Mann zweimal in Angguruk. Sie lebten damals in der indonesischen Hauptstadt Jakarta, wo ihr Mann für die GTZ (Gesellschaft für Technische Zusammenarbeit) arbeitete. Karla Krause schrieb das Buch „Weiße Experten nicht gefragt" zum Thema Selbsthilfe in indonesischen Dörfern. Sie zeigt anhand verschiedener Projekte, wie wichtig es ist, dass die Betroffenen ihre Bedürfnisse selber erkennen und von innen heraus eine Änderung herbeiführen möchten. „Solange wir nicht bereit sind, die Beteiligung der Betroffenen als eine wesentliche Voraussetzung für Entwicklung anzuerkennen, zu fordern und zu unterstützen, solange werden alle Hilfsprogramme nur technokratische Bastelei bleiben."

In ihrem Buch erwähnt sie auch die Arbeit meines Vaters in Angguruk. Ich möchte den Ausschnitt hier zitieren.

Karla Krause: „Auch jetzt kommen wir wieder aus Angguruk, das tief in den Bergen liegt, wo wir - zum zweiten Mal bereits - in einer Missionsstation Weihnachten feierten. Wir haben uns mit Klaus Reuter, dem protestantischen Missionar aus Wuppertal, angefreundet. Auch mit seiner Art, das Evangelium zu verkünden: als die Botschaft von der Befreiung der Seele von Geisterfurcht und magischem Zauber, die die soziale Dimension, die Notwendigkeit von Entwicklung, ganz selbstverständlich mit einbezieht. Für ihn ist es nicht getan mit dem Verbrennen von Fetischen und dem Verbot kultischer Tänze. ‚Damit zerstört man nur Ausdrucksformen autochthoner Religionen und erweckt allenfalls neue Ängste', hat er gesagt, ,aber das magische Weltbild selbst bleibt unangetastet.' So aber kann es bei den Stämmen im Hochland, die zum Teil noch unter Steinzeitbedingungen leben, keine eigentliche Entwicklung geben, denn die Kategorie Entwicklung gehört ja gerade nicht zum ursprünglichen Weltbild mit seiner undurchschaubaren Abhängigkeit von Geistern und Dämonen und dem passiven Warten auf den mächtigen Vorfahren, der Glück und Reichtum bringen wird. Also versucht der Missionar in Angguruk, einen Weg zu finden zwischen dem menschenverachtenden missionarischen Eifer, der die gewachsenen Traditionen ignoriert und mit Stumpf und Stiel auszurotten sucht und dem Anspruch einer gewissen Kategorie von Anthropologen und Ethnologen, die jedes Einwirken auf ursprüngliche Sozialordnungen und Lebensauffassungen, jede Annäherung an das, was wir ,Zivilisation' nennen, als kulturfeindlich betrachtet.

Klaus Reuter toleriert ursprüngliche Traditionen, vermeidet, durch Verbote und Zwänge neue Abhängigkeiten zu schaffen, drängt niemandem die Taufe auf, sondern baut darauf, daß der permanente Dialog zwischen christlichem Pfarrer und animistischer Bevölkerung eines Tages tatsächlich eine Umwandlung des vertrauten Wertsystems bewirkt. Die, die bereits Christen geworden sind, haben selbständige Gemeinden aufgebaut, selbst die Gestaltung von Lithurgie und Gottesdienst und die Verpflichtungen sozialer und religiöser Ämter übernommen.

Daß das nicht reibungslos abläuft, ist klar; aber Paul und ich, die im allgemeinen sehr schnell eine Vielzahl von Argumenten gegen Kirche und vor allem Mission bei der Hand haben, wurden beinahe überrumpelt von der Dynamik und Spontanität dieser jungen Gemeinde, der Inbrunst ihrer Gebete und Gottesdienste, ihrem Selbstbewußtsein und ihrer Selbständigkeit und dem Engagement des deutschen Pfarrers, der nicht nur das Seelenheil der Papuas im Sinn hat, sondern auch ihr leibliches und kulturelles Überleben in der unausweichlichen Konfrontation mit Zivilisation und Moderne.

Nahe der Siedlung ist inzwischen eine schmale Landebahn für die Missionsmaschinen entstanden, die Gemeinde hat eine Kirche, eine Schule, ein Hospital gebaut. Ein Landwirt bemüht sich um bessere Ernährung, ein Arzt kümmert sich - oft in konfliktreicher Konkurrenz mit dem traditionellen Medizinmann - um Krankheiten und schwierige Entbindungen. Das Christentum hat die mörderischen Fehden zwischen den vielen kleinen Stämmen beendet und damit den Horizont in jeder Beziehung erweitert, kann man sich doch jetzt aus dem heimatlichen engen Tal hinausbewegen, ohne um seinen Kopf fürchten zu müssen.

Nach und nach wird das Steinbeil (...) durch die Stahlaxt ersetzt. Neben dem Tauschhandel ist - behutsam - das Geld eingeführt worden, und es gibt sogar einen kleinen Laden in Angguruk. Man mag das bedauern, mag bedauern, daß die steinzeitliche Stammestradition mit Schweinekult und Lebensbaum langsam durch die fragwürdigen Errungenschaften der Zivilisation aufgeweicht wird, daß neben Eberzähnen und Strohhalmen jetzt auch schon mal ein Kugelschreiber die durchbohrten Nasenwände schmückt, daß neben den noch allgemein verbreiteten Penisköchern und Rottanröcken der Männer und den winzigen Baströckchen der Frauen auch schon lange Hosen, T-Shirts und Perlonkleider getragen werden, daß

in der Missionsstation das in anderen *kampungs* (Dörfern) als Tauschmittel begehrte Salz kaum mehr Chancen hat gegenüber der Rupiah (indonesische Währung).
Man mag das bedauern. Aufzuhalten aber ist dieser Trend nicht mehr. Spätestens seit der Entdeckung von Öl-, Kupfer- und Nickelvorkommen im Hochland und deren Abbau durch multinationale Konzerne ist der Ruf nach einem zivilisationsfreien Raum in Irian Jaya illusionär geworden. In einigen Gebieten hat die unvermittelte Konfrontation steinzeitlicher Lebensbedingungen mit der neuen Technologie bereits stattgefunden und auch deren Auswüchse: Ausbeutung, Alkoholmißbrauch, Prostitution, Entwurzelung, Orientierungslosigkeit. Die indonesische Regierung, interessiert daran, das reiche, weite Land für die Entwicklung des indonesischen Staates nutzbar zu machen, ist nicht bereit, ihre und der Multis Wirtschaftsinteressen den humanitären und sozialen Problemen, die sich in Irian stellen, unterzuordnen. Wo aber technologische Übermacht und steinzeitliche Lebensbedingungen derart ungebrochen aufeinanderprallen, da droht sich das Schicksal der Indianer noch einmal zu wiederholen: die zumindest kulturelle, bei Widerstand auch die physische Ausrottung des Schwächeren.
Das Team in der Missionsstation von Angguruk hofft, Zeit genug zu haben, die Stämme ihres Gebiets langsam auf die Konfrontation mit der Zivilisation vorbereiten zu können. Der Erfolg der kleinen Projekte, die Selbständigkeit der Gemeinden, das Selbstbewußtsein der Menschen, denen wir begegneten, scheint ihnen Recht zu geben. Seit fünfzehn Jahren besteht die Missionsstation, und ihre Mitarbeiter wissen: Entwicklungsarbeit, die in den Menschen investiert,

muß einen langen Atem haben. Aber sie wissen auch: der Wettlauf zwischen humanitären und ökonomischen Interessen ist ein Wettlauf mit der Zeit.'[12]

12 Krause, Karla, Weiße Experten nicht gefragt (Hamburg, 1981).

Danke

With a little help from my friends

Ich bin stolz sagen zu können, dass das hier vorliegende Buch von A bis Z von mir stammt: vom Schreiben des Buches über das Drucklayout, die Auswahl der Bilder, die Erstellung der Karten, die Druckvergabe bis hin zum Vertrieb. Ich habe viel während dieser Arbeit gelernt. Natürlich wäre all dies nicht ohne Hilfe möglich gewesen.

Ich danke meinem ehemaligen Klassen- und Deutschlehrer Gerhard Jordy, der mich so fürsorglich in der fünften Klasse aufgefangen hat, für das Lektorieren des Buches. (Sollten noch Fehler vorhanden sein, dann nur, weil ich anschließend noch im Text ‚herumgepfuscht' habe.) Ursula Craemer danke ich für die Gestaltung des Covers. Sie hat mit großer Geduld alle möglichen Ideen mit mir durchgespielt und umgesetzt. Besonders danke ich Bernd Henkel (www.studio-henkel.tv) für das Nachbearbeiten meiner Bilder. Er versuchte in zwei Nachtschichten das Beste aus meinen zum Teil schlechten Scans und veralteten Fotos herauszuholen. Ramona Hedtmann von der VEM danke ich für das prompte Zusenden aller Bilder, die ich aus dem Archiv der VEM benötigte.

Ich danke Dr. Siegfried und Ilse Zöllner, Helmut und Margret Bentz sowie Dr. Gert Scheepstra, die mein Script gelesen und auf inhaltliche Fehler überprüft haben. Auch allen Anderen, die im Buch vorkommen und die mir ihre Geschichten erzählt haben, danke ich. Dr. Gerda Kroeber-

Wolf und Dr. Ulrike Schrader danke ich für das Lesen und Kommentieren des Scripts. Ihre Meinung war mir wichtig. Ihre konstruktive Kritik und Ermutigung, mein Buch fertig zu stellen und zu veröffentlichen, haben mir sehr geholfen.

Viele weitere Freunde, die nicht alle namentlich genannt werden können, haben mich unterstützt und dieses Projekt überhaupt erst möglich gemacht. Herzlichen Dank dafür!

Last but not least danke ich meiner Familie: meinen Eltern, Klaus und Erika Reuter, die mir ihre Briefe und Berichte überlassen und mir die alten Geschichten neu erzählt haben. Sie haben meine verschiedenen Überarbeitungen geduldig korrigiert und kommentiert. Meinen Geschwistern Hanneke und Michel Reuter für alle Anmerkungen und Ideen, ihre tatkräftige Hilfe und vor allem für ihre Ermutigung. *Finally* und insbesondere danke ich meiner Schwester Katja Reuter, die immer für mich da war, mir mit Rat und Tat zur Seite stand, sich über alle Höhen mit mir freute und mir half, alle Tiefpunkte zu überwinden. Wir haben in alten Zeiten geschwelgt, gemeinsam gelacht und geweint, viel nachgedacht und letztendlich viel daraus gewonnen.